Ontmoetingen met Lutgart van Tongeren, benedictines en cisterciënzerin (1182 - 1246 - 1996)

Bibliotheca auctorum
traductorum et scriptorum
Ordinis Cisterciensis
IV

Documenta Libraria: ISSN 0777-6292
Uitgegeven door de Bibliotheek van de Faculteit
Godgeleerdheid van de K.U.Leuven
(eds. M. Sabbe - M. Lamberigts)

* 1. Jansenius en het Jansenisme in de Nederlanden, 1979.
* 2. Bijbel te Leuven, 1982.
* 3. A. Arnauld (1612-1694) en de uitgave van zijn *Oeuvres* (1775-1783), 1984.
* 4. Jansenius en zijn tijd, 1985.
* 5. The Bible translator Wiliam Tyndale and the University of Louvain, 1987.
* 6. Maimonides, 1987.
* 7. 1000 jaar christendom in Rusland, 1988.
* 8. Les études syriaques de 1538 à 1658, 1988.
* 9. Biblia Vulgata Lovaniensis, 1546-1574, 1989.
* 10. De minderbroeders en de Oude Leuvense Universiteit, 1989.
* 11. Bernardus en de Cisterciënzerfamilie in België, 1990.
12. Kronkronbali. Figuratieve terracotta uit West-Afrika, 1991.
13. Hoger Instituut voor Godsdienstwetenschappen, 1942-1992, 1992.
14. Handschriftenbezit en boekengebruik Trappisten van Westmalle (Bibliotheca auctorum, traductorum et scriptorum Ordinis Cisterciensis, 3), 1994.
15. Early Sixteenth Century Printed Books 1501-1540 in the Library of the Leuven Faculty of Theology, 1994.
16. Hugo de Sancto Caro's traktaat *De doctrina cordis*. 1. Handschriften, receptie, tekstgeschiedenis en authenticiteitskritiek. 2. Pragmatische editie van *De bouc van der leeringhe van der herten* naar handschrift Wenen, ÖNB, 15231, autograaf van de Middelnederlandse vertaler, 1995.
17. Ontmoetingen met Lutgart van Tongeren, benedictines en cisterciënzerin (1182 - 1246 - 1996). 1. Iconografie van Portugal tot Polen. 3. Thomas van Cantimprés Vita Lutgardis. 4. Het Kopenhaagse Leven van Lutgart (Bibliotheca auctorum, traductorum et scriptorum Ordinis Cisterciensis, 4), 1996-1997.
18. Bibliotheca Marianum Lovaniensis, 1997.

* = out of print

Ontmoetingen met Lutgart van Tongeren, benedictines en cisterciënzerin (1182 - 1246 - 1996)

Deel 4

Omtrent het Kopenhaagse Leven van Lutgart, de oudste vertaling van Thomas van Cantimprés Vita Lutgardis

Guido Hendrix

Leuven
Bibliotheek van de
Faculteit Godgeleerdheid
1997

Afbeelding op de kaft:
Kopenhagen, Koninklijke Bibliotheek, N.K.S. 168 4° f. 255r

ISBN: 90-73683-24-6

Typografie: Godelieve Ginneberge & Ariane Titeca

D/1997/4484/4

INLEIDING

Onze *Bibliotheca auctorum, traductorum et scriptorum Ordinis Cisterciensis*[1] beoogt informatie samen te brengen over het religieuze, intellectuele en culturele leven bij de cisterciënzers en de cisterciënzerinnen vanaf hun vroegste vestiging in de Zuidelijke Nederlanden tot omstreeks 1800.[2]
In deze *Bibliotheca cisterciensium* wordt biezondere aandacht besteed aan wat *dóór* en *óver* cisterciënzers en cisterciënzerinnen is geschreven.

Willen we hierbij boven het niveau van de zuivere compilatie geraken en voorkomen dat door kritiekloze overname foutieve voorstellingen nogmaals verspreid worden, dan is tijdrovend onderzoek nodig dat tot verrassende of verreikende gevolgen leidt.
Een frappant voorbeeld hiervan is de Luikse cisterciënzer Gerardus leodiensis aan wie gedurende eeuwen het ascetisch-mystieke traktaat *De doctrina cordis* of *De praeparatione cordis* werd toegeschreven. Nieuw onderzoek dat steunt op meer dan tweehonderd, over veertien landen verspreide handschriften heeft ertoe genoopt het genoemde traktaat niet langer als het werk van een cisterciënzer te beschouwen, doch wel als dat van een dominikaan, de Franse kardinaal Hugo de Sancto Caro O.P., wat vanzelfsprekend een verlies voor de Orde van Cîteaux en voor de *Bibliotheca cisterciensium*... is.[3]

1. HENDRIX G., *Bibliotheca auctorum, traductorum et scriptorum Ordinis Cisterciensis.* Tomus primus: *Vicariatus Generalis Belgii.* Leuven 1992 (Bibliotheek van de Faculteit Godgeleerdheid. *Instrumenta theologica*, 11).

2. Wanneer de "verjaardag" van een levende cisterciënzer- of trappistenabdij (m/v) daartoe aanleiding geeft, wordt deze chronologische grens overschreden. Zo verscheen naar aanleiding van het tweede eeuwfeest van de H.-Hartabdij te Westmalle HENDRIX G., *Handschriftenbezit en boekengebruik Trappisten Westmalle 1794 - 1994.* Leuven 1994 (Bibliotheek van de Faculteit Godgeleerdheid. *Documenta libraria*, 14 - *Bibliotheca auctorum, traductorum et scriptorum Ordinis Cisterciensis*, III). Een vergelijkbaar boek over de Sint-Benedictusabdij te Achel, die in 1996 haar honderdvijftigjarig bestaan herdacht, is een *desideratum*.

3. HENDRIX G., *Hugo de Sancto Caro's traktaat De doctrina cordis.* Deel 1: *Handschriften, receptie, tekstgeschiedenis en authenticiteitskritiek.* Deel 2: *Pragmatische editie van De Bouc van der leeringhe van der herten naar handschrift Wenen, ÖNB, 15231.* Leuven 1995

Een tweede voorbeeld - meteen het onderwerp van het huidige boek - heeft betrekking op de in 1182 te Tongeren geboren heilige Lutgart die tot 1216 benedictines te Sint-Truiden en vervolgens, tot haar dood op 16 juni 1246, cisterciënzerin te Aywiers in Waals-Brabant is geweest.

Lutgart zelf heeft geen geschriften gepleegd. Met deze vaststelling is het *dóór* afgehandeld.
Óver haar schreef de dominikaan Thomas van Cantimpré een vita, waarvan een eerste en een tweede versie zijn overgeleverd. Thomas' werk werd door een franciskaan, een overigens niet nader bekende Broeder Geraert, in het Middelnederlands op rijm vertaald. In de vijftiende eeuw kwam een anonieme prozavertaling tot stand waarvan alleen het Eerste Boek gedeeltelijk is bewaard. De oudste Middelnederlandse vertaling - een dichtwerk van ongemeen hoog literair niveau - is overgeleverd in één enkel handschrift, het zogenaamde Kopenhaagse Leven van Lutgart.

Wie de vertaler-dichter van dit woordkunstwerk is, behoort tot "op de tweede (of nóg verder liggende) plaats komende problemen" waarin Gerard Knuvelder voer voor "aasgieren der filologie" zag.[4] Blijkens ons eerste hoofdstuk hebben in Vlaanderen en Nederland niet weinigen en, op de respectieve vakgebieden, zeker niet de geringsten zich als aasgieren geopenbaard.

De vraag naar de auteur van de Middelnederlandse vertaling van een Latijnse, hagiografische tekst kan voor een geschiedschrijver van de Middelnederlandse literatuur van geringe portee lijken. In het kader van onderzoek naar werken *dóór* en *óver* cisterciënzers en cisterciënzerinnen rijzen echter pregnante vragen. Wie had voor de *Vita Lutgardis* zo veel belangstelling dat hij er 20.406 Middelnederlandse verzen aan wijdde? Met andere woorden: wie is de woordkunstenaar achter het in één enkel, dan nog onvolledig handschrift bewaarde gedicht? Het antwoord op deze vraag - óók de bevestiging van de anonimiteit van het dichtwerk is een antwoord - maakt de weg vrij voor andersoortig onderzoek, bijv. was hij een tijdgenoot van Lutgart, heeft hij haar persoonlijk gekend en heeft hij uit eigen kennis informatie aan de vita toegevoegd?

(Bibliotheek van de Faculteit Godgeleerdheid. *Documenta libraria*, 16).
4. KNUVELDER G., *Aasgieren der filologie* in *V.M.K.V.A.* 1963, p. 127-185; p. 130.

Onze in 1975 verdedigde Leuvense doctorale dissertatie *Filologische studie van het Middelnederlandse Leven van Lutgart*[5] was in hoofdzaak aan het auteursprobleem gewijd. Grote delen ervan zijn in diverse tijdschriften gepubliceerd. De uitgave in één boek gebeurt nú naar aanleiding van drie eeuwfeesten die verbonden zijn met de jaren 1246, 1897 en 1297.

In 1996 werd de zevenhonderdvijftigste verjaardag van Lutgarts overlijden herdacht, wat aanleiding gaf tot het verschijnen van onze *Ontmoetingen met Lutgart van Tongeren (1182 - 1246 - 1996), benedictines en cisterciënzerin*, waarvan het huidige boek het vierde van vijf geplande delen is.[6]

Honderd jaar geleden, in september 1897, ontdekte de Luikse hoogleraar F. Van Veerdeghem in de Koninklijke Bibliotheek te Kopenhagen het sedertien als Kopenhaagse Leven van Lutgart bekend staande handschrift.

En zeven eeuwen geleden, in 1297, is Willem van Mechelen, monnik van Affligem, de gedoodverfde dichter-vertaler van het Kopenhaagse Leven van Lutgart, overleden. Ongaarne herinneren we aan dit eeuwfeest omdat aldus het Kopenhaagse Leven van Lutgart weer aan deze als abt van de benedictijnenabdij in Sint-Truiden overleden monnik geliëerd wordt.[7]

5. HENDRIX G., *Filologische studie van het Middelnederlandse Leven van Lutgart (Kopenhaags handschrift). Heuristiek en authenticiteitskritiek.* (Proefschrift tot het behalen van de graad van doctor in de wijsbegeerte en letteren, groep Germaanse filologie). Leuven 1975.

6. HENDRIX G., *Ontmoetingen met Lutgart van Tongeren, benedictines en cisterciënzerin (1182 - 1246 - 1996).* Deel 1: *Iconografie van Portugal tot Polen.* – Deel 2: *Van Belgische sainte Lutgarde naar Vlaamse Sint-Lutgart.* – Deel 3: *Thomas van Cantimprés Vita Lutgardis. Nederlandse vertaling van de tweede versie naar handschrift Brussel, Koninklijke Bibliotheek Albert I, 8609-8620.* – Deel 4: *Omtrent het Kopenhaagse Leven van Lutgart, de oudste vertaling van Thomas van Cantimprés Vita Lutgardis.* – Deel 5: *De eerste en de tweede versie van Thomas van Cantimprés Vita Lutgardis. Diplomatische uitgave met filologisch en historisch commentaar.* Leuven 1996-1998 (Bibliotheek van de Faculteit Godgeleerdheid. *Documenta libraria*, 17 – *Bibliotheca auctorum, traductorum et scriptorum Ordinis Cisterciensis*, IV).

7. COUN Th., *De Limburgse litteraire cultuur in de 13de eeuw* in *Vlaanderen* 35, 1986, p. 8-17, wilde met twee tendensen afrekenen. De Limburgse letterkunde uit de middeleeuwen wordt al te vlug vereenzelvigd met de 12e-eeuwse Hendrik van Veldeke. Zelfs in wetenschappelijke bijdragen over Limburgse letterkunde worden bepaalde werken nog altijd tot het Limburgse literaire erfgoed gerekend, " ... als het *Kopenhaagse Leven van St.-Lutgard*, het *Luikse Diatessaron* en de *Limburgse Sermoenen*... Maar volgens de huidige stand van het onderzoek is het eerste werk niet op Limburgse bodem ontstaan, noch het handschrift uit Limburg afkomstig. Het tweede en derde werk zijn niet-Limburgs, maar zijn wel in een Limburgs afschrift overgeleverd"; p. 8.

Vooral uit ons eerste hoofdstuk blijkt dat niet alleen literatuurhistorici, doch ook taalkundigen zich met het Leven van Lutgart hebben ingelaten. Preciezer gezegd: literatuurhistorici hebben óók taalkundige (onder meer dialectgeografische en woordgeografische) argumenten gebruikt, terwijl taalkundigen literatuurhistorische en cultuurhistorische uitspraken hebben gedaan. Uit hun werken hebben we talrijke en vaak lange plaatsen aangehaald. Alleen zó worden alle nuances en modaliteiten gerespecteerd. Ook komen enkele *volte face* scherper aan het licht. Naar onze opvatting heeft de ernstige taalkunde verstek laten gaan. Men leze de laatste regels van Bijlage 5, meteen de vijf laatste regels van dit boek.

Onze benadering is literatuur- en cultuurhistorisch. Ze steunt op bronnen die heel vaak geciteerd, doch zelden critisch beoordeeld werden, zoals blijkt uit onze Hoofdstukken 2 en 3.

Onze dissertatie van 1975, bibliografisch bijgewerkt tot begin september 1997, is op twee gebieden niet integraal overgenomen.

Vooreerst zijn weggelaten de meeste, door anderen geuite meningen met betrekking tot de literaire fictie in het Lutgartgedicht, tot de vraag of de dichter op eigen initiatief vertaalde dan wel of hij in opdracht werkte, en tot het publiek dat hij op het oog had: leken of kloosterlingen, lezers of toehoorders?

Uitspraken op deze vlakken zijn voorbarig zolang de Middelnederlandse tekst getoetst wordt aan de editie van de *Vita Lutgardis* in een in 1701 verschenen deel van de *Acta Sanctorum* en zolang de inleiding tot de vermelde *editio princeps* van de *Vita Lutgardis* niet door hedendaags filologisch-historisch onderzoek is vervangen.[8]

Ook wat we over het Kopenhaagse Leven van Lutgart als *codex* hebben geschreven, is weggelaten. Aan de Universiteit Utrecht werkt Drs Erwin Mantingh immers aan een proefschrift[9] waarin, vermoedelijk met de minaturen in het handschrift als uitgangspunten, niet alleen op de voordrachtspassages in de Kopenhaagse Lutgart wordt ingegaan. Wat Mantingh over één van de miniaturen in het Kopenhaagse hand-

8. HENDRIX G., *Onmoetingen met Lutgart van Tongeren...* Deel 5: *De eerste en de tweede versie van Thomas van Cantimprés Vita Lutgardis...*

9. Het proefschrift wordt bestempeld als "te voltooien in 1996" bij SPAANS Y. & JONGEN L., *Het leven van Lutgard. Bloemlezing uit het Kopenhaagse handschrift.* Samengesteld, vertaald en ingeleid door –. Hilversum 1996 (*Middelnederlandse tekstedities*, 3); p. 25 noot 53. De promotie heeft, toestand begin september 1997, nog niet plaatsgevonden.

schrift reeds gepubliceerd heeft[10] of wat van zijn hand nog niet verschenen is[11] maken hem tot een Willem van Affligem-aanhanger, met wie we het - in het licht van de in óns boek bestreden auteurschap van Willem van Affligem - vermoedelijk niet eens zullen zijn.

10. MANTINGH E., *De rol van de rol in de eerste miniatuur van het Kopenhaagse Lutgart-handschrift* in *De nieuwe taalgids* 87, 1994, p. 238-247.

11. MANTINGH E., *De derde man. Op zoek naar Willem van Affligem, auteur van het Leven van Lutgart*, door Y. SPAANS en L. JONGEN, *Het Leven van Lutgard...*, p. 25 noot 53 en p. 326, aangekondigd als "ter perse 1996 (NLCM-bundel 16)", zal - luidens bij de redactie van de *Nieuwsbrief Nederlandse Literatuur en Cultuur in de Middeleeuwen* op 2.9.1997 ingewonnen informatie - ten vroegste begin 1998 veschijnen. Mantinghs titel is een duidelijke verwijzing naar onze *Filologische studie...*, p. 173-177, in het huidige boek Hoofdstuk 3, afdeling 3.4.3: *En dan is er De Derde Man.*

Inhoud

Inleiding vii

Inhoud xiii

Bibliografie xvii

Hoofdstuk 1: "Ik heb den naem van eenen ouden dichter met name Willem ontdekt..." 1

1.1. Constant Philip Serrure en Willem van Affligem 1
1.2. De ontdekkingen van Jan Hendrik Bormans 4
1.3. Willem van Affligem, Hadewijch en Beatrijs van Nazareth 9
1.4. Frans Van Veerdeghem en het Kopenhaagse Leven van Lutgart 11
1.5. Het Luikse Leven van Jezus 18
1.6. Het Utrechtse proefschrift van C.C. de Bruin 21
1.7. J. Van Mierlo S.J. en Willem van Affligem 27
1.8. Willem van Affligem en de Limburgse Sermoenen 34
1.9. J. Van Ginneken en zijn Nijmeegse leerlingen 36
1.10. Leonard Willems over Willem van Affligem 38

Hoofdstuk 2: "L'autorité de ces traditions dont on ne songe plus à rechercher ni l'origine ni le vrai sens...". Over de *Catalogus virorum illustrium* 43

2.1. B. Hauréau en F. Pelster S.J. over de *Catalogus virorum illustrium* 45
2.2. N. Häring over de *Catalogus virorum illustrium* 52
2.3. J. Van Mierlo en de *Catalogus virorum illustrium* 56
2.4. Analyse van de *Catalogus virorum illustrium* 59
2.5. Terugblik en besluiten 67
2.6. "Conuertit in Theutonicum ritmice duobus sibi semper ritmis consonantibus" 72
2.6.1. Het vers in het Leven van Lutgart: ritmisch accentvers 73
2.6.2. "...ritmice duobus sibi semper ritmis consonantibus" 77
2.6.3. Poging tot interpretatie 78
2.7. Besluit 79

HOOFDSTUK 3: Testis unus, testis nullus 81

3.1. *De gestis Wilhelmi secundi abbatis* 82
3.2. Johannes Trithemius over een Willem van Affligem 84
3.3. De Centrale Catalogus van Rooklooster en Willem van Affligem 91
3.4. Een eerste, tweede en derde Willem, monnik van Affligem 98
3.4.1. Over een eerste Willem 99
3.4.2. Over een tweede Willem 100
3.4.3. En dan is er De Derde Man 100

HOOFDSTUK 4: Interne kritiek, een Echternachse wetenschap 103

4.1. Over Thimere, Brabantse én Vlaamse baljuw 103
4.1.1. Thimere in de *Vita Lutgardis* 103
4.1.2. Thimere in het Leven van Lutgart 106
4.1.3. Nieuw licht vanuit institutionele hoek 110
4.1.4. Het blijvende belang van Thimere 112
4.2. De benedictijn Willem van Affligem over de schouder gekeken 113
4.2.1. Lutgart van Milen 113
4.2.2. Godfried, slotvoogd van Brussel 114
4.2.3. Beatrijs van Dendermonde en Beatrix de Roavia 115
4.2.4. Guiardus van Laon, bisschop van Kamerijk 117
4.2.5. Marie de France 118
4.3. Lof op Affligem 118
4.3.1. Abt Jan I van Affligem 119
4.3.2. De tucht te Affligem 122
4.3.3. De gastvrijheid te Affligem 124
4.3.4. Dis heft hi sider ons beghit 127
4.4. Kritiek door D.A. Stracke 129
4.4.1. Bespreking van "ascetische en mystieke bemerkingen" 130
4.4.2. "ascetische en mystieke bemerkingen" als argument 136

BESLUIT 139

BIJLAGEN

Bijlage 1: Johannes Trithemius, Filip Foresta en hun onderlinge afhankelijkheid 143
Bijlage 2: Oorsprong en herkomst van de handschriften met de *Catalogus virorum illustrium* 146
Bijlage 3: Arnoldus Geilloven van Rotterdam en de *Catalogus virorum illustrium* 152
Bijlage 4: Uit de cartularia van Affligem 155
Bijlage 5: Maurits Gysseling over Sente Lutgart 158

REGISTERS

Personen 165
Plaatsen 171

Bibliografie

Afkortingen

C.C.C.: *Cîteaux. Commentarii Cistercienses*
C.V.I. : *Catalogus virorum illustrium*
L.S.E. : Joh. TRITHEMIUS, *Liber de scriptoribus ecclesiasticis*
O.G.E.: *Ons geestelijk erf*
S.L.V.S.: *Sint-Lutgart schutsvrouw van Vlaanderen*
T.N.T.L.: *Tijdschrift Nederlandse taal- en letterkunde*
V.M.K.V.A.: *Verslagen en Medede(e)lingen Koninklijke Vlaams(che) Academie voor Taal- en Letterkunde*
V.M.K.A.N.T.L.: *Verslagen en Mededelingen Koninklijke Academie voor Nederlandse taal- en letterkunde.*

1. Handschriften en archivalia

BERLIJN, Staatsbibliothek der Stiftung Preussischer Kulturbesitz, cod.lat.fol. 410. Verzamelhandschrift met J. TRITHEMIUS, L.S.E.

BRUSSEL, Algemeen Rijksarchief, Kerkelijk Fonds, Cartularium A III, 4629.

BRUSSEL, Koninklijke Bibliotheek Albert I, 982. *Tomus tertius complectens sanctos mensium maij, junij, julij et augusti ... Josephis Ghentii.*

BRUSSEL, Koninklijke Bibliotheek Albert I, 1169. A. GEILLOVEN, *Secunda pars Vaticani.*

BRUSSEL, Koninklijke Bibliotheek Albert I, 1770-1777. Verzamelhandschrift met *Vita Lutgardis* en C.V.I.

BRUSSEL, Koninklijke Bibliotheek Albert I, 2310-2323. Verzamelhandschrift met J. TRITHEMIUS, *De viris illustribus Ordinis S. Benedicti.*

BRUSSEL, Koninklijke Bibliotheek Albert I, 4459-4470. Verzamelhandschrift met *Vita Beatricis.*

BRUSSEL, Koninklijke Bibliotheek Albert I, 13550-13552. ODO CAMBIER, *Historia Affligemensis.*

BRUSSEL, Koninklijke Bibliotheek Albert I, 14042-14052. Verzamelhandschrift met C.V.I.

BRUSSEL, Koninklijke Bibliotheek Albert I, 16586-16588. J. VAN DER MEEREN (Amerius), *Annales monasterii Haffligemensis.*

BRUSSEL, Koninklijke Bibliotheek Albert I, 18716-18719. Verzamelhandschrift met C.V.I.

BRUSSEL, Koninklijke Bibliotheek Albert I, 21874. PETRUS TRUDONENSIS, *Index bibliothecae martinianae manuscriptae.*

BRUSSEL, Koninklijke Bibliotheek Albert I, II 152. Latijnse inventaris van de bibliotheek van Rooklooster.

BRUSSEL, Koninklijke Bibliotheek Albert I, II 1031. *Regula sancti Benedicti.*

BRUSSEL, Koninklijke Bibliotheek Albert I, II 1164. PETRUS TRUDONENSIS, Catalogus bibliotheek Sint-Maarten.

BRUSSEL, Koninklijke Bibliotheek Albert I, II 1414. Aan Willem van Affligem toegeschreven commentaar op het *Canticum Canticorum.*

DENDERMONDE, benedictijnenabdij. REGAUS B., *Haffligemum illustratum* I, Pars secunda.

DENDERMONDE, benedictijnenabdij. REGAUS B., Directorium Abbatiae Haffligemensis.

GENT, K.V.A.T.L., (z. nr) L. WILLEMS, *Het zoogenaamde Limburgsch van het Luiksche Diatessaron en het Leven van Lutgardis,* ("Willemkast", 2e verdieping).

GENT, Stadsarchief, 161/93, 162/94, 163/95, charters, Statuten van de Sint-Jacobsbroederschap te Gent.

GENT, Universiteitsbibliotheek, 67-67d. Verzamelhandschrift met J. TRITHEMIUS, L.S.E.

GENT, Universiteitsbibliotheek, 3630. Brieven van en aan Jan Frans Willems.

HEKELGEM, Abdij Affligem. REGAUS B., *Haffligemum illustratum,* delen VI-VII: *Catalogus Monachorum.*

HEKELGEM, Abdij Affligem, Phalesius H., *Chronicon monasterii Sti Petri et Pauli Affligensis.*

HEKELGEM, Abdij Affligem, CAMBIER O., *Haffligemium sive ducalis in Brabantia Abbatiae Haffligeniensis.*

KASSEL, Landesbibliothek und Murhardsche bibliothek, 2° Theol. 63, J. TRITHEMIUS, L.S.E.

KOPENHAGEN, Koninklijke Bibliotheek, N.K.S. 168 4°, *Leven van Lutgart.*

LONDEN, British Museum, Harl. 3155. Verzamelhandschrift met de C.V.I.

LUIK, Universiteitsbibliotheek, 437. *Leven van Jezus* ("Luikse Diatessaron").

PARIJS, Bibliothèque de l'Arsenal, 507. Verzamelhandschrift met Pseudo-Trithemius, *L.S.E.*

PARIJS, Bibliothèque Mazarine, 1563 (577). ARNOLDUS GEILLOVEN, *Prima pars Vaticani.*

PARIJS, Bibliothèque Nationale, Nouv. acq. lat. 314. Verzamelhandschrift met de C.V.I.

WENEN, Österreichische Nationalbibliothek, Ser.n. 12694. Centrale Catalogus ("Gesamtkatalog") van Rooklooster.

2. *Incunabels en postincunabels*

FILIP FORESTA van Bergamo, *Supplementum chronicarum.* Venetië 1483; Venetië 1492.

FILIP FORESTA van Bergamo, *Supplementum supplementi chronicarum.* Venetië 1513.

TRITHEMIUS J., *Liber de scriptoribus ecclesiasticis.* Joh. Amerbach, Basel 1494; Joh. Amerbach, Basel na 28 augustus 1495; P. Rembolt, Parijs 1512.

3. *Tekstedities m.b.t. Lutgart*

BORMANS J.H., *Het leven van Sinte Lutgardis, een diedsch gedicht, ten laetste van de tweede helft der XIVe eeuw, naar het oorspronkelijk handschrift van Broeder Geraert uitgegeven door* - in *De Dietsche Warande* 3, 1857, p. 37-67, 132-165, 285-322; 4, 1858, p. 155-170, 267-302. Ook als overdruk, Amsterdam 1858.

GYSSELING M., *Corpus van Middelnederlandse teksten (tot en met het jaar 1300).* Uitgegeven door - m.m.v. en van woordindices voorzien door W. PIJNENBURG. Reeks II: *Literaire handschriften*, deel 5: *Sente Lutgart.* Leiden 1985.

HENDRIX G., *Primitive versions of Thomas of Cantimpré's Vita Lutgardis* in C.C.C. 29, 1978, p. 153-206.

HENDRIX G., *Oude redacties van Thomas van Cantimprés Vita Lutgardis.* Met inleiding en aantekeningen. Achel 1979 (*8e Eeuwfeest Sint-Lutgart van Tongeren 1182-1246*, 1).

STRACKE D.A., *Proza-fragment van S. Lutgart's Leven* in *O.G.E.* 11, 1937, p. 281-299.

THOMAS VAN CANTIMPRÉ, *Vita Lutgardis*, uitgegeven in *Acta Sanctorum*, T. Junii III, Antwerpen 1701; T. Junii III, Venetië 1734-1770; T. Junii IV, Parijs 1867, p. 187-210.

VAN VEERDEGHEM F., *Leven van Sinte Lutgart, tweede en derde boek. Naar een Kopenhaagsch Handschrift vanwege de Maatschappij der Nederlandse Letterkunde te Leiden, uitgegeven door –*. Leiden 1899.

4. Secundaire literatuur

Aelredi Rievallensis Sermones I-XLVI. Collectio claraevallensis prima et secunda. Recensuit Gaetano RACITI. Turnhout 1989 (*Corpus Christianorum. Continuatio mediaevalis*, IIA).

AERTS J., *Het eerste Aquiria in het leven van de Heilige Lutgart* in *Het Oude Land van Loon* 19, 1964, p. 23-33.

AERTS, J., *De schenkingen van Godefridus, kasteelheer van Brussel, en van zijn zoon Godefridus, heer van Seneffe, aan de abdij van Aywières* in *O.G.E.* 42, 1968, p. 298-303; eveneens in *S.L.S.V.* 12, 1969, p. 7-11.

AERTS, J., *Ywanus van Rèves, proost van Nijvel (voor 1231 – ca. 1241). Zijn aandeel en dat van zijn familie in de vroomheid van de dertiende eeuw* in *O.G.E.* 42, 1968, p. 422-432.

AERTS, J., *Opmerking bij het naschrift van G. Hendrix* in *O.G.E.* 43, 1969, p. 325-326.

AERTS, J., *Ridder Thimerus van Rogenier uit de Vita S. Lutgardis* in *O.G.E.* 43, 1969, p. 316-323.

ALBERDINGK THIJM J.A., *De la littérature néerlandaise à ses différentes époques*. Amsterdam 1854.

AMPE A., Bespreking van BAUMSTARK A., *Die Vorlage des althochdeutschen Tatian* in *O.G.E.* 39, 1965, p. 333.

ANGILLIS A., *De kloosterzuster Hadewig, dichteres der XLV liederen uit de XIIIe eeuw* in *Vaderlandsch Museum* 2, 1858, p. 136-141.

ARBUSOW L., *Colores rhetorici. Eine Auswahl rhetorischer Figuren und Gemeinplätze als Hilfsmittel für akademische Übungen an mittelalterlichen Texten*. (2. Auflage herausgegeben von H. PETER), Göttingen 1963.

ARNOLD K., *Johannes Trithemius (1462-1516)*. Würzburg 1971. (*Quellen und Forschungen zur Geschichte des Bistums und Hochstifts Würzburg*, 23).

AXTERS ST., *Nederlandse mystieken in het buitenland. Van Rupert van Deutz tot Ruusbroec* in *V.M.K.V.A.* 1965, p. 163-325.

BACKUS I., *Some remarks on the theology of Vincent of Beauvais' Speculum naturale. Two versions of the treatise on angels (ca. 1240, 1256/-59)* in *Miscellanea Martin Wittek...*, p. 15-26.

BARNOUW A.J., zie DE BRUIN C.C.

BERGSMA J., *De levens van Jesus*. Groningen 1895-1898. (Afleveringen 1-3: *Bibliotheek van Middelnederlandsche Letterkunde*, afleveringen 54, 55, 61).

BERLIÈRE U., *Les élections abbatiales au Moyen Age*. Brussel 1927 (*Académie royale de Belgique. Classe des lettres et des sciences morales et politiques. Mémoires, deuxième série*, XX); de paragrafen 9 *Résignations d'abbés* en 10 *Dépositions d'abbés*.

Bespreking van VAN VEERDEGHEM F., *Willem van Affligbem's...* in *Archives Liégeoises* 1, 1898, p. 11-12.

Bespreking van VAN VEERDEGHEM F., *Willem van Affligbem's...* in *Chronique* in *Revue de l'Instruction publique en Belgique* 41, 1898, p. 68-69, nr 33.

Bespreking van VAN VEERDEGHEM F., *Willem van Affligbem's...* in *Bulletin des publications hagiographiques* in *Analecta bollandiana* 18, 1899, p. 78 nr 49.

BEUKEN W.H., *Lutgartproblemen* in *T.N.T.L.* 66, 1948, p. 11-22 en 98-111.

BEUKEN W.H., *Vanden levene ons Heren*. 2 delen, Zwolle 1968. (*Zwolse drukken en herdrukken*, 60B).

BIEMANS J.A.A.M., bespreking in *Archief- en bibliotheekwezen in Belgie* 56, 1985, p. 610-611, van GYSSELING M., *Corpus van Middelnederlandse teksten..., Literaire handschriften*, delen 3 en 4: *Rijmbijbel*.

BIEMANS J.A.A.M., *Lithografische facsimile's van twee Spiegel historiael-fragmenten. Enkele opmerkingen over de vervaardiging en betrouwbaarheid van vroege steendruk-reprodukties van Middelnederlandse handschriften* in *Miscellanea neerlandica...* deel 1, p. 145-165.

BOEREN P.C., *La vie et les oeuvres de Guiard de Laon. 1170 env. 1248*. Den Haag 1956.

BOLS J., *Brieven aan Jan-Frans Willems*. Gent 1909.

BONENFANT P., *Le Pagus de Brabant* in *Bulletin de la Société Belge d'études géographiques* 5, 1935, p. 25-78.

BORMANS J.H., *Ontdekking, lotgevallen, nadere beschrijving en een paer uittreksels van 't Hs. bevattende de oud-dietsche berijming der levens van de H. Lutgardis en de H. Christina* in *De Middelaer* 1, 1840-1841, p. 142-150.

BORMANS J.H., *Nadere beschrijving en een paer uittreksels van 't Hs. bevattende de levens der HH. Lutgardis en Christina* in *De Middelaer* 1, 1840-1841, p. 185-200.

BORMANS J.H., *De ware lezing van 't Leven van Jhesus, door G.J. Meijer uitgegeven, naer 't Handschrift hersteld tot nader kennis en juister schatting van dat hs.* in *De Middelaer* 2, 1841-1842, p. 262-266; 3, 1842-1843, p. 340-344.

BORMANS J.H., *Over de levensbeschrijvingen van Ste Luthgardis en Christina. Derde artikel* in *De Middelaer* 3, 1842-1843, p. 291-304.

BORMANS J.H., *Leven van Sinte Christina de Wonderbare, in ouddietsche rijmen, naer een perkamenten handschrift uit de 14de of 15de eeuw, met inleiding, aanteekeningen en andere bijvoegsels, voor de eerste mael uitgegeven door –.* Gent 1850.

BOSTIUS A., *Opusculum Arnoldi Bostii, carmelitae Gandensis, de praecipuis aliquot cartusianae familiae patribus ... studio ac labore F. Theodori Petrei.* Keulen 1609.

BRAECKMAN W., *De moeilijkheden van de Benedictijnerabdijen in de late Middeleeuwen: de Sint Pietersabdij te Gent (ca. 1150 - ca. 1281)* in *Handelingen der Maatschappij voor geschiedenis en oudheidkunde te Gent* N.R. 17, 1963, p. 37-103.

BRIQUET C.M., *Les filigranes. Dictionnaire historique des marques du papier dès leur apparition vers 1282 jusqu'en 1600.* 2de uitgave, 4 delen, Leipzig 1923.

British Museum General Catalogue of Printed Books. Deel 87, Londen 1961.

BROUETTE E., *Les abbés de Gembloux au XIIIe siècle* in *Revue bénédictine* 81, 1971, p. 101-108.

B[ROUNTS] A., Bericht over GRÉGOIRE R., *Guillaume d'Afflighem...* in *Kroniek van de handschriftenkunde in de Nederlanden (1967-1968)* in *Archief- en Bibliotheekwezen in België* 40, 1969, p. 593-660; p. 633 nr 111.

BRUUN C., *De illuminerede Haandskrifter fra Middelalderen i Det store kgl. Bibliothek.* Kopenhagen 1890 (*Aarsberetninger og Meddelelser fra Det Store Kgl. Bibl.*, 3).

BUSAEUS I., zie TRITHEMIUS J.

CANIVEZ J.-M., *Etonnantes concessions pontificales faites à Cîteaux* in *Miscellanea historica in honorem Alberti De Meyer.* 2 delen, Leuven 1946 (*Recueil de travaux d'histoire et de philologie*, 3me série, 22); deel 1, p. 505-509.

CARLVANT K, *Thirteenth-century illumination in Bruges and Ghent.* Ann Arbor - Londen 1978.

CARDON B., zie DESCHAMPS J.

A Catalogue of the Harleian Manuscripts in the British Museum. With Indexes of Persons, Places and Matters. Deel 3, Londen 1808.

CHEVALIER U., *Repertorium hymnologicum. Catalogue des chants, hymnes, proses, séquences, tropes en usage dans l'église latine depuis les origines jusqu'à nos jours*. Leuven 1892 (*Subsidia hagiographica*, 4).

CLAES F., *De voormalige abdij van Sint-Truiden en haar invloed tot het einde van de dertiende eeuw* in *Limburg* 38, 1959, p. 221-227, 245-259 en 273-381.

CLAEYS H., *Leven van Sinte Luitgarde patrones der Vlaamsche Taal & Letterkunde*. Pittem 1900.

COENS M. *Les saints particulièrement honorés à l'abbaye de Saint-Trond* in *Analecta Bollandiana* 72, 1954, p. 85-133 en 397-426; 73, 1955, p. 140-192.

COLVENERIUS G. zie THOMAS VAN CANTIMPRÉ.

COOSEMANS V., *Das Leben und die Werke von Beda Regaus, letzten Probstes von Afflighem (1718-1808)* in *Studien und Mittheilungen zur Geschichte aus dem Benediktiner und Cistercienser-Orden* 31, 1910, p. 151-181.

COOSEMANS V., *Affligemsche kopiisten en miniaturisten in de XIIe eeuw* in *Affligemensia* 1, juli 1945, p. 1-16.

COPPENS C., *Het cartularium van Affligem door E. de Marneffe* in *Affligemensia* 1945, afl. 2, p. 36-40.

COPPENS C., *Een lijst van Affligemse monniken uit de Catalogus Monachorum van Dom Beda Regaus* in *Affligemensia. Bijdragen tot de geschiedenis van de abdij Affligem* afl. 6, maart 1949, p. 135-148.

COPPENS C., *Cartularium Affligemense ab anno 1245 ad annum 1253, ingeleid door* -. Hekelgem 1968. (*Fontes Affligemenses. Bouwstoffen voor de Geschiedenis van de Abdij Affligem*, 5).

COPPENS C., *Het zogenaamde "Epitaphium generale" van de Abdij Affligem (1618)* in *Eigen Schoon en De Brabander* 56, 1973, p. 187-189.

COPPENS C., *Wie is volgens proost Beda Regaus († 1808) de dichter van het leven van Sinte Lutgart?* in *C.C.C.* 24, 1973, p. 70.

CORTESE-ESPOSITO R., *Analogie e contrasti fra Cîteaux e Cluny* in *C.C.C.* 19, 1968, p. 5-39.

COUN Th., *Uitgave-techniek en tekstcritiek in de Middelnederlandse tekstuitgaven van J.H. Bormans (1801-1878)*. (Onuitgegeven licentiaatsverhandeling), K.U. Leuven 1969.

COUN Th., *De Limburgse litteraire cultuur in de 13de eeuw* in *Vlaanderen* 35, 1986, p. 8-17.

COWAN H.K.J., *De localisering van het Oudnederfrankisch der psalmenfragmenten* in *Leuvense Bijdragen* 48, 1959, p. 1-45.

DANOU M., *Vincent de Beauvais, auteur du Speculum majus terminé en 1256* in *Histoire littéraire de la France*. Deel 18, Parijs 1885, p. 449-519.

DE BORMAN C., *Chronique de l'abbaye de Saint-Trond*. 2 delen, Luik 1877. (*Société des bibliophiles liégeois*, 10 & 15).

DE BRUIN C.C., *Middelnederlandse vertalingen van het Nieuwe Testament. Eerste Gedeelte*. (Proefschrift Utrecht). Groningen 1934. *Tweede Gedeelte*, Groningen 1935.

DE BRUIN C.C., *De Statenbijbel en zijn voorgangers*. Leiden 1937.

DE BRUIN C.C., *Middelnederlands geestelijk proza verzameld door –*. Zutphen 1940.

DE BRUIN C.C., *Achtergronden van het Luikse Diatessaron* in *Handelingen van het XXVe Vlaams Filologencongres, Antwerpen 17-19 april 1963*. Z.pl. z.j., p. 423-427; verslag bespreking p. 427-428; samenvatting in *O.G.E.* 37, 1963, p. 226-227.

DE BRUIN C.C., *Bespiegelingen over de 'Bijbelvertaler van 1360'. Zijn milieu, werk en persoon* in *Nederlands Archief voor Kerkgeschiedenis*. Nieuwe Serie 48, 1967-1968, p. 39-59; 49, 1969, p. 135-154; 50, 1969, p. 11-27; 51, 1970, p. 16-41.

DE BRUIN C.C., *Het Luikse Diatessaron*. Uitgegeven door –. Met de engelse vertaling van A.J. BARNOUW. Leiden 1970. (*Verzameling van Middelnederlandse Bijbelteksten. Kleine Reeks*. Afdeling I: *Evangeliën-harmonieën*, 1).

DE BUCK H., *De studie van het Middelnederlandsch tot in het midden der negentiende eeuw*. Groningen 1931.

DE GHELLINCK J., *Le mouvement théologique du XIIe siècle. Sa préparation lointaine avant et autour Pierre Lombard. Ses rapports avec les initiatives des canonistes. Etudes, recherches et documents*. 2e édition considérablement augmentée, Brugge 1948. (*Museum Lessianum – Section historique*, 10).

DE GROOT A.W., *Algemene versleer*. Den Haag 1946. (*Servire's Encyclopaedie. Afdeling: Taalkunde*. B 9 a/1).

DE LA SERNA-SANTANDER C.A., *Mémoire historique sur la Bibliothèque de Bourgogne*. Brussel 1809.

DE MAN A., *Het Leven van Sinte Lutgard door Broeder Geraert: een verwaarloosde bewerking van Thomas Cantimpratensis' Vita Lutgardis* in *O.G.E.* 60, 1986, p. 125-147.

DE MARNEFFE E., *Cartulaire de l'abbaye d'Afflighem et des monastères qui en dépendaient*. Leuven 1894-1901 (*Analectes pour servir à l'histoire ecclésiastique de la Belgique*, IIe section: *Série des cartulaires et des documents étendus*).

DEPAUW V., *De uiterste hoeksteen.* Definitieve versie. Leuven 1985.

DEPREZ A., *Brieven van, aan en over Jan Frans Willems, 1793-1846.* Brugge 1965-. (*Rijksuniversiteit te Gent. Werken uitgegeven door de Faculteit van de letteren en wijsbegeerte,* 138-139, 141-142, 145-146).

DE REIFFENBERG F., *Notice d'un manuscrit de l'ancienne abbaye de Villers* in *Bulletin de l'Academie royale des sciences et belles-lettres de Bruxelles* 8, 1841, 2me partie, p. 116-122.

DEROLEZ A., *Corpus Catalogorum Belgii. De Middeleeuwse bibliotheeks-catalogi der Zuidelijke Nederlanden.* Brussel 1966-, 2 delen verschenen. (*Verhandelingen van de Kon. Vl. Academie voor Wetenschappen, Letteren en Schone Kunsten van België, Klasse der Letteren*).

DEROLEZ R., *De briefwisseling van de gebroeders Grimm. Bibliographische nota* in *De Gulden Passer* 28, 1950, p. 118-122, met een Franse samenvatting op blz. 130-131.

DE SAINT-GENOIS J., *Catalogue méthodique et raisonné des manuscrits de la Bibliothèque de la ville et de l'université de Gand.* Gent 1849-1852.

DESCHAMPS J., *Middelnederlandse handschriften uit Europese en Amerikaanse bibiotheken. Tentoonstelling ter gelegenheid van het honderdjarig bestaan van de Koninklijke Zuidnederlandse Maatschappij voor Taal- en Letterkunde en Geschiedenis. Brussel, Koninklijke Bibliotheek Albert I, 24 okt. - 24 dec. 1970. Catalogus.* 2de, herziene druk, Leiden 1972.

DESCHAMPS J. & CARDON B., *Het Kopenhaagse Leven van de H. Lutgardis* in *Handschriften uit de abdij van Sint-Truiden.* Provinciaal museum voor religieuze kunst. Begijnhofkerk - Sint-Truiden 28 juni - 5 oktober 1986; p. 278-284.

DE SMEDT M., *F.A. Snellaert als tekstuitgever.* Deel I: *Zijn editie van "Alexanders Geesten" van Jacob van Maerlant* in *Spiegel der Letteren* 31, 1989, p. 313-326.

DESPY-MEYER A. & GERARD C., *Abbaye d'Affligem, à Hekelgem* in *Monasticon belge.* Deel IV/1: *Province de Brabant,* Luik 1964, p. 17-80.

DE VOOYS C.G.N., *Twee mystieke traktaatjes uit de eerste helft van de veertiende eeuw* in *T.N.T.L.* 40, 1921, p. 301-309.

DE VOOYS C.G.N., *Bijdragen tot de Middelnederlandse woord-geografie en woord-chronologie. I. De Middelnederlandse bijbelvertalingen* in *T.N.T.L.* 43, 1924, p. 214-248.

DE VOOYS C.G.N., Inleiding tot DE BRUIN C.C., *Middelnederlands geestelijk proza...*

DE VREESE W., *De Dietsche boeken van 't Rooklooster omstreeks het jaar 1400* in *Album Kern*. Leiden 1903, p. 397-403, eveneens in VERMEEREN P.J.H., *Willem de Vreese. Over handschriften...*, p. 61-68.

DE VREESE W., *De verstrooiing onzer handschriften en oude boeken over den aardbodem* in *Bibliotheekleven* 16, 1931, p. 199-222, eveneens in VERMEEREN P.J.H., *Willem de Vreese. Over handschriften...*, p. 116-135.

DU CANGE C., *Glossarium ad scriptores mediae et infimae latinitatis*. Oorspronkelijke uitgave Parijs 1678; zesde heruitgave, Graz 1954.

ECHARD F.J., zie QUÉTIF F.J.

EYSENGREIN G., *Catalogus testium veritatis locupletissimus, omnium orthodoxae matris ecclesiae doctorum*. Z.pl. 1565.

FABRICIUS J., *Bibliotheca ecclesiastica*, 1718.

FAßBINDER J., *Der Catalogus sanctorum ordinis sancti Benedicti des Abtes Andreas von Michelsberg*. Bonn 1910.

FILIP FORESTA van Bergamo, *Supplementum supplementi delle chroniche del Venerando Padre Fr. Jacobo Philippo*. Z.pl. 1552.

FRANCK J., *Aus dem Wortschatz der Kopenhagener St. Lutgart* in *T.N.T.L.* 22, 1903, p. 285-291.

FRANCK J., *Eine literarische Persönlichkeit des XIII. Jahrhunderts in den Niederlanden* in *Neue Jahrbücher für das Klassische Altertum*, Jg. 1904, I. Abt., XIII. Bd., 6. Heft, p. 424-442.

GEENEN L., *De Limburgsche woordschikking in proza en poëzie* in *Onze Taaltuin* 6, 1937, p. 129-130.

GERARD C., zie DESPY-MEYER A.

GERRITSEN W.P., *Waar heeft Willem van Afflighem zijn jamben vandaan?* in *Liber amicorum Jules van Oostrom. Squibs over neerlandistiek* (*Vooys Extra* 4, 1985, p. 26-28).

GLORIEUX P., *Répertoire des maîtres en théologie de Paris au XIIIe siècle*. 2 delen, Parijs 1933-1934. (*Etudes de philosophie médiévale*, 17-18).

GOOSSENS J., *Literairhistorische vragen rond Middelnederlandse heiligenlevens* in V.M.K.V.A.N.T.L. 1984, p. 273-303.

GORISSEN P., *Affligem en Engeland. Betrekkingen tijdens de twaalfde eeuw* in *Aflfigemensia* 6, 1949, p. 129-135.

GOURON A., *Testis unus, testis nullus dans la doctrine juridique du XIIe siècle* in WELKENHUYSEN A., BRAET H. & VERBEKE W. (Eds), *Mediaeval antiquity*. Leuven 1995 (*Mediaevalia lovaniensia*. Series I / Studia XXIV); p. 83-93.

GREGOIRE R., *Guillaume d'Afflighem* in *Dictionnaire de spiritualité.* Deel 6, Parijs 1967, kol. 1179-1181.

GRILL L., *Das Werken des Abtes Aelred von Rievaulx für Papst Alexander III. bei König Heinrich II. von England* in C.C.C. 18, 1967, p. 370-384.

GRUIJS A., *Fragment d'un catalogue ancien de Groenendael ayant servi à la composition du répertoire collectif de Rougecloître (Paris, Mazarine, Ms. 4095 A et Vienne, Ö.N.B., Ms. 9373)* in *Varia Codicologica. Essays presented to G.I. Lieftinck.* Amsterdam 1972 (*Litterae textuales*, 1); p. 75-86.

GRUNDMANN H., *Litteratus-illiteratus. Der Wandel einer Bildungsnorm vom Altertum zum Mittelalter* in *Archiv für Kulturgeschichte* 40, 1958, p. 1-65

GYSSELING M., *De Limburgse teksten in de volkstaal uit de 12de en 13de eeuw* in *Album Dr. M. Bussels.* Hasselt 1967.

GYSSELING M., *De aanvang van de Middelnederlandse geschreven literatuur* in *V.M.K.V.A.* 1968, p. 132-144.

GYSSELING M., Bespreking van DE BRUIN C.C., *Het Luikse Diatessaron...* in *De Nieuwe Taalgids* 64, 1971, p. 311-316.

GYSSELING M., *De invoering van het Nederlands in ambtelijke bescheiden in de 13de eeuw* in *V.M.K.V.A.* 1971, p. 27-35.

GYSSELING M. & KOCH A., *Diplomata belgica ante annum millesimum centesimum scripta. Ediderunt* -. Deel 1, Tongeren 1950. (*Bouwstoffen voor de Geschiedenis en Lexicographie van het Nederlands*, 1).

GYSSELING M., *Corpus van Middelnederlandse teksten (tot en met het jaar 1300).* Uitgegeven door - m.m.v. en van woordindices voorzien door W. PIJNENBURG. Reeks II: *Literaire handschriften*, deel 3: *Rijmbijbel / tekst*; deel 4: *Rijmbijbel / indices.* Leiden 1983.

HANON DE LOUVET R., *Les Bailliages de Nivelles-Genappe et de Jodoigne-Hanut au XIIIe siècle* in *Annales de la Société Archéologique et Folklorique de Nivelles & du Brabant wallon* 12, 1957, 2e partie p. 145-177.

HANON DE LOUVET R. & MARTIN J., *Abbaye d'Aywières, à Couture-Saint-Germain* in *Monasticon belge.* Deel IV/1, Luik 1964, p. 407-424.

HÄRING N., *Two catalogues of mediaeval authors* in *Franciscan Studies* 26, 1966, p. 195-211.

HÄRING N., *Der Literaturkatalog von Affligem* in *Revue bénédictine* 80, 1970, p. 64-96.

HÄRING N., *Saint Bernard and the litterati of his day* in *C.C.C.* 25, 1974, p. 199-222.

HAURÉAU B., *Henri de Bruxelles, religieux d'Afflighem* in *Histoire littéraire de la France.* Deel 27, Parijs 1877, p. 105-108.

HAURÉAU B., *Mémoire sur le Liber de viris illustribus attribué à Henri de Gand* in *Mémoires de l'Institut National de France. Académie des inscriptions et belles-lettres.* Deel 30, Parijs 1883, p. 349-359; met andere inleiding en slotparagraaf eveneens in HAURÉAU B., *Notices et extraits de quelques mss latins de la Bibliothèque Nationale.* Deel 6, Parijs 1893, p. 162-173.

HENDRIX G., *E.P. Dr. D.A. Stracke S.J.* in *S.L.S.V.* 4, 1961, p. 43-47.

HENDRIX G., *E.P. Stracke en de levensbeschrijvingen van Sinte Lutgart* in *S.L.S.V.* 5, 1962, p. 57-60.

HENDRIX G., *De geschiedenis van een verkeerde attributie* in *S.L.S.V.* 7, 1963, p. 42-44.

HENDRIX G., *Het Kopenhaagse Leven van Lutgart telt drie boeken* in *S.L.S.V.* 7, 1963, p. 15-16 en 30-31.

HENDRIX G., *En closter wert ende wel bekant (Kop. L.v.L., II:8507)* in *Affligem* 2, 1964, p. 11-13, 43-45, 66-68 en 91-94.

HENDRIX G., *Bezit Kopenhagen een Affligems handschrift uit de twaalfde eeuw?* in *Affligem* 4, 1965, p. 76-79.

HENDRIX G., *Willem van Affligems auteurschap van het Leven van Lutgart, getoetst aan het hoofdstuk Thimere* in *O.G.E.* 40, 1966, p. 343-349.

HENDRIX G., *Naschrift bij de mededeling van J. Aerts* in *O.G.E.* 43, 1969, p. 177-182.

HENDRIX G., *Is Willem van Affligem de auteur van het Kopenhaagse Leven van Lutgart? Geschiedenis en stand van het onderzoek. Herijking van de argumenten.* (Licentiaatsverhandeling Rijksuniversiteit Gent). Gent 1973.

HENDRIX G., *Handschriften van de Vita Lutgardis en van vertalingen ervan in volkstalen uit binnen- en buitenlands bezit. Een overzicht. Tentoonstelling Brugge 17-25 augustus 1974. Tentoonstellingskataloog.* Deel 2: *De handschriften.* Z.pl. [Brugge] z.j. [1974].

HENDRIX G., *Filologische studie van het Middelnederlandse Leven van Lutgart (Kopenhaags handschrift). Heuristiek en authenticiteitskritiek.* (Proefschrift doctor in de wijsbegeerte en letteren, Germaanse filologie K.U. Leuven). Leuven 1975.

HENDRIX G., *Cistercian sympathies in the 14th-century Catalogus virorum illustrium* in *C.C.C.* 27, 1976, p. 267-278.

HENDRIX G., *Kritiek van de attributie van Middelnederlandse teksten aan Willem van Affligem* in *Wetenschappelijke tijdingen* 36, 1977, kol. 145-162 en 37, 1978, kol. 103-120.

HENDRIX G., *Het Middelnederlandse prozafragment van de Vita Lutgardis* in O.G.E. 53, 1979, p. 421-428.

HENDRIX G., *Een nieuw element om het Leven van Lutgart te dateren* in *O.G.E.* 56, 1982, p. 25-28.

HENDRIX G., *Het Amsterdamse Leven van Lutgart als vertaling en een onvermoede getuige in de tekstevolutie van de Vita Lutgardis* in *O.G.E.* 61, 1987, p. 291-303.

HENDRIX G., *Franco van Affligem, benedictijn en geestelijk auteur* in *Nationaal biografisch woordenboek* deel 13, Brussel 1990, kol. 8-18.

HENDRIX G., *Bibliotheca auctorum, traductorum et scriptorum Ordinis Cisterciensis.* Tomus primus: *Vicariatus Generalis Belgii.* Leuven 1992 (Bibliotheek van de Faculteit Godgeleerdheid. *Instrumenta theologica*, 11).

HENDRIX G., *Der Literaturkatalog von Affligem". Some notes on a Catalogus virorum illustrium* in *Miscellanea Martin Wittek...*, p. 181-188.

HENDRIX G., *Hugo de Sancto Caro's traktaat De doctrina cordis.* Deel 1: *Handschriften, receptie, tekstgeschiedenis en authenticiteitskritiek.* – Deel 2: *Pragmatische editie van De Bouc van der leeringhe van der herten naar handschrift Wenen, ÖNB, 15231.* Leuven 1995 *(Bibliotheek van de Faculteit Godgeleerdheid. Documenta libraria, 16).*

HENDRIX G., *Ontmoetingen met Lutgart van Tongeren, benedictines en cisterciënzerin (1182 - 1246 - 1996).* Deel 1: *Iconografie van Portugal tot Polen.* – Deel 2: *Van Belgische sainte Lutgarde naar Vlaamse Sint-Lutgart.* – Deel 3: *Thomas van Cantimprés Vita Lutgardis. Nederlandse vertaling van de tweede versie naar handschrift Brussel, Koninklijke Bibliotheek Albert I, 8609-8620.* – Deel 4: *Omtrent het Kopenhaagse Leven van Lutgart, de oudste vertaling van Thomas van Cantimprés Vita Lutgardis.* – Deel 5: *De eerste en de tweede versie van Thomas van Cantimprés Vita Lutgardis diplomatisch uitgegeven met filologisch en historisch commentaar.* Leuven 1996-1998 (Bibliotheek van de Faculteit Godgeleerdheid. *Documenta libraria*, 17 – *Bibliotheca auctorum traductorum et scriptorum Ordinis cisterciensis*, IV).

HEYLIGERS F., *Het Leven van Lutgart. Een onderzoek naar het rijmvokalisme.* (onuitgegeven licentiaatsverhandeling Germaanse filologie, Rijksuniversiteit Luik). Luik 1938.

HOUTMAN E., *Affligem. Stichting - ontwikkeling van het domein. 1083 - ca 1250.* (onuitgegeven licentiaatsverhandeling Wijsbegeerte en Letteren, afdeling Geschiedenis / Moderne tijden). Leuven 1970.

HUYBEN J., Bespreking van REYPENS L. & VAN MIERLO J., *Beatrijs van Nazareth...* in *Kroniek* in *O.G.E.* 1, 1927, p. 431-433.

HUYGHEBAERT N., *Les documents nécrologiques.* Turnhout 1972 (*Typologie des sources du moyen âge occidental*, fasc. IV = A-VI 21).

Jaarboek K.V.A.T.L., 1966.

Jan van Ruusbroec, 1293-1381. Tentoonstellingscatalogus. Met als bijlage een chronologische tabel en drie kaarten. Brussel 1981

JANSEN-SIEBEN R., *De Natuurkunde van het Geheelal. Een 13de-eeuws middelnederlands leerdicht.* 2 delen, Brussel 1968. (*Académie Royale de Belgique, Classe des lettres et des sciences morales et politiques. Collection des anciens auteurs belges*).

JOACHIMSEN P, *Geschichtsauffassung und Geschichtschreibung in Deutschland unter dem Einfluß des Humanismus.* Deel 1, Leipzig 1910. (*Beiträge zur Kulturgeschichte des Mittelalters und der Renaissance*, 6).

JOLIVET J, *Sur quelques critiques de la théologie d'Abélard* in *Archives d'histoire doctrinale et littérature du Moyen Age* 38, 1963, p. 7-51.

JONCKBLOET W.J.A., *Over Middelnederlandschen epischen versbouw.* Amsterdam 1849.

KAEPPELI Th. & PANELLA E., *Scriptores Ordinis Praedicatorum Medii Aevi.* Volumen IV: *T-Z. Praemissis addendis et corrigendis ad volumina I-III.* Rome 1993, s.v.

KALFF G, *Handschriften der Universiteitsbibliotheek te Amsterdam* in *T.N.T.L.* 9, 1890, p. 161-189.

KAZEMIER G., *In de Voorhof der Poëzie. Inleiding tot het Nederlandse vers.* Den Haag z.j. [1965].

KERN J.H., *De Limburgsche Sermoenen. Uitgegeven door -.* Groningen 1895. (*Bibliotheek van Middelnederlandsche Letterkunde*, 46-53).

KESTERS H., *De abdij van St.-Truiden* in *Limburg* 30, 1951, p. 61-74 en 81-91.

KLOPSCH P., *Einführung in die mittellateinische Verslehre.* Darmstadt 1972.

KNUVELDER G., *Aasgieren der Filologie* in *V.M.K.V.A.* 1963, p. 127-185.

KOCH A., zie GYSSELING M.

KOSSMANN FR., *Nederlandsch Versrythme. De versbouwtheorieën in Nederland en de rythmische grondslag van het Nederlandsche vers.* (Proefschrift Leiden), 's-Gravenhage 1922.

Kroniek van de abdij van Sint-Truiden. 1ste deel: *628-1138.* Vertaling van de *Gesta Abbatum Trudonensium* door Dr E. LAVIGNE met annotaties van Prof. Dr W. Jappe ALBERTS. 1986[1], Maastricht 1988[2]. - 2de deel: *1138-1558.* Vertaling van de *Gesta Abbatum Trudonensium* door Dr E. LAVIGNE met annotaties van Prof. Dr W. † JAPPE ALBERTS en Prof. Dr J.C.G.M. JANSEN. Leeuwarden/Maastricht 1988.

LAUSBERG H., *Handbuch der literarischen Rethorik. Eine Grundlegung der Literaturwissenschaft.* 2 delen, München 1960.

LE CLERC V., *Guillaume de Malines, moine d'Afflighem, abbé de Saint-Trond* in *Histoire littéraire de la France.* Deel 21, Parijs 1847, p. 56-67.

LECLERCQ J., *Sermon de Philippe le Chancelier sur S. Bernard* in C.C.C. 16, 1965, p. 204-213.

LEENDERTZ P. Jr, Bespreking van VAN VEERDEGHEM F., *Leven van Sinte Lutgart...* in *Museum* 10, 1903, p. 118-121 en 164-167.

LEHMANN P., *Quellen zur Feststellung und Geschichte mittelalterlicher Bibliotheken, Handschriften und Schriftsteller* in *Historisches Jahrbuch* 40, 1920, p. 44-105; eveneens in LEHMANN P., *Erforschung des Mittelalters ...* Stuttgart 1959; deel 1, p. 306-358.

LEHMANN P., *Alte Vorläufer des Gesamtkatalogs* in *Festschrift Georg Leyh.* Leipzig 1937, p. 67-81; eveneens in LEHMANN P., *Erforschung des Mittelalters ...* Stuttgart 1961; deel 4, p. 172-183.

LEHMANN P., *Der Schriftstellerkatalog des Arnold Gheylhoven von Rotterdam* in *Historisches Jahrbuch* 58, 1938, p. 34-54; eveneens in LEHMANN P., *Erforschung des Mittelalters ...* Stuttgart 1961; deel 4, p. 216-236.

LEHMANN P., *Literaturgeschichte in Mittelalter* in LEHMANN P., *Erforschung des Mittelalters ...* Stuttgart 1959; deel 1, p. 82-129.

LEHMANN P., *Mittelalterliche Beinamen und Ehrentitel* in LEHMANN P., *Erforschung des Mittelalters ...* Stuttgart 1959; deel 1, p. 129-154.

LEHMANN P., *Merkwürdigkeiten des Abtes Johannes Trithemius* in *Bayerische Akademie der Wissenschaften. Philosophisch-historische Klasse. Sitzungsberichte* Jg. 1961, Heft 2.

LEHMANN P., *Mittelalterliche Büchertitel* in LEHMANN P., *Erforschung des Mittelalters ...* Stuttgart 1962; deel 5, p. 1-93.

LEHMANN P., *Erforschung des Mittelalters. Ausgewählte Abhandlungen und Aufsätze.* (Onveranderde herdruk van de uitgave 1941), 5 delen, Stuttgart 1959-1962.

LEPLANT B., zie LABANDE E.-R.

LIEFTINCK G.I., *Middelnederlandse handschriften uit beide Limburgen. Vondsten en ontdekkingen. Het Lutgart-handschrift* in *T.N.T.L.* 72, 1954, p. 184-200 met 3 platen.

LIEVENS R., *Les manuscrits datés* in *Leuvense Bijdragen* 52, 1963, p. 1-11.

LIEVENS R., *De lijst der Dietse boeken van Rooklooster. Een identifikatie en een interpretatie* in *T.N.T.L.* 86, 1970, p. 234-239.

LIMMER R., *Bildungszustände und Bildungsideen des 13. Jahrhunderts. Dargestellt unter besonderer Berücksichtigung der lateinischen Quellen.* München 1928; eveneens als "Unveränderter reprografischer Nachdruck", München 1970.

LOURDAUX W., *Moderne Devotie en christelijk humanisme. De geschiedenis van Sint-Maarten in Leuven van 1433 tot het einde der XVIe eeuw.* Leuven 1967 (*Werken op het gebied van de geschiedenis en de filologie*, 5e reeks, 1).

LOURDAUX W., *Inleiding tot de studie van de handschriften van Sint-Maarten te Leuven* in *Bronnen voor de religieuze geschiedenis van België. Middeleeuwen en Moderne Tijden.* Leuven 1968 (*Bibliothèque de la Revue d'histoire ecclésiastique*, 47); p. 142-180.

LOURDAUX W. & PERSOONS E., *Petri Trudonensis catalogus scriptorum Windeshemensium.* Leuven 1968 (*Universiteit te Leuven. Publicaties op het gebied van de geschiedenis en de filologie.* 5e Reeks, 3).

LOURDAUX W. & PERSOONS E., *Het boekenbezit en het boekengebruik bij de Moderne Devoten* in *Studies over het Boekenbezit en Boekengebruik in de Nederlanden voor 1600.* Brussel 1974 (*Archief- en Bibliotheekwezen in België*, extranummer 11); p. 247-325.

LUSCOMBE D.E., *The School of Peter Abelard. The influence of Abelards thought in the early scholastic period.* Londen 1969.

LUSIGNAN S., *Préface au "Speculum maius" de Vincent de Beauvais: réfraction et diffraction.* Montréal-Parijs 1979 (*Cahiers d'études médiévales, Université de Montréal*, 5).

MANNING E., zie *Miscellanea Martin Wittek.*

MANTINGH E., *De rol van de rol in de eerste miniatuur van het Kopenhaagse Lutgart-handschrift* in *De nieuwe taalgids* 87, 1994, p. 238-247.

MANTINGH E., *De derde man. Op zoek naar Willem van Affligem, auteur van het Leven van Lutgart*, ter perse in NLCM-bundel 16, 1998.

MARCHAL J., *Catalogue des manuscrits de la Bibliothèque royale des ducs de Bourgogne*. Tome I: *Résumé historique. Inventaire n° 1 à 18000*. Brussel 1842.

MARICHAL R., zie SAMARAN C.

MARTIN H., *Catalogue des manuscrits de la Bibliothèque de l'Arsenal*. Deel 1, Parijs 1885.

MASAI F. & WITTEK M., *Manuscrits datés conservés en Belgique*. Tome II: *1401-1440. Manuscrits conservés à la Bibliothèque Royale Albert Ier*. Brussel 1972.

MEIJER G.J., *Het Leven van Jezus. Een nederlandsch handschrift uit de dertiende eeuw*. Met taalkundige aantekeningen, voor het eerst, uitgegeven door –. Groningen 1835.

MEIJER G.J., *Nalezingen op het Leven van Jezus. Verslag van den Roman van Walewein; e.a. bijdragen tot de oude Nederlandsche letterkunde*. Groningen 1838.

MENS A., *De "Kleine Armen van Christus" in de Brabants-Luikse gewesten (einde 12e, begin 13e eeuw), 3e deel* in *O.G.E.* 37, 1963, p. 353-401.

MEYER W., *Die drei arezzaner Hymnen des Hilarius von Poitiers und Etwas über Rythmus* in *Nachrichten von der Königlichen Gesellschaft der Wissenschaften zu Göttingen. Philologisch-historische Klasse*. Berlijn 1909, p. 373-433.

MIKKERS E., *De vita et operibus Gilberti de Hoylandia* in *C.C.C.* 14, 1963, p. 33-43 en 265-279.

Miscellanea neerlandica. Opstellen voor Dr. Jan Deschamps ter gelegenheid van zijn zeventigste verjaardag. Onder redactie van E. COCKX-INDESTEGE & Fr. HENDRICKX. Leuven 1987 (*Miscellanea neerlandica*, 1-3).

Miscellanea Martin Wittek. Album de codicologie et de paléographie offert à Martin Wittek. Edités par RAMAN A. et MANNING E. Leuven - Parijs 1993.

MOLINIER A., *Catalogue des manuscrits de la Bibliothèque Mazarine*. Parijs 1885-1892.

Moniteur Belge – Journal officiel – Staatsblad, 29 juli 1905, kol. 3895-3896; 21 juli 1907, kol. 3679-3680; 29 augustus 1907, kol. 4434.

MOORS J., *De 14de-eeuwsche Dietsche oorkonden van Sint-Truiden* in *Limburg* 24, 1942, p. 74-81.

MOORS J., *De litteraire werken als bronnen voor de kennis van het Limburgs tot de 15de eeuw* in *Levende talen* 17, 1951, p. 49-71.

MORÇAY R., *Chronique de Saint Antonin. Fragments originaux du titre XXII (1378-1459)*. Parijs 1913.

MORÇAY R., *Saint Antonin, archevêque de Florence (1389-1459)*. Parijs 1914.

De nationale bibliotheek van Oostenrijk. Handschriften en gedrukte werken over de geschiedenis van de Nederlanden. 1475-1600. Brussel 1962. (*Koninklijke Bibliotheek catalogus* 9).

NORBERG D., *Introduction à l'étude de la verification latine médiévale*. Stockholm z.j. [1958]. (*Acta universitatis stockholmiensis. Studia Latina Stockholmiensia*, 5).

NORDEN E., *Die antike Kunstprosa vom VI. Jahrhundert v. Chr. bis in die Zeit der Renaissance*. 2e deel, Leipzig 1898.

NOWE H., *Les baillis comtaux de Flandre, des origines à la fin du XIVe siècle*. Brussel 1929.

OUDEMANS A.C., Bespreking van BORMANS J.H., *Leven van Sinte Christina* ... in *De Gids* 14, tweede deel voor 1850, p. 114-123.

OUDINUS C., *Commentarius de scriptoribus ecclesiae antiquis*. Deel III, Leipzig 1722.

PALMER R.B., zie STRECKER K.

PAULMIER M., *Etude sur l'état des connaissances au milieu du 13e siècle – Nouvelles recherches sur la genèse du "Speculum maius"* de *Vincent de Beauvais* in *Spicae. Cahiers de l'Atelier Vincent de Beauvais* 1, 1978, p. 91-122.

PELSTER F., *Der Heinrich von Gent zugeschriebene Catalogus virorum illustrium und sein wirklicher Verfasser* in *Historisches Jahrbuch der J. Görres-Gesellschaft* 1918-19, p. 252-268.

PERSOONS E., *Handschriften uit kloosters in de Nederlanden in Wenen* in *Archief- en Bibliotheekwezen in België* 38, 1967, p. 59-107.

PERSOONS E., *Het intellectuele leven in het klooster Bethlehem in de 15e eeuw* in *Archief- en Bibliotheekwezen in België* 43, 1972, p. 47-84; 44, 1973, p. 85-143.

PERSOONS E., zie ook LOURDAUX W.

PETER L., zie ARBUSOW L.

PETIT L.D., *Bibliographie der Middelnederlandsche taal- en letterkunde*. Deel 1, Leiden 1888; deel 2: *De literatuur bevattende verschenen van 1888-1910*. Leiden 1910.

PETREUS TH., zie BOSTIUS A.

PLOOIJ D., *A Primitive Text of the Diatessaron. The Liège Manuscript of a Mediaeval Dutch Translation.* A preliminary study by –, with and Introductory Note by Dr. J. RENDEL HARRIS. Leiden 1923.

PLOOIJ D., *A further study of the Liège Diatessaron.* Leiden 1925.

[PONCELET A.], *De Antonio Gentio in Rubea Valle canonico regulari hagiographo* in *Analecta Bollandiana* 6, 1887, p. 31-34.

PREVENIER W., *De verhouding van de Clerus tot de locale en regionale Overheid in het Graafschap Vlaanderen in de Late Middeleeuwen* in *Bronnen voor de religieuze geschiedenis van België. Middeleeuwen en Moderne Tijden.* Leuven 1968 (*Bibliothèque de la Revue d'histoire ecclésiastique*, 47); p. 9-46.

PRINCIPE W.H., *Nikolaus M. Häring, S.A.C. (1909-1982)* in *Medieval studies* 44, 1982, p. vii-xvi.

QUÉTIF F.J. & F.J. ECHARD, *Scriptores ordinis praedicatorum recensiti.* Originele uitgave, 2 delen, Parijs 1719-1723; fotomechanische herdruk: *Burt Franklin Bibliographical and Reference Series* 16, New York 1959, 4 delen.

QUISPEL G., *Het Evangelie van Thomas en de Nederlanden.* Amsterdam 1971.

RAMAN, A. zie *Miscellanea Martin Wittek.*

RACITI G., zie AELREDI RIEVALLENSIS.

REGAUS B., *Autobiographie* in *Haffligbemum Illustratum*, gepubliceerd onder de titel *Proost Beda Regaus (1718-1807)* in *Affligemensia* 7, februari 1950, p. 149-150.

REYPENS L., *Nog een dertiendeeuwse mystieke cisterciënsernon* in *O.G.E.* 23, 1949, p. 225-246.

REYPENS L., *Een derde Beatrijs in onze dertiendeeuwse letteren? Beatrijs van Dendermonde* in *O.G.E.* 37, 1963, p. 419-422.

REYPENS L., *Vita Beatricis. De autobiografie van de Z. Beatrijs van Tienen O.Cist. 1200-1268. In de Latijnse bewerking van de anonieme biechtvader der abdij van Nazareth te Lier voor het eerst volledig en kritisch uitgegeven door –.* Antwerpen 1964 (*Studiën en tekstuitgaven van Ons Geestelijk Erf*, 15).

REYPENS L. & VAN MIERLO J., *Beatrijs van Nazareth. Seven Manieren van Minnen, critisch uitgegeven door –.* Leuven 1926. (*Leuvense Studieën en tekstuitgaven*, z.nr).

RIBAILLIER J., *Henri de Gand* in *Dictionnaire de spiritualité.* Deel 7, Parijs 1968, kol. 197-210.

ROUSE R.H. & ROUSE M.A., *Bibliography before print: the medieval "De viris illustribus"* in GANZ P. (Ed.), *The role of the book in medieval culture. Proceedings of the Oxford international symposium 26.9.-1.10.1992.* Turnhout 1993 (*Bibliologia*, 3-4); deel 1, p. 133-153.

SAMARAN C. & MARICHAL R., *Catalogue des manuscrits en écriture latine portant des indications de date, de lieu ou de copiste.* Tome I. *Musée Condé et bibliothèques parisiennes.* Notices établies par M. GARAND et Josette METMAN. Parijs 1959.

SANDERUS A., *Bibliotheca Belgica Manuscripta.* Originele uitgave: 2 delen, Rijsel 1641-1643; fotomechanische herdruk, 1 deel, Brussel 1972 (*Archief- en Bibliotheekwezen in België*, extranummer 7) en Londen 1969.

SCHNEIDER B., *Cîteaux und die benediktinische Tradition* in *Analecta S.O. Cisterciensis* 16, 1960, p. 168-254; 17, 1961, p. 73-114.

SCHWARZ T., ÜUeber den Verfasser und die Quellen des Rudimentum novitiorum. Rostock 1888.

SERMON H., *Thomas Cantipratanus* in *V.M.K.V.A.* 1902, p. 468-512.

SERRURE C.A., *(De kloosterzuster Hadewig)* in *Vaderlandsch Museum* 2, 1858, p. 141-145.

SERRURE C.P., *[Bormans (professor), ontdekt een nederduitsch H.S. uit de XIVde eeuw]* in *Gentsch Kunst- en Letterblad* 1, 1840, p. 80.

SERRURE C.P., *Willem van Afflighem, Nederduitsch dichter (vóór 1280)* in *De Middelaer* 1, 1840, p. 77-81.

SILVESTRE A., *A propos d'anciens catalogues collectifs de manuscrits* in *Scriptorium* 15, 1961, p. 323-327.

SILVESTRE H., bespreking van HÄRING N., *Der Literaturkatalog...* in *Revue d'histoire ecclésiastique* 66, 1971, p. 1068-1070.

SILVESTRE H., *Pour la fiche "conductus"* in *Archivum latinitatis medii aevi* 38, 1972, p. 203-205.

SLIJPEN W., *De Limburgsche Sermoenen toch Limburgsch?* in *Onze Taaltuin* 6, 1937, p. 266-272.

SMOLART-MEYNART A., *Le droit de gîte dans les abbayes brabançonnes au bas-moyen âge* in *Hommage au Professeur Paul Bonenfant (1899-1965).* Brussel 1965, p. 365-382.

SONNEMANS G.H.P., *Functionele aspecten van Middelnederlandse versprologen. Een wetenschappelijke proeve op het gebied van de Letteren.* Boxmeer 1995 (proefschrift Nijmegen).

SOUTHERN R.W., *Saint Anselm and his biographer. A study of monastic life and thought, 1059 - c. 1130.* Cambridge 1963.

SPAANS Y. & JONGEN L., *Het leven van Lutgard. Bloemlezing uit het Kopenhaagse handschrift.* Samengesteld, vertaald en ingeleid door –. Hilversum 1996 (*Middelnederlandse tekstedities*, 3).

STALLAERT K., *Maria van Braband in Frankrijk. Elisabeth van Spaelbeke. Abt Willem van Afflighem* in *Leesmuseum* 3, 1857, p. 131-145.
STEFFEN C., *Untersuchungen zum 'Liber de scriptoribus ecclesiasticis' des Johannes Trithemius. Ein Beitrag zu den Anfängen der theologischen Bibliographie* in *Archiv für Geschichte des Buchwesens* 10, 1969, kol. 1247-1354; eveneens in *Börsenblatt für den Deutschen Buchhandel – Frankfurter Ausgabe* 78, 1969, p. 2399vv.
STENGERS J., *Les juifs dans les Pays-Bas au Moyen-Age*. Brussel 1950. (*Kon. Belg. Academie, Klasse der Letteren..., Verhandelingen*, Boek XLV, 2).
STRACKE D.A., *Iets over de punctuatie in Middelnederlandsche dichtwerken* in *Leuvensche Bijdragen* 9, 1910, p. 212-243.
STRACKE D.A., *Een Lutgartcollatie* in *V.M.K.V.A.* 1927, p. 853-873.
STRACKE D.A., Bespreking van VAN MIERLO J., *Willem van Afflighem...* in *O.G.E.* 10, 1936, p. 258.
STRACKE D.A., *Over den berijmer der Kopenhaagsche Lutgart* in *O.G.E.* 20, 1946, p. 50-101.
STRACKE D.A., *Mariagebeden door Franco, abt van Affligem* in *O.G.E.* 25, 1951, p. 176-189.
STRACKE D.A., *Nog eens: iets over de sproke Beatrijs* in *Leuvense Bijdragen* 41, 1951, p. 73-82.
STRACKE D.A., *Wie heeft nu schuld, Sinte Lutgart of wij?* in *S.L.S.V.* 2, 1958, p. 20-24.
STRECKER K., *Introduction to Medieval Latin*. English Translation and Revision by R.B. PALMER. Z.pl. [Dublin/Zürich] z.j. [zesde onveranderde herdruk, 1971].
STUIVELING G., *Ritme* in *Moderne Encyclopedie der Wereldliteratuur*. Deel 7, Gent z.j. [1972], p. 299-301.
STUTVOET-JOANKNECHT C.M., *Der byen boeck. De Middelnederlandse vertalingen van Bonum universale de apibus van Thomas van Cantimpré en hun achtergrond.* (Dissertatie VU Amsterdam). Amsterdam 1990.
SZITTYA P.R., *The antifraternal tradition in medieval literature*. Princeton N.J. 1986.

THOMAS VAN CANTIMPRÉ. *Thomae Cantipratani ... Miraculorum, et exemplorum memorabilium sui temporis Libri duo ... opera & studio Georgii Colvenerii*. Douai 1605.
THOMAS VAN CANTIMPRÉ. *Bonum universale de apibus*. Uitgegeven door G. Colvenerius, Douai 1627.
TRITHEMIUS J., *Liber de scriptoribus ecclesiasticis*. P. Quentell, Keulen 1531; P. Quentell, Keulen 1546.

TRITHEMIUS J., *De viris illustribus Ordinis S. Benedicti* in *Johannis Trithemii Spanhemensis ... opera pia et spiritualia*. Uitgegeven door I. BUSAEUS S.J., Mainz 1604, p. 16-149.

VAN BALSBERGHE E., *Sylvain Van de Weyer et la vente des manuscrits de Parc en 1829* in *Archief- en Bibliotheekwezen in België* 43, 1972, p. 108-130.

VAN BUUREN A.M.J., *Lutgart van Tongeren* in STUIP R.E.V. & VELLEKOOP C. (Eds), *Andere structuren, andere heiligen. Het veranderende beeld van de heilige in de Middeleeuwen.* Utrecht 1983 (*Utrechtse bijdragen tot de mediëvistiek*, 2); p. 115-132 met noten op p. 260-261.

VAN DEN AUWEELE D., *Willem van Affligem en het dubbele baljuwschap van Thimere de Rogemez* in *Album amicorum Niolas-N. Huyghebaert O.S.B.* Brussel 1982 (*Sacris erudiri* 25, 1982); p. 99-112.

VAN DEN BROEK R., *Jacob van Maerlant en het Nederlandse Diatessaron* in *Nederlands Theologisch Tijdschrift* 28, 1974, p. 141-164.

VAN DEN GHEYN J., *Catalogue des manuscrits de la Bibliothèque Royale de Belgique.* Delen 1-6, Brussel 1901-1906.

VAN DER VET W.A., *Het Biënboec van Thomas van Cantimpré en zijn exempelen.* (Proefschrift Leiden) Den Haag 1902.

VAN DE WEERD H., *Sint Lutgartverering te Tongeren* in *Limburg* 28, 1948, p. 193-199.

VAN EVEN E., *Willem van Afflighem, abt van Sint-Truijen, nederduitsch dichter* in *Mengelingen voor de geschiedenis van Braband.* z.pl. [Leuven] 1871, p. 283-290.

VAN GINNEKEN J., *Een epidemie der Geesten* in *Onze Taaltuin* 5, 1936, p. 76-89.

VAN GINNEKEN J. en zijn Nijmeegsche leerlingen, *De Taalschat van het Limburgsche Leven van Jesus.* Maastricht 1938.

VAN GINNEKEN J., Inleiding tot VAN KERKSBERGEN T., *Het Leven van Jesus.*

VAN HERK A., *Mnl. prose(n)* in *T.N.T.L.* 37, 1918, p. 26.

VANHOUTTE H., Bespreking van VAN VEERDEGHEM F., *Leven van Sinte Lutgart* in *Archives Belges* 2, 1900, p. 25-26, nr. 30.

VAN KERSBERGEN G.C., *Het Luiksche Diatessaron in het Nieuw-Nederlandsch vertaald met een inleiding over de herkomst van den Middelnederlandschen tekst.* (Proefschrift Nijmegen), Nijmegen 1936.

VAN KERSBERGEN T., *Het Leven van Jesus naar het Middellimburgse handschrift van Sint Truyen uit de 14e eeuw vertaald door –.* Nijmegen 1926. (*Publicaties der afdeeling Nederlandsch van het Insti-*

tuut Nieuwe Letteren aan de Nijmeegsche Universiteit. Tweede deel, 1).

VAN MIERLO J., *Beatrijs van Nazareth* in *V.M.K.V.A.* 1926, p. 51-72.

VAN MIERLO J., *Geschiedenis van de Oud- en Middelnederlandsche Letterkunde*. Antwerpen 1928.

VAN MIERLO J., *Een katalogus van handschriften in Nederlandsche bibliotheken uit 1487* in *O.G.E.* 2, 1928, p. 275-303.

VAN MIERLO J., *Beknopte Geschiedenis van de Oud- en Middelnederlandsche Letterkunde*. Antwerpen 1930. - Tweede, bijgewerkte en verbeterde uitgave, Antwerpen 1933.

VAN MIERLO J., *De anonymi uit den katalogus van handschriften van Rooklooster* in *O.G.E.* 4, 1930, p. 84-102 en 316-357.

VAN MIERLO J., *De 10e Brief van Hadewych en het 41ste der Limburgsche Sermoenen. Invloed van Hadewych op de Limburgsche Sermoenen* in *V.M.K.V.A.* 1932, p. 373-378.

VAN MIERLO J., Bespreking van DE BRUIN C.C., *Middelnederlandse vertalingen...* in *O.G.E.* 9, 1935, p. 328-331 en 433.

VAN MIERLO J., *Willem van Afflighem en het Leven van Jesus en het Leven van Sinte Lutgart* in *V.M.K.V.A.* 1935, p. 775-915; ook als overdruk uit *V.M.K.V.A.*, en door Standaard-Boekhandel, Antwerpen 1936, in de handel gebrachte uitgave; samenvatting in *V.M.K.-V.A.* 1935, p. 769.

VAN MIERLO J., *Over den ouderdom der Limburgsche Sermoenen* in *V.M.K.V.A.* 1935, p. 1081-1093; samenvatting p. 1076-1077.

VAN MIERLO J., *Verslag over de werkzaamheden der Academie op het gebied van het Middelnederlandsch (1911-1936)* in *K.V.A. Gedenkboek 1886-1936*. Ledeberg-Gent z.j. [1936], luxe-uitgave p. 185-255 met samenvatting op p. 236-237, gewone uitgave p. 181-251 met samenvatting op p. 232-233.

VAN MIERLO J., *Het Leven van Sinte Lutgart oorspronkelijk Limburgsch?* in *V.M.K.V.A.* 1936, p. 627-643; samenvatting p. 466.

VAN MIERLO J., *Mr. Leonard Willems* in *Jaarboek K.V.A.T.L.* 1942, p. 91-106.

VAN MIERLO J., *Kan Willem van Affligem ook de bewerker zijn van het Leven van Jezus?* in *V.M.K.V.A.* 1950, p. 5-29.

VAN MIERLO J., zie ook REYPENS L.

V[AN] O[RTROY], Bespreking van VAN VEERDEGHEM F., *Leven van Sinte Lutgart...* in *Bulletin des publications hagiographiques* in *Analecta bollandiana* 25, 1906, p. 126-127, nr 49.

VAN ROY A., *Lutgardis van Tongeren*. Brugge 1946. (*Heiligen van onzen stam*, z.nr).

VAN ROY A., *Affligem, roem van ons land*. Leuven 1953. (*Keurreeks van het Davidsfonds*, 52).

VAN UYTVEN R., *Wereldlijke overheid en reguliere geestelijkheid in Brabant tijdens de Late Middeleeuwen* in *Bronnen voor de religieuze geschiedenis van België. Middeleeuwen en Moderne Tijden*. Leuven 1968 (*Bibliothèque de la Revue d'histoire ecclésiastique*, 47); p. 48-134.

VAN VEERDEGHEM F., *Willem van Afflighem's Sinte Lutgart* in *Bulletin de l'Academie royale de Belgique* 3e Sér., deel 34, 1897, nr 12, p. 1055-1086.

VERDAM J., *Nieuwe aanwinsten voor onze kennis der Middeleeuwsche taal en letterkunde* in *Verslagen en Mededelingen der Koninklijke Akademie van wetenschappen, Afdeeling Letterkunde*, vierde reeks, derde deel. Amsterdam 1899, p. 289-315.

VERDAM J., zie ook VERWIJS E.

VERLEYEN W., *Het Affligemse Jaargetijdenboek en het hertogelijk geslacht van Brabant* in *Affligem* 3, 1965, p. 94-96.

VERLEYEN W., *Obituarium Fraxinense (XIV-XV s.)*. Ingeleid door –. Hekelgem 1967. (*Fontes Affligemenses, Bouwstoffen voor de geschiedenis van de Abdij Affligem*, 3).

VERLEYEN W., *Proost Beda Regaus, Geschiedschrijver van de abdij Affligem. 1718-1808*. Abdij Affligem 1972.

VERMEEREN P.J.H., *Op zoek naar de librije van Rooklooster* in *Het Boek* 35, 1961-1962, p. 134-173.

VERMEEREN P.J.H., *Willem de Vreese. Over handschriften en handschriftenkunde*. Tien codicologische studiën bijeengebracht, ingeleid en toegelicht door –. Zwolle 1962. (*Zwolse Reeks van taal- en letterkundige studies*, z.nr).

VERSCHAEVE C., *Verzameld werk* deel 6, p. 843-849, een in 1935 gehouden rede, overgenomen in *Cyriel Verschaeve over sinte Lutgart* in *S.L.S.V.* 10, 1966, p. 17-22.

VERWIJS E. & VERDAM J., *Middelnederlandsch Woordenboek*. Voltooid door F.A. STOETT. 11 delen, 's-Gravenhage 1885-1952.

VINCENTIUS BELLOVACENSIS, *Speculum quadruplex siue Speculum maius: naturale, doctrinale, morale, historiale*. Duaci 1624 (reprint Graz 1964-1965).

VON DEN BRINCKEN A.D., *Geschichtbetrachtung bei Vincenz von Beauvais. Die Apologia Auctoris zum "Speculum maius"* in *Deutsches Archiv für Erforschung des Mittelalters* 34, 1978, p. 410-499.

VOORBIJ J.B., *The "Speculum historiale". Some aspects of its genesis and manuscript tradition* in AERTS W.J., SMITS E.R. & VOORBIJ J.B.

(Eds), *Vincent of Beauvais and Alexander the Great. Studies in the "Speculum maius" and its translation into medieval vernaculars.* Groningen 1986; p. 11-55.

VOORBIJ J.B., *Het 'Speculum historiale' van Vincent van Beauvais. Een studie van zijn ontstaansgeschiedenis.* Groningen 1991.

WILLEMS J.F., *Verhandeling over de nederduytsche tael- en letterkunde,* 1819.

WILLEMS L., *Aanteekeningen over Middelnederlandsche schrijvers* in *V.M.K.V.A.* 1936, p. 571-577.

WILLEMS L., *Nota's over het Leven van S.Lutgardis*, samenvatting van lezing in *V.M.K.V.A.* 1936, p. 522-523.

WILS L., *Kanunnik Jan Baptist David en de Vlaamse Beweging van zijn tijd.* Leuven 1957.

WITTEK M., zie MASAI F.

WYFFELS C., *Gerechtelijk optreden van de baljuw van Geraardsbergen in Henegouwen in de 13de eeuw* in *Recht en instellingen in de oude Nederlanden tijdens de middeleeuwen en de Nieuwe Tijd. Liber amicorum Jan Buntinx.* Leuven 1981 (*Symbolae Facultatis Litterarum et Philosophiae Lovaniensis* A/10).

ZIELEMAN G.C., *De versifikatie van de 'Limburgse Aiol' en 'Van Sente Lutgart'* in *T.N.T.L.* 103, 1987, p. 81-118.

ZONNEVELD W., *Van Affligem en Chaucer: 'Het Leven van Sinte Lutgart' als jambisch gedicht.* Utrecht 1992 (*Ruygh-bewerp*, 17).

HOOFDSTUK 1

"IK HEB DEN NAEM VAN EENEN OUDEN DICHTER MET NAME WILLEM ONTDEKT..."

In dit hoofdstuk geven we een overzicht van wat in de circa honderdveertig jaar tussen 1828 tot 1970 over Willem van Affligem geschreven is. In tien schetsen delen we, met talrijke en vaak heel uitvoerige citaten, mee wat vorsers als C.P. Serrure, J.H. Bormans, F. Van Veerdeghem, C.C. de Bruin, J. Van Mierlo S.J., J. Van Ginneken en Leonard Willems over Willem van Affligem geschreven hebben en hoe zij hem naar aanleiding van Middelnederlandse auteurs als Hadewijch en Beatrijs van Nazareth of van Middelnederlandse teksten als het Luikse Leven van Jezus, de Limburgse Sermoenen en vanzelfsprekend het Kopenhaagse Leven van Lutgart benaderd hebben.[1]

1.1. Constant Philip Serrure en Willem van Affligem

Nog vóór in de eerste helft van de negentiende eeuw een eerste Lutgartgedicht in een handschrift werd ontdekt, dook de naam van Willem van Affligem als dichter van een Leven van Lutgart op. Toen C.P. Serrure tijdens zijn studententijd K.C.S. Bernhardi, bibliothecaris van de toenmalige Rijksuniversiteit Leuven, behulpzaam was bij de organisatie van de bibliotheek, kon hij menig interessant werk en belangwekkend handschrift inzien. Daarover bracht hij in zijn brieven aan Jan Frans Willems verslag uit.[2] Zo schreef hij op 6 februari 1828:

> Ik heb den naem van eenen ouden dichter met name *Willem*, levende in Brabant vóór en omtrent 1300, ontdekt. De naem van

1. HENDRIX G., *Kritiek van de attributie van Middelnederlandse teksten aan Willem van Affligem* in *Wetenschappelijke tijdingen* 36, 1977, kol. 145-162 en 37, 1978, kol. 103-120. Deze versie is verschenen zonder drukproeven voor de auteur.

2. Vergelijk VAN MIERLO J., *Willem van Afflighem en het Leven van Jesus en het Leven van Sinte Lutgart* in *V.M.K.V.A.* 1935, p. 775-915; p. 835 noot 1 "De eerste die in de 19e eeuw op W.v.A. de aandacht vestigde was C.P. Serrure in De Middelaer (1840)...".

> zijn werk is my bekend, doch tot hier toe heeft het niemand gekend.[3]

In een brief van kort na[4] 17 januari 1831 berichtte hij:

> Ik maekte eene volledige lijst onzer dichters voor [de] XVI eeuw op en bracht der zelver getal[5] [op] 38. Verder nog twee die in het hoogduitsch schreven. Jan I en Van Veldig, en vijf waer aen men kan twijfelen. Bij de tot hier toe bekende voegde ik Willem van Affligem.

In zijn brieven aan Willems heeft Serrure geen bijzonderheden over de vindplaatsen verstrekt. Op het gerucht echter dat Professor Jan Hendrik Bormans in het bezit gekomen was van een handschrift[6] met een Middelnederlands, berijmd Leven van Lutgart en Leven van Kerstine de Wonderbare en nog vóór de hoogleraar zelf een desbetreffende mededeling had kunnen doen, gaf Serrure de twee teksten, die hij in 1828 opgetekend had, in het licht.

3. DEPREZ A., *Brieven van, aan en over Jan Frans Willems, 1793-1846. Teksten II.* Brugge 1968 (*Rijksuniversiteit Gent. Werken uitgegeven door de Faculteit van de letteren en wijsbegeerte*, 145), p. 286-287 nr 441.

4. Deze datering steunt op de volgende door J. Bols met potlood onderaan op het eerste kantje van de brief aangebrachte aantekening: "Plaatsaanduiding en dagteekening ontbreken. Uit den inhoud blijkt dat deze brief uit Antwerpen gezonden werd kort na de verplaatsing van Willems naar Eekloo: deze benoeming gebeurt bij besluit van het gouvernement te Brussel, den 17 Januari 1831".

5. Het "schrijvertjes tellen" van Serrure heeft een voorgeschiedenis. Omstreeks 1700 wist haast niemand meer iets af van onze middeleeuwse letterkunde. In 1707 bestreed Adriaan Verwer de mening van sommigen als zouden overblijfselen ervan geheel ontbreken (DE BUCK H., *De studie van het Middelnederlandsch tot in het midden der negentiende eeuw*. Groningen 1931, p. 4 en 18). In 1809 kon J.J. Gérard achttien namen van vóór 1500 levende schrijvers en elf titels van vóór 1500 daterende werken meedelen aan C.A. De la Serna-Santander die ze opnam in zijn *Mémoire historique sur la Bibliothèque de Bourgogne*, Brussel 1809; hierin (A) *Notice des principaux Poëtes Belges antérieurs à l'an 1500*; p. 109-145 *Poëtes Belges qui ont écrit en français*; p. 146-151: *Poëtes Belges qui ont écrit en flamand*. Toen in 1819 het eerste deel van zijn *Verhandeling over de nederduytsche tael- en letterkunde* verscheen, kende Jan Frans Willems er slechts twee of drie meer. Men was dus van ver gekomen. Deze omstandigheden verklaren ten dele waarom op nieuwe vondsten zo enthousiast én oncritisch gereageerd werd.

6. De twee gedichten bevonden zich oorspronkelijk in één band. Slechts zeer korte tijd voor de ontdekking van het handschrift was dit nog volledig en ongeschonden, zoals blijkt uit een op 16 september 1840 te Brussel geschreven brief van J.H. Bormans aan Jan Frans Willems: "Il y six semaines le ms. était encore intact. C'est une religieuse qui l'a mis en pièces pour fournir du parchemin à un peintre qui avoit besoin de colle...". Brief nr 463 bij BOLS J., *Brieven aan...*, nr 1620 bij DEPREZ A., *Brieven van, aan...*, door ons gecollationeerd op handschrift Gent, Universiteitsbibliotheek, 3630, brief nr 946.

De eerste tekst had hij gevonden in de *Catalogus virorum illustrium* (C.V.I.)[7], een werk dat in 1840 nog toegeschreven werd aan de *doctor solemnis Henricus Gandavensis*,[8] maar later op de naam van Hendrik van Brussel werd geplaatst. In de C.V.I. luidde de vondst:

> Wilhelmus, monachus Affligeniensis, et ibidem aliquando Prior, vitam dominae Lutgardis, a fratre Thoma latine scriptam, convertit in Teutonicum rithmice, duobus sibi semper rithmis consonantibus. Dictavit etiam latine quandam materiam satis eleganter de quadam moniali Cisterciensis ordinis, quae Teutonice multa satis mirabilia scripserat de seipsa.[9]

Vervolgens gaf hij een plaats uit het *Liber de scriptoribus ecclesiasticis* van Johannes Trithemius:

> Guilhelmus, monachus Haffligemensis coenobii, ordinis S. Benedicti, natione Teutonicus, et aliquandiu in eodem monasterio Prior, vir in divinis scripturis studiosus, et longa exercitatione doctus atque in secularibus literis sufficienter eruditus, carmine valens et prosa, edidit utroque scribendi genere quaedam non spernenda opuscula, quibus memoriam nominis sui perpetuavit: e quibus sunt:
>
> Sermones non inutiles, lib. I.
> Visiones cujusdam monialis, lib. I.
> De vita sanctae Lutgardis, lib. I.
>
> Alia vero quae composuit, ad notitiam meam adhuc minime venerunt.[10]

Het eerste bericht achtte Serrure

> ... hoe onvolledig ook voor onze letterkunde zeer belangryk. Het doet ons immers een geheel onbekend dichtwerk kennen, en wel van eenen man die reeds vóór 1280 stierf, want Henricus Ganda-

7. Ook wel *De viris illustribus usque ad annum 1280* genoemd.
8. Zie bijv. de brief van 16 september 1840 van J.H. Bormans aan J.F. Willems: "Votre Henricus Gandav. doit avoir parlé, me dit Mr Serrure, d'un Guilielm. Monachus Afflighem.sis qui mit en vers flamands la vie de Ste Luthgarde vers 1260. Je crois que le poëme que j'ai est l'oeuvre d'un recollet de St Trond le Bruder Gheraert, minderbruder, dit-il dans la vie de Ste Christine..." (Nr 463 bij BOLS J., *Brieven aan...*, nr 1620 bij DEPREZ A., *Brieven van, aan...*, gecollationeerd op handschrift Gent, Universiteitsbibliotheek, 3630, brief nr 946.
9. SERRURE C.P., *Willem van Afflighem, Nederduitsch dichter (vóór 1280)* in *De Middelaer* 1, 1840, p. 77-81; p. 77. De cursiveringen door Serrure zijn met het oog op de leesbaarheid weggelaten.
10. SERRURE C.P., *Willem van Afflighem...*, p. 78.

> vensis, die niet dan van overledene schryvers gewag maekt, eindigt zyne lyst op dat jaer.[11]

Wat het "multa satis mirabilia scripserat de seipsa" betrof, giste hij dat dit wel eens op Kerstine de Wonderbare kon slaan. Willem van Affligem zou dus de *Vita Lutgardis* uit het Latijn en een Middelnederlandse autobiografie van Kerstine in het Latijn vertaald hebben.

Bij de tweede plaats tekende hij aan:

> Opmerking verdient het dat, volgens het berigt van Trithemius, het leven der heilige Lutgardis, door onzen Willem berymd, slechts één boek uitmaekt, terwijl dat van Thomas Cantipratanus, dat door de Bollandisten is uitgegeven, drie boeken bevat. Misschien is dit eene mistelling van dien schryver, misschien ook is de nederduitsche tekst inderdaad eene inkrimping van de latynsche.[12]

Serrure deelde nog mee, vastgesteld te hebben dat Sanderus, Valerius Andreas en Foppens niets bijzonders over Willem van Affligem meedelen, ja dat ze elkaar afgeschreven hebben. Zijn eigen pogingen om in het necrologium van de abdij Affligem de sterfdag van Willem te achterhalen, leverden niets op. Tevergeefs ook had hij gepoogd de handschriften op het spoor te komen. In de *Bibliotheca belgica manuscripta* van Sanderus, waarin de handschriften opgesomd worden die in 1643 te Affligem aanwezig waren, had hij geen Leven van Lutgart noch een Leven van Kerstine vermeld gevonden. Evenmin werden er werken van Willem van Affligem genoemd.

1.2. De ontdekkingen van Jan Hendrik Bormans

De mededeling van Serrure[13] was gedateerd *Gent, October 1840*. Spoedig daarop verscheen het eerste artikel van een reeks van drie waarin Bormans, even gezapig als uitvoerig, de ontdekking en de lotgevallen van de beide handschriften verhaalde, ze beschreef en een paar uittreksels eruit ten beste gaf.[14] Reeds in dit eerste artikel wordt "den

11. SERRURE C.P., *Willem van Afflighem...*, p. 77-78.
12. SERRURE C.P., *Willem van Afflighem...*, p. 79.
13. Van de hand van C.P. Serrure is ook nog een berichtje van 15 regels, zonder titel in *Gentsch Kunst- en Letter-blad* 1, 1840, p. 80. In de inhoupsopgave p. 3 is het getiteld *Bormans (professor), ontdekt een nederduitsch H.S. uit de XIVe eeuw.*
14. BORMANS J.H., *Ontdekking, lotgevallen, nadere beschrijving en een paer uittreksels*

biechtvader van 't klooster, Gheraert genaemd" als de dichter vermeld.[15] In het tweede artikel voegde Bormans hieraan toe

> broeder Gheraert, die het werk van Willem van Afflighem voor zich liggen had en uitschreef (dit zullen wij elders trachten te bewijzen...).[16]

In Geraert zag hij een minderbroeder van Sint-Truiden, maar

> op den schrijver der Natuurkunde van 't heelal, die bij sommigen, hoewel vrij zonder grond, ook broeder Gheraert heet, is hier wel zekerlijk niet te denken.[17]

De mededeling van Serrure over Willem van Affligem blijkt in het studeervertrek van de classicus Bormans weerklank gevonden te hebben. Laatstgenoemde stelde zich de vraag

> of de gedichten die in ons hs. begrepen zijn aen Willem van Afflighem... mogen toegewezen worden, in welk geval de genoemde Gheraert er enkelijk de afschrijver of ten hoogste de omwerker en vernieuwer van zou wezen; dan of deze het geheel waerlijk op nieuw uit het Latijn, gelijk hij zegt, overbragt en de vroegere vertaling of wel niet eens kende of wel voor zijnen tijd en tot zijn doel of gebruik niet meer geschikt achtte...[18]

Tot besluit van het tweede artikel onderzocht hij de gissing van Serrure, of Willem van Affligem ook het Leven van Kerstine vertaalde. Hij was wel geneigd in de *satis mirabilia* het levensverhaal van Kerstine te zien, maar "men voelt dat hierbij nog vele en zeer gewigtige vragen

van 't Hs. bevattende de ouddietsche berijming der levens van de H. Lutgardis en de H. Christina in *De Middelaer* 1, 1840-1841, p. 142-150. Beide heiligenlevens berusten thans in Amsterdam, Universiteitsbibliotheek, resp. hs. I G 57 en I G 56. Na bemiddeling van Prof. Verdam schonk Dr Stanislas Bormans, zoon van J.H. Bormans, ze aan de genoemde bibliotheek. (KALFF G., *Handschriften der Universiteitsbibliotheek te Amsterdam* in *T.N.T.L.* 9, 1890, p. 161-189, vooral p. 162-163).

15. BORMANS J.H., *Ontdekking, lotgevallen...*, p. 143.

16. BORMANS J.H., *Nadere beschrijving en een paer uittreksels van 't Hs. bevattende de levens der HH. Lutgardis en Christina* in *De Middelaer* 1, 1840-1841, p. 185-200; p. 189.

17. BORMANS J.H., *Nadere beschrijving...*, p. 189. De *Natuurkunde van 't heelal* ontstond "in 1273 of in een tijdruimte van ten hoogste enkele jaren daarna in Oost-Vlaanderen... de Vier Ambachten. De dichter ervan zal voorlopig, misschien wel definitief, anoniem blijven. Gheraert van Leenhoute is slechts de maker van de Latijnse computus-verzen", aldus JANSEN-SIEBEN R., *De Natuurkunde van het Geheelal. Een 13de-eeuws middelnederlands leerdicht*. Brussel 1968, 2 delen (*Académie Royale de Belgique, Classe des lettres et des sciences morales et politiques. Collection des anciens auteurs belges*); p. 704.

18. BORMANS J.H., *Nadere beschrijving...*, p. 191.

open blijven".[19] Hij beloofde hierop terug te komen in een derde artikeltje, dat pas meer dan een jaar later zou verschijnen.[20] In plaats van zijn belofte in te lossen verklaarde hij prompt "den levensstaet van Ste. Christina en de visioenen door Willem beschreven... aen kant" te laten.[21] Nieuwe gegevens over Geraert had hij niet kunnen opdiepen. Wel was hij tot de overtuiging gekomen "dat wij het oorspronkelijke en eigen handschrift van broeder Gheraert bezitten".[22] Zijn derde artikel besloot Bormans met de woorden "Hier beslute ict boec themale".[23] En het zou wel lang gesloten blijven! Pas in 1850 kwam Bormans klaar met de tekstuitgave van het Leven van Kerstine.[24] In de inleiding verklaarde hij bij zijn vermoeden te blijven dat Geraert een minderbroeder uit het klooster van Sint-Truiden was.[25]

19. BORMANS J.H., *Nadere beschrijving...*, p. 200.

20. BORMANS J.H., *Over de levensbeschrijvingen van Ste. Luthgardis en Christina.* Derde artikel in *De Middelaer* 3, 1842-1843, p. 291-304.

21. BORMANS J.H., *Over de levensbeschrijvingen...*, p. 292.

22. BORMANS J.H., *Over de levensbeschrijvingen...*, p. 295.

23. BORMANS J.H., *Over de levensbeschrijvingen...*, p. 304.

24. BORMANS J.H., *Leven van Sinte Christina de Wonderbare, in oud-dietsche rijmen, naer een perkementen handschrift uit de 14e of 15e eeuw.* Met inleiding, aanteekeningen en andere bijvoegsels, voor de eerste mael uitgegeven door –. Gent 1850, lxxi blz. + lij blz. in een pseudo-Gotische letter gezet + 591 blz. J.B. David vroeg in 1849 of 1850 aan minister Rogier overheidssteun voor de publicatie van dit heiligenleven (WILS L., *Kanunnik Jan Baptist David en de Vlaamse Beweging van zijn tijd.* Leuven 1957, p. 215). Met deze uitgave oogstte Bormans de lof van Jacob Grimm die hem op 21 juli 1851 schreef "... Ihr heilige Christina ist eine werthvolle erscheinung zumal mit der gelehrten reichen ausstattung die Sie ihr gegeben haben. Und dennoch wage ich das paradoxon, daß mir der ganze roman von Gwidekîn von Sassine, dessen Sie nur ein kleines aber lebendiges bruchstück auffanden, noch lieber wäre als die schilderung einer verschrobenen geistlichen frau. So ists aber auch bei Ihnen wie bei uns, die matte Kirchenpoesie hat den frischen athemzug der weltlichen unterdrückt..." (DEROLEZ R., *De briefwisseling van de gebroeders Grimm. Bibliographische nota* in *De gulden passer* 28, 1950, p. 118-122, met een Franse samenvatting p. 130-132). – In een uitvoerige bespreking van het werk noemde A.C. OUDEMANS (*De Gids* 14, tweede deel voor 1850, p. 114-123; p. 114) de uitgave "een onwaardeerbaren schat van uitlegkunde en behandeling". ALBERDINGK THIJM J.A., *De la littérature néerlandaise à ses différentes époques*, Amsterdam 1854, was een andere mening toegedaan; p. 58 "Il [dit is Bormans] a trouvé dans les cinq cents vers dont elle se compose, la matière d'un commentaire de cinq cents pages"; p. 57 schreef Thijm "Une vie de Ste-Ludgarde, par Guillaume van Afflighem, contemporain de Martin (van Thorout), est également encore inédite et même perdue, si du moins elle est différente de celle qui est écrite par un poëte religieux, digne d'une mention particulière, nommé frère Gérard". – Er was ook kritiek (of jalousie de métier?) vanwege F.A. Snellaert. DE SMEDT M., *F.A. Snellaert als tekstuitgever.* Deel I: *Zijn editie van "Alexanders Geesten" van Jacob van Maerlant* in *Spiegel der Letteren* 31, 1989, p. 313-326; p. 318-319.

25. BORMANS J.H., *Leven van Sinte Christina...*, p. xi.

De vraag of Geraert mocht vereenzelvigd worden met Geraert van Lienhout, schrijver of afschrijver of omwerker van de *Natuurkunde van het heelal* - vraag die hij in *De Middelaer* naar zijn eigen zeggen "zoo maer kort af ontkennend beantwoordde of eerder van de hand wees als volkomen ongegrond"[26] -, durfde hij nu zo stellig niet meer beantwoorden. Het onderzoek bracht hem natuurlijk weer bij de vraag die hij het eerst op zijn weg ontmoette toen

> Serrure, onmiddellijk na de ontdekking van onze twee legenden, en vooraleer ik nog den naem van Geraert daar in opgespoord had, uit hoofde van den inhoud, dezelve aen zekeren Willem van Affligem meende te mogen toekennen...[27] Hij meende, en ik meende met hem, dat, in het door mij ontdekte handschrift van 't Leven van S. Lutgardis, de oude berijmde vertaling van Willem van Afflighem terug gevonden was...[28] Alles liep hierop af, of dat Willem de schrijver van het een gedicht zoowel als van het ander was, of dat hij het van geen van beiden was... en ik aerzelde niet een oogenblik Willem voor den opstelder daervan te erkennen. Weldra echter deed mij een der eerst verloren, maer gelukkig teruggevonden blaedjes nu ook den naem van Geraert kennen die zich zelven als dichter dier levensbeschrijvingen aenkondigde. Daermeê ware de zaek uitgewezen geweest, maer, ik beken het, het viel mij hard Willems gedichten, die ik nu meende in de hand te hebben, andermael te verliezen... Ik kon althans niet gelooven dat iemand die Willems vertaling kende (en hoe kon ze Geraert onbekend zijn?), op nieuw zoo eenen arbeid zou ondernomen hebben...[29]

Voor Bormans kon een oplossing erin bestaan

> met beiden schrijveren, dezen zoowel als genen, een deel in het werk toe te kennen, zoo dat Willem voor den berijmer van 't Leven van S. Lutgardis, en Geraert voor den omwerker daervan en tevens voor den berijmer van 't Leven van S. Christina zou gehouden worden.[30]

In 1850 kon Bormans er dus helemaal niet meer aan uit. Thomas van Cantimprés *Vita Lutgardis* werd vertaald en berijmd door Willem van Affligem en de Middelnederlandse bewerking van Willem werd nog eens omgewerkt door Geraert, die de *Vita Christinae Mirabilis* berijm-

26. BORMANS J.H., *Leven van Sinte Christina...*, p. xii.
27. BORMANS J.H., *Leven van Sinte Christina...*, p. xiv.
28. BORMANS J.H., *Leven van Sinte Christina...*, p. xvi.
29. BORMANS J.H., *Leven van Sinte Christina...*, p. xviii.
30. BORMANS J.H., *Leven van Sinte Christina...*, p. xix.

de en voor de afschrijver van beide levens mag gehouden worden! Bormans hoopte dat "de eene of de andere nieuwe ontdekking al wat dienaengaende nog duister is, oplossen en verklaren" zou,[31] doch op enige nieuwe ontdekking zouden de belangstellenden nog tot 1897 moeten wachten.
In de derde en de vierde jaargang van *De Dietsche Warande* gaf Bormans het Lutgartleven uit, met slechts een korte inleiding en in heel sobere presentatie.[32] In de *Voorrede van den uitgever* verklaarde hij het overbodig te achten nog eens terug te komen op wat hij in *De Middelaer* en in de inleiding tot de Kerstine-uitgave had meegedeeld, ook al was zijn opvatting over het auteurschap weer wat gewijzigd:

> Ik zal alleen zeggen, dat ik meer dan ooyt overtuigd ben, dat de hier volgende berijming van de legende van Sinte Lutgardis diegene niet is, welke volgens de getuigenis van Henricus Gandavensis, reeds vóór 1280 door een' monik van Afflighem, Willem genaemd, naar het zelfde latijnsch origineel van Thomas Cantipratanus dat hier vertaeld is, werd ondernomen en in 't licht gegeven. Onze dichter heeft vermoedelijk den arbeid zijns voorgangers gekend en onder de oogen gehad...[33]

Uit de moeilijkheid te bewijzen dat Willem ook reeds het Leven van Kerstine berijmd had, besloot hij dat men wel moest aannemen

> dat broeder Geraert, die zich als opstelder van het een (de Kerstina) laet kennen, ook het andere zoo niet op nieuw gansch herdicht, althans van voren tot achter omgewerkt en zoodanig

31. BORMANS J.H., *Leven van Sinte Christina...*, p. xx.

32. BORMANS J.H., *Het leven van Sinte Lutgardis, een diedsch gedicht, ten laetste van de tweede helft der XIVe eeuw*. Naar het oorspronkelijk handschrift van Broeder Geraert, uitgegeven door - in *De Dietsche Warande* 3, 1857, p. 36-67, 132-165 en 285-322; 4, 1858, p. 155-170 en 267-302. Ook als overdruk verschenen, Amsterdam 1858. De sobere presentatie van de Lutgartuitgave steekt af tegen die van de Kerstine-uitgave waarover A.C. Oudemans (aangehaalde bespreking in *De Gids*, p. 114) meedeelt dat ze te verkrijgen was "in gr. 4° op zwaar velijn papier, 30 francs; in gr. 8° op schoon velijn papier met roode opschriften, 12 fr.; gewoon 8° op goed papier, zonder rood, 8 fr.". - Over de uitgave zelf passim bij COUN Th., *Uitgavetechniek en tekstcritiek in de Middelnederlandse tekstuitgaven van J.H. Bormans (1801-1878)*, onuitgegeven licentiaatsverhandeling K.U. Leuven 1969. - Over de facsimile's (via de techniek van de chromolithografie gemaakte kleurenafdrukken) in Bormans' uitgaven *Leven van Sinte Christina* en *Leven van Sinte Lutgardis*, BIEMANS J.A.A.M., *Lithografische facsimile's van twee Spiegel historiael-fragmenten. Enkele opmerkingen over de vervaardiging en betrouwbaarheid van vroege steendruk-reprodukties van Middelnederlandse handschriften* in *Miscellanea neerlandica...* deel 1, p. 145-165; p. 160-161.

33. BORMANS J.H., *Het leven van Sinte Lutgardis...*, p. 39.

> verjongd heeft, dat het volstrekt zijnen stempel draegt en niemand hem den eigendom daervan mag betwisten...[34]

Bormans' laatste woorden waren dus: broeder Geraert is de bewerker[35] van de beide legenden die in de Amsterdamse[36] handschriften[37] bewaard zijn gebleven. Wie nu die Geraert is of de Femine van Hoye[38] aan wie hij, luidens de *Proloog*, de Kerstine opdroeg, zijn twee vragen die honderdveertig jaar na de ontdekking van de handschriften nog onbeantwoord zijn gebleven.[39]

1.3. Willem van Affligem, Hadewijch en Beatrijs van Nazareth

Nog in een andere samenhang zou Willem van Affligem in de belangstelling komen. In 1858 legde A. Angz. Angillis als eerste een verband tussen handschrift 2879 van de Koninklijke Bibliotheek te Brussel[40]

34. BORMANS J.H., *Het leven van Sinte Lutgardis...*, p. 42.

35. Herwaardering van de vertaling door DE MAN A., *Het Leven van Sinte Lutgard door Broeder Geraert: een verwaarloosde bewerking van Thomas Cantimpratensis' Vita Lutgardis* in *O.G.E.* 60, 1986, p. 125-147; p. 146 "Het is gebleken dat het *Leven van Sinte Lutgard* niet de woordelijke berijming is waar zij altijd voor is gehouden. Hoewel de bewerking dicht bij de oorspronkelijke tekst blijft, heeft de bewerker op vakkundige wijze een eigen tekst weten te maken". Bijsturing van dit onderzoek door HENDRIX G., *Het Amsterdamse Leven van Lutgart als vertaling en een onvermoede getuige in de tekstevolutie van de Vita Lutgardis* in *O.G.E.* 61, 1987, p. 291-303.

36. De toevoeging "Amsterdamse" is nuttig en overigens gebruikelijk ter onderscheiding tussen deze handschriften en het *Kopenhaagse* Lutgarthandschrift, in 1899 uitgegeven door F. Van Veerdeghem; het *Brusselse* prozafragment van een Lutgartleven, in 1937 uitgegeven door STRACKE D.A., *Proza-frament van S. Lutgart's Leven* in *O.G.E.* 11, 1937, p. 281-299, als vertaling en getuige in de wording van de *Vita Lutgardis* benaderd door HENDRIX G., *Het Middelnederlandse prozafragment van de Vita Lutgardis* in O.G.E. 53, 1979, p. 421-428; en de *Würzburgse* Middelnederlandse prozavertaling van de *Vita Christinae Mirabilis* (handschrift Würzburg, Universiteitsbibliotheek, M. ch. q. 144 f. 10r-36r en Düsseldorf, Hauptstaatsarchiv, GV 1, olim A234, f. 116ra-134rb). Over de proza-Kerstine correspondeerde J.H. Bormans in 1859 en 1861 met M. De Vries (zie COUN Th., *Uitgavetechniek en tekstcritiek...*, p. 220 en 230; brieven bewaard te Leiden, Universiteitsbibliotheek, Letterk. nr 1867).

37. Een recente beschrijving van Amsterdam, Universiteitsbibliotheek I G 56 en 57 in *Jan van Ruusbroec, 1293-1381. Tentoonstellingscatalogus.* Met als bijlage een chronologische tabel en drie kaarten. Brussel 1981; p. 20-21.

38. HUYDTS J.L., *Sinte Kerstinen heilige leven van Br. Geraert* in *Uit de school van Michels.* Nijmegen z.j. [1958], p. 45-67.

39. SONNEMANS G.H.P., *Functionele aspecten van Middelnederlandse versprologen. Een wetenschappelijke proeve op het gebied van de Letteren.* Boxmeer 1995 (proefschrift Nijmegen); p. 82, 148, 201, 276-277.

40. [MARCHAL J.], *Catalogue des manuscrits de la bibliothèque royale des ducs de Bour-*

en de hierin op f. 42-61 voorkomende Visioenen enerzijds, en de woorden *Item noch drie boeke van Hadewighen die beghinnen aldus: God die de clare minne* in de door K. Stallaert gepubliceerde lijst[41] van tegen het einde van de veertiende eeuw aan Rooklooster toebehorende Dietse boeken anderzijds. Aldus slaagde hij erin de anoniem overgeleverde Visioenen aan Hadewijch toe te schrijven.[42]
Naar aanleiding van Angilis' mededeling ging C.A. Serrure[43] op zijn beurt een verband zien tussen deze Visioenen en het over Willem van Affligem handelende caput in de C.V.I. met onder meer *Dictavit etiam latine quandam materiam satis eleganter de quadam moniali Cisterciensis ordinis, quae Teutonice multa satis mirabilia scripserat de seipsa*, alsook de woorden *Visiones cujusdam monialis* in het L.S.E. van Joh. Trithemius. Aangezien de C.V.I. over Willem van Affligem tevens meedeelt *vitam domine Lutgardis a fratre Thoma latine scriptam convertit in Teutonicum ritmice*[44] en Lutgart op 16 juni 1246 overleden is in het klooster van Aywiers (Aquiria), klooster waarin een in 1248 overleden abdis Hadewijch heette, opperde Serrure het volgende vermoeden:

> Broeder Willem wanneer hij aen de vertaling van Cantipratanus werk arbeidde, heeft wellicht de boekery van het Aywiersche gesticht, dat onder den zelfden regel als het zyne stond, doorzocht, om de berichten, die Thomas over de Heilige had neêrgeschreven, na te gaen, en, als het mogelyk was, te volledigen. Want Aywiers en Afflighem liggen toch maer een zevental uren van elkander. By een bezoek van dit niet verre afgelegen vrouwenklooster zal broeder Willem bekend geraekt zijn met de visioenen en de mystieke liederen van Hadewig, de dichteresse, die hoogst vermoedelijk niemand anders was dan Hadewig, de abtdis...[45]

gogne. Tome I: *Inventaire n° 1 à 18000*. Brussel 1842, p. 58: "2879 - Livre ascétique - God die de clare - Flamande - XV 1/3".

41. De welbekende lijst *Dit syn die dietsche boeke die ons toe behoeren* in handschrift Brussel, Koninklijke Bibliotheek Albert I, 1351-72.

42. ANGILLIS A., *De kloosterzuster Hadewig, dichteres der XLV liederen uit de XIIIe eeuw* in *Vaderlandsch Museum* 2, 1958, p. 136-141.

43. SERRURE C.A., *[De klooster-zuster Hadewig]* in *Vaderlandsch Museum* 2, 1858, p. 141-145; artikel zonder titel; de titel tussen rechte haakjes is ontleend aan de *Inhoud* p. 469.

44. SERRURE C.A., *[De kloosterzuster...]*, p. 143 noot 2: "Van dit leven der heilige Lutgardis vond hoogleeraer Bormans, van Luik, eenige fragmenten, door hem dees jaer in de *Dietsche Warande* uitgegeven". Bormans had echter juist betwijfeld, het werk van Willem van Affligem gevonden te hebben, zoals hierboven aangetoond.

45. SERRURE C.A. *[De klooster-zuster...]*, p. 143-144.

Ten aanzien van de eerder vermelde *multa satis mirabilia* en de *Visiones* in resp. de C.V.I. en het L.S.E. was echter reeds een andere attributie tot stand gekomen. In de *Catalogue des manuscrits de l'Ancienne Bibliothèque Royale des Ducs de Bourgogne* staat[46] naast het nummer 4461: *Wilhelmi de Mechlinia - Vita Beatricis Priorissae Nazareth - Venerabili dominae suae - Latine - XIV 1/3*. Het nummer 4461 is een onderdeel van handschrift Brussel, Koninklijke Bibliotheek Albert I, 4459-4470. Hierin[47] komt op f. 296a de volgende aantekening voor:

> Hanc vitam conscipsit domnus Wilhelmus de Mechlinia, monachus Haffligemensis, quondam prior in Wavria, post abbas Sancti Trudonis.

Hoewel de aantekening in slechts één van de vier toentertijd bekende handschriften van de *Vita Beatricis* voorkomt, nam F. de Reiffenberg ze zonder meer over.[48] Zo geraakte ze bekend aan V. Le Clerc die voor de *Histoire littéraire de la France* het aan Willem van Affligem gewijde artikel schreef.[49] Het gezag van deze reeks en het feit dat ook de Bollandisten de attributie aanvaardden,[50] hebben ertoe bijgedragen dat de attributie van de *Vita Beatricis* aan Willem van Affligem meer dan een eeuw stand hield. Ze heeft in de publicaties rond Willem van Affligem een belangrijke plaats ingenomen.

1.4. Frans Van Veerdeghem en het Kopenhaagse Leven van Lutgart

De hoop van Bormans, dat een of andere nieuwe ontdekking licht in de literairhistorische duisternis zou brengen, zou, althans wat een nieuwe ontdekking betreft, in vervulling gaan. In 1897 mocht Profes-

46. Op p. 90.

47. Folio-aanduiding volgens REYPENS L., *Vita Beatricis. De autobiografie van de Z. Beatrijs van Tienen O. Cist. 1200-1268. In de Latijnse bewerking van de anonieme biechtvader der abdij van Nazareth te Lier voor het eerst volledig en kritisch uitgegeven door –*. Antwerpen 1964 (*Studiën en tekstuitgaven van Ons geestelijk erf*, 15); p. 14*. Op p. 118 van het in de volgende noot vermelde artikel wees Baron de Reiffenberg "feuillet 64" aan.

48. DE REIFFENBERG F., *Notice d'un manuscrit de l'ancienne abbaye de Villers* in *Bulletin de l'Académie royale des sciences et belles-lettres de Bruxelles* 8, 1841, 2me partie, p. 116-122.

49. LE CLERC V., *Guillaume de Malines, moine d'Afflighem, abbé de Saint-Trond* in *Histoire littéraire de la France*. Deel 21, Parijs 1847, p. 56-67.

50. *Catalogus codicum hagiographicorum bibliothecae Bruxellensis* - Pars I: *Codices latini membranei*. Brussel 1886-1889, 2 delen (*Subsidia hagiographica*, 1); deel 1, p. 395-398.

sor Dr F. Van Veerdeghem triomfantelijk uitroepen:

> Zeven en vijftig jaren zijn thans verloopen sedert professor C.P. Serrure voor het eerst de aandacht op Willem van Afflighem en zijne berijmde levensbeschrijving van Sinte Lutgart vestigde. Zeven en vijftig jaren! en tot nu toe, ondanks de vlijtigste navorschingen, is het niemand gelukt dit belangrijk vraagpunt onzer middelnederlandsche letterkunde op te lossen. Met 's mans leven alleen is men vrij bekend geworden...[51] Maar zijn hoofdwerk, zijne berijmde Sinte Lutgart is steeds verscholen gebleven. Allen die over onze middelnederlandsche heiligenlevens gehandeld hebben, stippen het gedicht als verloren of zoek geraakt aan. Thans is het eindelijk teruggevonden, thans zal het Sinte Lutgart's vraagpunt opgelost kunnen worden...[52]

Toen hij in september 1897 in de Koninklijke Bibliotheek te Kopenhagen "den algemeenen catalogus der handschriften"[53] doorbladerde, had Van Veerdeghem de volgende aantekening gevonden:

51. Van Veerdeghem verwees hier naar VAN EVEN Ed., *Willem van Afflighem, abt van Sint-Truijen, nederduitsch dichter* in *Brabandsch Museum* 1860. In *Brabandsch Museum voor oudheden en geschiedenis*, uitgegeven door E. Van Even, Leuven 1860, hebben we dit artikel niet teruggevonden; het is trouwens niet vermeld bij PETIT L.D., *Bibliographie der Middelnederlandsche taal- en letterkunde*, deel 1, Leiden 1888; deel 2, *De literatuur bevattende verschenen van 1888-1910*, Leiden 1910. Onder de reeds vermelde titel publiceerde E. van Even wel een artikel in *Mengelingen voor de geschiedenis van Braband*, z.p. [Leuven], 1871, p. 283-290. Van Veerdeghem vermeldde voorts VAN EVEN Ed., *Biographie nationale* deel 8, 1884-1885, kol. 439-441. Hieraan kunnen toegevoegd worden STALLAERT K.F., *Maria van Braband in Frankrijk. Elisabeth van Spaelbeke. Abt Willem van Afflighem* in *Leesmuseum* 3, 1857, p. 131-145 en vooral DE BORMAN C., *Chronique de l'abbaye de Saint-Trond...*, deel 2, p. 216-223.

52. VAN VEERDEGHEM F., *Willem van Afflighem's Sinte Lutgart* in *Bulletin de l'Académie royale de Belgique*, 3e Sér., deel 34, 1897, nr 12, p. 1055-1086; p. 1056. Het artikel is gedateerd *Luik, 31 October 1897.* In het *Bulletin des publications hagiographiques* (in *Analecta bollandiana* 18, 1899, p. 78 nr 49) oordeelde een anonieme recensent "Les raisons sur lesquelles M. Van V. appuie sa conjecture nous ont paru fort sérieuses". In de *Archives liégeoises* 1, 1898, p. 11-12 verheugde men zich over "la découverte de M.V.V.... encore bien qu'il la célèbre sur un ton un peu trop lyrique". In de *Chronique* van het *Revue de l'instruction publique en Belgique* 41, 1898, p. 68-69 nr 33 was men "heureux que le nom d'un savant belge soit attaché à une découverte si importante pour les germanistes". J. Verdam wijdde er de p. 289-298 aan in zijn bijdrage *Nieuwe aanwinsten voor onze kennis der Middeleeuwsche taal en letterkunde* in *Verslagen en Mededeelingen der Koninklijke Akademie van wetenschappen*, Afd. Letterkunde, vierde reeks, derde deel, Amsterdam 1899, p. 289-315; Verdams aandacht ging vooral naar de woordvoorraad.

53. Bedoeld is BRUUN Chr., *De illuminerede Haandskrifter fra Middelalteren i Det store kgl. Bibliothek.* Kopenhagen 1890 (*Aarsberetninger og Meddelelser fra Det Store Kgl. Bibliothek*, 3).

> Ny kongelige Samling, 4°, Nr 168
> Poema idiomate Belgico de vita Sanctae Lutgardis
> Lib. II et III, Codex membran. c. 3 picturis.

Dit had hem verrast, immers... Laten we Van Veerdeghem weer aan het woord:

> ... ik dacht alsdan slechts aan Broeder Geraert's Lutgardis en meende dat er geen tweede handschrift van bestond. Ik nam dus Nr 168 ter hand; doch, daar ik over de door J. Bormans uitgegeven Lutgardis niet beschikte en er mij bitter weinig van herinnerde, kon ik de zaak niet dadelijk aan een grondig onderzoek onderwerpen. Ik beperkte mij er toe aan te teekenen al wat het handschrift kenmerkte en schreef er slechts een honderdtal verzen van af, aan het begin en aan het einde, vast besloten het vraagpunt onmiddellijk na mijne terugkomst te Luik te onderzoeken. Het is wat ik ook gedaan heb. Wat ik te Kopenhagen afgeschreven had was in broeder Geraert's Lutgardis niet te vinden of week er hemelsbreed van af; toon en taal waren gansch anders. Dit alles bracht mij tot de overtuiging dat het Kopenhaagsche handschrift de twee laatste boeken van Willem van Afflighem's gedicht bevatte...[54]

Van Veerdeghem was evenwel volstrekt niet zeker:

> ... bekennen wij het vrijmoedig, een rechtstreeksch, volkomen afdoend bewijs dat wij Willem van Afflighem's gedicht voor ons hebben, hebben wij in het handschrift tot dus verre niet aangetroffen; edoch, wij hebben het nog niet gansch doorgelezen, verre vandaan! Nochtans, al vonden wij er ook uitdrukkelijk zijnen naam niet, voor ons bestaat geen twijfel aangaande den schrijver. Immers, behalve de latere Lutgardis van Broeder Geraert, vindt men nergens eene andere berijmde levensbeschrijving der Heilige vermeld dan die van onzen Brabander; ons handschrift behoorde weleer de Brabantsche priorij van Roode-Klooster toe; en, last not least, zekere eigenaardigheden van taal en spelling laten omtrent den Brabantschen oorsprong van het gedicht geen den geringsten twijfel toe.[55]

Tegen de achtergrond van deze vaststellingen meende Van Veerdeghem dan ook

54. VAN VEERDEGHEM F., *Willem van Afflighem's...*, p. 1061-1062.
55. VAN VEERDEGHEM F., *Willem van Afflighem's...*, p. 1070.

> niet langer het heuglijk nieuws onzer ontdekking den minnaars en beoefenaars onzer dietsche taal- en letterkunde te mogen onthouden. Het terugvinden van meer dan twintig duizend middelnederlandsche verzen uit den tijd toen Maerlant de pen nauwelijks begon te hanteeren, van twintig duizend verzen die, als verzen beschouwd, tot het beste behooren dat ons het dietsch nagelaten heeft, is eene gebeurtenis, eene taal- en letterkundige gebeurtenis, waarvan het gewicht en de belangrijkheid niemand zullen ontsnappen...[56]

Het overzicht van de ontdekkingen, vaststellingen en interpretaties in de periode 1828 tot 1897 kan in acht punten samengevat worden:
1. C.P. Serrure kent een Lutgartdichter: Willem van Affligem.
2. J.H. Bormans vindt een Lutgartgedicht.
3. Samentelling: Willem van Affligem is de dichter ervan.
4. Pas later blijkt dat Broeder Geraert de vertaler-berijmer is.
5. Na aftrekking blijft: Willem van Affligem dichter van 'n Leven van Lutgart.
6. F. Van Veerdeghem vindt een Lutgartgedicht en kent Broeder Geraert als Lutgartdichter. Samentelling: een tweede handschrift van het werk van Geraert ontdekt.
7. Maar de teksten verschillen!
8. Besluit: Willem van Affligem is de dichter van het Kopenhaagse Leven van Lutgart. Tertium non datum! Tertius non datus!

Dank zij de bemiddeling van A. Delmer, bibliothecaris van de Luikse Universiteitsbibliotheek, stemde Christian Bruun, hoofdbibliothecaris van de Kongelige Bibliothek te Kopenhagen, erin toe dat het Lutgarthandschrift voor geruime tijd naar België kwam.[57] Zo kon Van Veerdeghem vrij spoedig - de omvang van het gedicht, 20.406 verzen, in aanmerking genomen - met de tekstuitgave ervan klaar komen.[58] In de uitvoerige inleiding - wel opzettelijk gedateerd *Luik, 16 Juni, 1899*, dit is het kerkelijk feest van Lutgart - onderzocht hij onder hoofdstuk X, *De Dichter*, nogmaals het auteursprobleem.
Hier volgt zijn besluit:

56. VAN VEERDEGHEM F., *Willem van Afflighem's...*, p. 1071.
57. Desbetreffende briefwisseling is in de Koninklijke Bibliotheek Kopenhagen niet bewaard.
58. VAN VEERDEGHEM F., *Leven van Sinte Lutgart, tweede en derde boek*. Naar een Kopenhaagsch Handschrift vanwege de Maatschappij der Nederlandsche Letterkunde te Leiden, uitgegeven door -. Leiden 1899.

> de maker van ons gedicht was een Benedictijnermonnik; allerlei bijzonderheden die hij alleen mededeelt nopen er ons toe in hem een man te erkennen die in Brabant kort na Sinte Lutgart's dood geleefd, ja tot de abdij van Afflighem behoord heeft. Gewaagd is het dus ook niet te vermoeden dat wij hier het door Henricus Gandavensis vermelde Leven van Sinte Lutgart voor ons hebben, de Sinte Lutgart van Willem van Afflighem, die deze vóór zijne aanstelling als abt te Sint-Truiden, wellicht tijdens zijn priorschap te Waver, in de nabijheid van Aywières, zal voltooid hebben...[59]

Van Veerdeghem voelde wel aan dat hij geen absolute zekerheid kon bieden. Hij besloot het hoofdstuk dan ook met de opmerking

> Of wel onze Sinte Lutgart is het werk, niet van Willem van Afflighem maar van een anderen dichter, van een Limburger, die er zijne landgenoote mede wilde vereeren en verheerlijken.[60] Doch hiertegen strijden de meeste der plaatsen die wij aanhaalden om den persoon des schrijvers te kenschetsen, tenzij die Limburger[61] in Brabant geleefd hebbe. Bij gebrek aan afdoende bewijsgronden moeten wij het wel bij dit dilemma laten; misschien zal een latere, nieuwe ontdekking het geheim komen ontsluieren en de vraag ten volle oplossen...[62]

59. VAN VEERDEGHEM F., *Leven van Sinte Lutgart...*, p. xxxii.

60. Over de opvallende ontstentenis van verering van de heilige Lutgart in Limburg, meer bepaald te Sint-Truiden, COENS M., *Les saints particulièrement honorés à l'abbaye de Saint Trond* in *Analecta bollandiana* 72, 1954, p. 85-133 en 397-426; 73, 1955, p. 140-192; p. 403: "Cependant, aucun indice d'une gloire posthume officielle ne se laisse découvrir dans les manuscrits de l'abbaye, au moyen âge"; en p. 161: "elle ne peut, d'autre part, être tenue pour l'indice d'un culte officiel et reconnu; celui-ci, nous l'avons montré, n'existait pas au XIIIe siècle", dit in tegenstelling tot Kerstine, p. 400: "Que les extraordinaires faits et gestes mis au compte de Christine, tôt qualifiée de *Mirabilis* par la voix populaire, aient alimenté maintes fois les conversations des religieux de Saint-Trond et provoqué leur louange émerveillée, nul n'en doutera". Wat in het *Chronicon trudonense* over Lutgart wordt meegedeeld (zie Hoofdstuk 3, afdeling 1) wijst trouwens ook niet op grote bekendheid met haar leven noch op bijzondere verering. Over de toestand in haar geboortestad VAN DE WEERD H., *Sint Lutgartvering te Tongeren* in *Limburg* 28, 1948, p. 193-199.

61. AERTS J., *Ridder Thimerus van Rogenier uit de Vita S. Lutgardis* in *O.G.E.* 43, 1969, p. 316-326; p. 323: "Als West-Limburger ontwaar ik nergens in dit Leven een specifiek Limburgs vocabularium, ook niet in de woorden die de uitgever [d.i. Van Veerdeghem] in zijn inleiding speciaal citeert... Ook na het werk van Pater J. Van Mierlo wacht men nog altijd op een ernstige taalkundige studie - best door een Limburgs specialist uitgewerkt - die de legende van de Limburgse tint in *Het Leven van Sinte Lutgart* eens en voor goed uit de literaire circulatie zal doen verdwijnen".

62. VAN VEERDEGHEM F., *Leven van Sinte Lutgart...*, p. xxxiii. In een bespreking voor de *Archives Belges* 2, 1900, p. 25-26 nr 30 loofde H. Vanhoutte de uitgave "à cause du beau specimen de critique de provenance que constituent les chapitres 8, 9, 10, 11 et 12 de la Préface. Sans doute il règne encore beaucoup d'incertitude sur la personalité

Deze regels herinneren sterk aan de verzuchting van Bormans. Ook na het ontdekken van het Kopenhaagse Lutgartleven was het probleem met betrekking tot de auteur ervan niet opgelost. Maar men wilde Willem van Affligem zijn kans geven: gekroond door Lutgart, zoals een miniatuur in het handschrift "hem" voorstelt,[63] deed hij als de dichter van de Kopenhaagse Lutgart zijn intrede in de literatuurgeschiedenis en werd hij weldra "eine literarische Persönlichkeit" genoemd.

Zo althans noemde Johannes Franck hem in 1904.[64] Nagenoeg zonder verder onderzoek aanvaardde de spreker Willem van Affligem als de dichter van het Lutgartleven, zodat V.O. in een bespreking van de gepubliceerde lezing terecht schreef "M. Franck n'apporte aucun nouvel élément de solution à ce problème de paternité littéraire".[65] Nieuwe elementen al evenmin bij H. Claeys die zich met de woorden "Dit leven, een schoon gedicht van omstreeksch 20.000 verzen, is hoogst waarschijnlijk het werk van Willem van Afflighem" achter Van Veerdeghem opstelde.[66] Te vermelden valt de raadselachtige opmerking van H. Sermon in een - na het Leidse proefschrift van W.A. Van der Vet[67] niets nieuws brengend - artikel over Thomas van Cantimpré.[68] Na Willem van Affligem twee keer als vertaler van

du traducteur et de son copiste... Peu importe d'ailleurs que ces résultats soient considérables ou non, pourvu que la méthode soit irréprochable". P. Leendertz Jr recenseerde de tekstuitgave in *Museum* 10, 1903, p. 118-121 en 164-167. Ten aanzien van de tekstuitgave leverde D.A. Stracke kritiek. Aan de hand van 54 voorbeelden toonde hij aan dat Van Veerdeghem door de leestekens van het handschrift te verwaarlozen of te veranderen, ook 54 keer de zin van de dichter gewijzigd of vervalst heeft. STRACKE D.A., *Iets over de punctuatie in Middelnederlandsche dichtwerken* in *Leuvensche bijdragen* 9, 1910, p. 212-213 en *Een Lutgartcollatie* in *V.M.K.V.A.* 1927, p. 853-873.

63. VAN VEERDEGHEM F., *Leven van Sinte Lutgart...*, p. xx: "De monnik, welke op de eerste en de derde miniatuur voorkomt, stelt, meenen wij, den schrijver van het dietsche gedicht voor".

64. In een lezing voor de afdeling Germanistik van een Philologensammlung die in de herfst van 1904 te Halle / Duitsland plaats vond. FRANCK J., *Eine literarische Persönlichkeit des XIII. Jahrhunderts in den Niederlanden* in *Neue Jahrbücher für das Klassische Altertum*, I. Abt., 13, 1904, p. 424-442. Franck had zich al eerder met het Lutgartgedicht ingelaten; zie zijn *Aus dem Wortschatz der Kopenhagener St. Lutgart* in *T.N.T.L.* 22, 1903, p. 285-291.

65. V.O. = Van Ortroy in het *Bulletin des publications hagiographiques (Analecta bollandiana* 25, 1906, p. 126-127 nr 49).

66. CLAEYS H., *Leven van Sinte Luitgarde patrones der Vlaamsche Taal en Letterkunde*. Pittem 1900; p. 8.

67. VAN DER VET W.A., *Het Biënboec van Thomas van Cantimpré en zijn exempelen*. Den Haag 1902.

68. SERMON H., *Thomas Cantipratanus* in *V.M.K.V.A.* 1902, p. 468-512.

werken van Thomas vermeld te hebben,[69] merkte H. Sermon op

> Ik houd, tegen hetgeen men in den laatsten tijd geschreven heeft, met al de geleerden uit de voorgaande eeuwen, den Mechelaar Willem Van Affligem als den Vlaamschen vertaler van het werk.[70]

Met “geleerden uit de voorgaande eeuwen” heeft hij wel Henricus Gandavensis, Johannes Trithemius en allen die de aangehaalde teksten uit de C.V.I. van de eerste of uit het L.S.E. van de tweede overgenomen hebben, op het oog gehad. Indien zijn “hetgeen men in den laatsten tijd geschreven heeft” niet slaat op het weifelende besluit van Van Veerdeghem, is het helemaal onduidelijk op welke auteurs of publicaties Sermon zinspeelde.

Zoals hieronder zal aangetoond worden is J. Van Mierlo de eerste geweest die ernstige twijfel aan het dichterschap van Willem van Affligem geuit heeft. Vijfentwintig jaar ná de opmerking van Sermon en één jaar ná Van Mierlo schreef D.A. Stracke in een voetnoot “Ik meen te kunnen bewijzen dat deze[71] niet Willem Berthout van Afflighem is. Daarover later”.[72] Pas in 1946, toen het Ruusbroec Genootschap naar aanleiding van het zevende eeuwfeest van Lutgarts overlijden haast een volledige jaargang van *Ons geestelijk erf* aan haar wijdde, publiceerde Stracke een uitvoerige studie tegen het auteurschap van Willem van Affligem: *Over den berijmer der Kopenhaagsche Lutgart.*[73]

Blijkens het woord vooraf is dit artikel een deel van het negende hoofdstuk in het proefschrift waarop Stracke in het begin van de twintigste eeuw promoveerde. Tevens kan eruit opgemaakt worden dat hij, wat het auteurschap betreft, de volgende stelling verdedigde: “De Kopenhaagsche Lutgart is de oorspronkelijke (of van dialect verschoven) vertaling niet, die aan Willem van Affligem wordt toegeschreven”.[74] Voor het overige kan men de inhoud van de overigens niet-bewaarde dissertatie opmaken uit de Universiteitswedstrijd voor 1905-1907, derde vraagstuk: *Men vraagt eene critische studie over de middelnederlandsche levens van Sinte-Christine en Sinte Lutgardis (oorspronkelijke tekst).*[75]

69. SERMON H., *Thomas...*, p. 468 en 498.
70. SERMON H., *Thomas...*, p. 499.
71. Versta: de dichter.
72. STRACKE D.A., *Een Lutgartcollatie...*, p. 853 noot 1.
73. *O.G.E.* 20, 1946, p. 50-101.
74. STRACKE D.A., *Over den berijmer...*, p. 50.
75. *Moniteur Belge - Journal officiel - Staatsblad*, 29 juli 1905, p. 3895-3896; openbare

1.5. Het Luikse Leven van Jezus

In 1828 was G.J. Meijer - toen nog hoogleraar in Leuven, doch na de opstand van 1830 naar Groningen overgeplaatst - in het bezit gekomen van het handschrift dat hij in 1835 onder de titel *Het leven van Jezus* uitgaf.[76] Over het handschrift deelde hij mee dat het afkomstig was "uit de oude abdij van St. Truyen; en dat het, eerst weinigen tijd tevoren, uit eenen schuilhoek was opgedolven...". Het moest naar zijn mening in de tweede helft der dertiende eeuw geschreven en de autograaf van de vertaler zijn.[77] Over de schrijver wist hij, na de uitdrukkelijke verklaring dat niet aan Jacob van Maerlant moest gedacht worden,[78] niets meer mee te delen dan

> Dat hij een geestelijke was, en wel een geleerd en, voor dien tijd althans, een zeer beschaafd en verlicht geestelijke, dit blijkt uit de geheele vertaling, en zelfs uit vele zijner expositien en glosen; waarvan er eenige de bewijzen opleveren van zijn gezond en verlicht oordeel, andere van zijne verdraagzame denkwijze; en welker spaarzaam gebruik ons tevens zijnen eerbied voor den grondtekst te kennen geven; zijnen naam en zijne woonplaats echter heb ik niet kunnen ontdekken...[79]

Het feit dat het handschrift nooit buiten de abdij van Sint-Truiden was bekend geworden en de taal ervan waren voor hem redenen om te gissen dat

verdediging van de verhandeling en van de bijgevoegde stellingen op 30 juli 1907 (*Staatsblad*, 21 juli 1907, p. 3679-3680). Stracke werd tot Laureaat van de Universitaire Wedstrijd uitgeroepen met 91 punten op 100, ex aequo met de latere Gentse hoogleraar A.P. Blyau; zie *Staatsblad* 25 oogst 1907, p. 4434. Over Stracke en Lutgart HENDRIX G., *E.P. Dr. D.A. Stracke S.J.* in *S.L.S.V.* 4, 1961, p. 43-47 en *E.P. Stracke en de levensbeschrijvingen van Sinte Lutgart* in *S.L.S.V.* 5, 1962, p. 57-60.

76. MEIJER G.J., *Het Leven van Jezus. Een nederlandsch handschrift uit de dertiende eeuw.* Met taalkundige aanteekeningen, voor het eerst, uitgegeven door -. Groningen 1835.

77. MEIJER G.J., *Het Leven van Jezus...*, p. xiii: "En, daar dit werk, na deszelfs voltooijng, als te zuiver evangelisch voor dien tijd, waarschijnlijk gedoemd werd, om verscholen te blijven, en om nimmer afgeschreven te worden; daar het dus een eenig en oorspronkelijk stuk is, van de hand des vervaardigers zelve...".

78. MEIJER G.J., *Het Leven van Jezus...*, p. xvi: "Gij weet het, geachte lezer, voor een twintigtal jaren, hadde men zeker gezegd, het is van Maerlant; en wie daaraan hadde durven twijfelen, ware bijna verketterd geworden. Alles wat er gevonden werd, dat uit de dertiende eeuw konde afkomstig zijn, en waarvan de schrijver niet genoemd was, moest door Maerlant geschreven zijn".

79. MEIJER G.J., *Het Leven van Jezus...*, p. xvii.

> ... onze schrijver diezelfde abdij van St. Truyen bewoond hebbe (en welligt ook in die omstreken geboren en opgevoed zij), waaruit dit handschrift, na zes eeuwen eerst, is aan het licht gekomen...[80]

Hoewel Meijer zelf[81] en ook Bormans[82] de uitgave van 1835 gecorrigeerd hadden, drong een nieuwe uitgave zich op. J. Bergsma voorzag in deze behoefte door zijn in 1895 verschenen uitgave[83] van het intussen in het bezit van de Universiteitsbibliotheek Luik gekomen handschrift. In andere opzichten schonk ze evenwel geen voldoening zodat C.G.N. de Vooys naar aanleiding ervan schreef:

> Doordat Dr. Bergsma nog steeds verzuimde aan de door hem uitgegeven Tatianus-vertaling - want zo moet het "Leven van Jezus" eigenlik heten - een inleiding toe te voegen, bleef het feit verborgen, dat het zogenaamde Limburgse "Leven van Jezus" een omwerking is van de Vlaamse tekst die er naast afgedrukt staat.[84]

Voor de Vooys vertegenwoordigde L - naar de bewaarplaats Luik - het Westvlaamse proza van omstreeks[85] 1300, een belangrijke stelling die ten grondslag ligt aan de latere polemiek over het "Vlaams-Brabants-Limburgs vernisje". Nog belangrijker - immers aan L universele vermaardheid schenkende - was de ontdekking van Dr D. Plooij dat L teruggaat op een oud-Latijnse, dus pre-Vulgata versie van Tatianus' *Diatessaron*.[86] Ten aanzien van de datering van de oudere Vlaamse tekst waarvan L een omwerking is, werd belangrijk geacht dat in hoofdstuk 226 (Matteüs 27,9) een afschrijversfout voorkomt: *des porters lant* in plaats van *des potters lant*. Aangezien Maerlant in zijn

80. MEIJER G.J., *Het Leven van Jezus...*, p. xviii.

81. MEIJER G.J., *Nalezingen op het Leven van Jezus. Verslag van den Roman van Walewein; e.a. bijdragen tot de oude Nederlandsche letterkunde*. Groningen 1838.

82. BORMANS J.H., *De ware lezing van 't Leven van Jhesus, door G.J. Meijer uitgegeven, naer 't Handschrift hersteld, tot nader kennis en juister schatting van dat hs.* in *De Middelaer* 2, 1841-1842, p. 262-266 en 3, 1842-1843, p. 340-344.

83. BERGSMA J., *De levens van Jesus*. Groningen 1895-1898 (afleveringen 1-3: *Bibliotheek van Middelnederlandsche letterkunde* 54, 55 en 61).

84. DE VOOYS C.G.N., *Twee mystieke traktaatjes uit de eerste helft van de veertiende eeuw* in *T.N.T.L.* 40, 1921, p. 301-309; p. 302.

85. Vergelijk DE VOOYS C.G.N., *Bijdragen tot de Middelnederlandse woord-geografie en woord-chronologie*. I. *De Middelnederlandse bijbelvertalingen* in *T.N.T.L.* 43, 1924, p. 214-248; p. 220 noot 3 "De tijdsaanduiding 'omstreeks 1300' moet dan vervroegd worden".

86. PLOOIJ D., *A primitive text of the Diatessaron. The Liège manuscript of a medieval Dutch translation*. A preliminary study by -, with an Introductory note by Dr J. Rendel HARRIS. Leiden 1923.

Rijmbijbel[87] dezelfde fout heeft, moet hij een handschrift gebezigd hebben waarin deze fout al in 1271 voorkwam.[88] L moet teruggaan op een oudere Vlaamse tekst. Had de afschrijver immers een Limburgs origineel gebruikt, dan zou zijn taal niet zozeer wemelen van inconsequenties: het Limburgse uiterlijk is slechts een vernisje. Dit blijkt ook uit de woordvoorraad:

> Zodra men de Limburgse klanken en buigingsvormen wegdenkt, heeft men bijna zuiver Vlaams Middelnederlands.[89]

In een volgende publicatie beklemtoonde Plooij dat het Luikse handschrift weliswaar het oudste bekende afschrift van het Dietse *Diatessaron* is, doch dat dit niet hoefde te impliceren dat het ook de oudste vorm van de tekst vertegenwoordigt: een jonger afschrift zou immers een oudere tekst kunnen bevatten. De Dietse vertaler leefde alleszins vóór het einde van de dertiende eeuw.[90] Op grond van het reeds vermelde *porters lant* had hij aan Maerlant zelf gedacht, doch hiertegen moest hij bezwaren opperen. Voor Plooij stond het vast dat de vertaler vóór Maerlant, dit is vóór 1271, leefde en dat hij behoorde

> ... to that great Biblical movement of the 12th and 13th century which was at once a revival of Biblical interest and preaching of the Harmonised Gospels, and a preparation for the Reformation.[91]

Bij de Vooys en Plooij, in tegenstelling tot Meijer, geen woord over Sint-Truiden. Wel echter bij J. Van Ginneken die de vraag stelde

> Hoe komt die Pater Benedictijn in 1350 te Sint Truyen aan dezen tekst? Heeft hij hem zelf uit het Latijn vertaald? Of had hij een ouderen Nederlandschen tekst voor zich; dien hij heeft bewerkt en overgeschreven?[92]

87. I, 26, 233.
88. VAN DEN BROEK R., *Jacob van Maerlant en het Nederlandse Diatessaron* in *Nederlands theologisch tijdschrift* 28, 1974, p. 141-164.
89. DE VOOYS C.G.N., *Bijdragen tot...*, p. 220.
90. PLOOIJ D., *A further study of the Liège Diatessaron*. Leiden 1925; p. 5-6.
91. PLOOIJ D., *A further study...*, p. 6.
92. VAN GINNEKEN J., inleiding tot *Het Leven van Jesus naar het Middellimburgse handschrift van Sint Truyen uit de 14e eeuw vertaald door T. VAN KERSBERGEN*. Nijmegen 1926 (*Publicaties der afdeeling Nederlandsch van het Instituut Nieuwe Letteren aan de Nijmeegsche Universiteit*. Tweede deel, afl. 1); p. vii.

Van Ginneken maakte hierbij gewag van een schriftelijke mededeling van Plooij, dat deze de Vooys' zienswijze voorlopig niet deelde,

> aangezien het hem, om verschillende redenen van kerkhistorische aard, waarschijnlijker voorkwam, dat deze tekst in Limburg thuisbehoorde.[93]

Vervolgens leidde Van Ginneken de door T. van Kersbergen bezorgde Nieuwnederlandse vertaling van het Luikse *Diatessaron* in en stelde hij twee publicaties in het vooruitzicht: een nauwkeurige klank- en vormleer van L en een taalgeografische enquête naar de woordenschat. Beide studies zouden een tiental jaren later verschijnen, doch eerst zag nog een hoogst belangrijke publicatie het licht.

1.6. Het Utrechtse proefschrift van C.C. de Bruin

Op 14 december 1934 verdedigde Cebus Cornelis de Bruin (1905-1988) tegen de bedenkingen van de Faculteit der Letteren en Wijsbegeerte van de Rijksuniversiteit te Utrecht zijn proefschrift *Middelnederlandse vertalingen van het Nieuwe Testament.*[94] De tweede stelling van de promovendus luidde:

> Er bestaan gegronde redenen voor het vermoeden dat Willem van Afflighem de auteur is van het zogenaamde Limburgse Leven van Jezus.[95]

Het belang van de stelling was duidelijk voor iedereen die op de hoogte was van de stand van het onderzoek rond het Luikse *Diatessaron*[96] en in het proefschrift nog lezen kon

> Aan de spits van alle Middelnederlandse vertalingen van de Nieuwe Testament-teksten staat, én wegens zijn voortreffelike

93. VAN GINNEKEN J., inleiding tot *Het Leven van Jesus*..., p. vii.
94. DE BRUIN C.C., *Middelnederlandse vertalingen van het Nieuwe Testament. Eerste Gedeelte.* Groningen 1934. Het *Tweede Gedeelte* verscheen aldaar in 1935. Beide delen zijn doorlopend gepagineerd tot 549, waarbij dient opgemerkt dat de p. 233-235 een inhoudsopgave zijn die in deel 2, p. 544-546 herhaald wordt; deel 2 brengt nog eens de p. 225-232 en dan p. 233-549. De bladzijden 233-235 van deel 1 verschillen dus van deel 2, p. 233-235.
95. De stellingen zijn gedrukt op een ingeschoven, los blad met afzonderlijke paginering 1-3.
96. DE BRUIN C.C., *Middelnederlandse vertalingen*..., gaf p. 32 vv. een *status quaestionis*.

hoedanigheden als model van vertaalkunst én om zijn hoge ouderdom, het zogenaamde Limburgse Leven van Jezus. De plaats waar en het milieu waarin deze tekst vervaardigd is, liggen voor ons volkomen in het duister...[97]
Wie is toch de kunstenaar van dat kleurig mozaiëk? In welke kring en in welk gewest is hij te zoeken?... Zou het ook mogelijk zijn, vragen we ons af, dat we hem moeten vereenzelvigen met Willem van Affligem, die de schrijver is van het Leven van St. Lutgart?...[98]
Wie een grondig en volledig onderzoek ging instellen naar het verband, waarin beide werken tot elkaar staan, zou naar onze stellige overtuiging niet straffeloos aan de volgende feiten kunnen voorbijgaan:

1° Op paleografiese gronden moet men aannemen dat beide handschriften in ongeveer dezelfde tijd (± 1250 - ± 1280) en hoogstwaarschijnlijk in hetzelfde klooster (de Benedictijnerabdij van S. Truyen) afgeschreven zijn.

2° In grammaties opzicht vertonen ze beide het Westlimburgs dialekt; sommige vormen maken het zelfs mogelik ze in S.Truyen te lokaliseren.[99]

3° Ten aanzien van de copia verborum is de samenhang van beide Leven's met de 13de-eeuwse Vlaams-Brabantse litteratuurtaal onmiskenbaar. Onderling zijn de twee teksten nog nauwer verbonden door de aanwezigheid van een aantal woorden, die tot nog toe van elders onbekend of weinig bekend zijn.

4° Met betrekking tot de stilistiek vertonen beide werken, ondanks het feit dat het ene in ongebonden, het andere in gebonden stijl is opgesteld, onderling verschillende punten van overeenkomst. Dichter toont de schrijver van het prozawerk zich door zijn vertrouwdheid met de epiese dichtstijl, geleerde door zijn juiste opvatting van de grondtekst en zijn oordeelkundige toelichtingen, geschreven in lange, maar toch volkomen doorzichtige perioden..., dichter en geleerde tegelijkertijd, wanneer hij op fijnzinnige wijze de Latijnse tekst verduidelikend uitbreidt, en aldus gezond oordeel verenigt met fijnheid van smaak. Kortom, de auteur van het Leven van Jezus treedt ons

97. DE BRUIN C.C., *Middelnederlandse vertalingen...*, p. 46.

98. DE BRUIN C.C., *Middelnederlandse vertalingen...*, p. 154.

99. F. Van Veerdeghem had hierop reeds gewezen, wat door de Bruin trouwens vermeld werd (*Middelnederlandse vertalingen...*, p. 151 noot 4). Van Veerdeghem, inleiding tekstuitgave *Leven van Sinte Lutgart...*, p. xxxii-xxxiii "... is die taal, in 't algemeen beschouwd, nagenoeg dezelfde als die van het *Leven van Jezus* en biedt zij ook in vele punten merkwaardige overeenkomst aan met die der *Limburgsche Sermoenen*. Zij is sterk Limburgsch gekleurd, veel sterker dan die van Broeder Geraert's *Christina* en *Lutgardis*".

tegemoet als eenzelfde "literarische Persönlichkeit" als ons door Franck getekend wordt... Deze is eveneens geleerde en kunstenaar, zoals blijkt uit de ingewikkelde periodenbouw, uit het gemak waarmee hij het voor die tijd ten onzent ongewone jambiese metrum hanteert, uit de stijl die wel beworpen, wel gedicht en wel besneden en vrij van stoplappen is.

5° Beide werken zijn zowel voor voorlezing als voor persoonlijke lektuur geschreven.

6° Kenmerkend zowel voor L als voor Lev. v. Lutg. is de vermijding van de naam duvel...[100]

Maar gelijkenis bewijst nog geen identiteit of verwantschap. De reeks overeenkomsten durfde de Bruin evenwel niet uitsluitend op rekening van het toeval stellen. Nog andere overwegingen sterkten hem in zijn overtuiging.

Het Leven van Jezus staat daar als een prozamonument, dat volkomen àf is, in een tijd toen het vertaalproza zich amper had losgemaakt uit de knellende banden van het interlineair vertaalde Latijn. Het spot met ons schools postulaat betreffende de ontwikkeling der vertaaltechniek: de interlineaire overzettingen, die onder de handen van enige generaties bearbeiders tot "behoorlike" vertalingen worden gemaakt. Moeten we nu aannemen, dat het als gaaf geheel als het ware uit de lucht is komen vallen, m.a.w. zijn de voortreffelike hoedanigheden uitsluitend toe te schrijven aan de bijzondere begaafdheid van een auteur, die zijn tijd ver vooruit was. Ongetwijfeld was de auteur een "Persönlichkeit", maar tevens was hij "literarisch" in de zin die Franck daaraan hecht, dus een persoonlikheid die gezien moet worden tegen de achtergrond van een litteraire traditie. Zoals het Lev. v. Lutg. stilisties berust op de Middeleeuwse epiek en de Latijnse versleer, zo moet ook aan het L. v. J. letterkundig werk ten grondslag liggen. Zonder dit ware zulk proza in die tijd ondenkbaar. We denken in de eerste plaats aan stichtelik proza uit die tijd, het werk van Hadewych, de visioenen van Beatrijs van Nazareth, die volgens de overlevering juist door Willem van Affligem uit het Diets in het Latijn zijn vertaald! Maar bij het lezen van het L. v. J. komt nog méér de herinnering aan epies rijmwerk van die tijd naar boven. Het kan wel niet anders of iemand die in een prozawerk van die tijd levend Nederlands met een poëtiese inslag wist te schrijven, moet iemand zijn die doorkneed was in de

100. DE BRUIN C.C., *Middelnederlandse vertalingen...*, p. 155-156. De laatste opmerking is ongelukkig: *duivel* komt in de spelling *diuel* voor in Leven van Lutgart II.13947, 14110, 14205, 14318; het meervoud *diuels* staat in de verzen II.13957 en 14058.

> epiese dichtstijl en deze wellicht reeds had toegepast in een of ander dichtwerk. Zo redenerend komen we tot de volgende konklusie: juist de betrekkelik hoge ouderdom van dit Leven van Jezus doet ons het fraaie proza, waarin het geschreven is, zien als het resultaat van een gelukkige verbinding van levende taal met een dichterlike traditie. En wat ligt tans meer voor de hand dan met een terugblik op de boven opgesomde punten van overeenkomst deze eenvoudig te verklaren uit gelijkheid van oorsprong?[101]

De Bruin was zich ervan bewust nog geen overtuigend bewijs voor het auteurschap van Willem van Affligem te hebben geleverd, doch hij hoopte het bestaan van een verband tussen Leven van Jezus en Leven van Lutgart aannemelijk gemaakt te hebben. Overigens

> blijft nog altijd de mogelikheid open om in één der 'conmonachi' van Willem van Affligem, 'honeste persone et literati viri, facundi in Teuthonico, Gallico et Latino sermone', de bewerker te zien... Met onze veronderstelling dat de abt van St. Truyen de bewerker is van het Leven van Jezus, wordt tegelijk een kompromis voorgesteld tussen het vermoeden van Prof. de Vooys (Vlaamse oorsprong) en de opvatting van Prof. Plooy (Luikse begijnenbeweging). Willem van Affligem, afkomstig uit Mechelen, putte uit de Vlaams-Brabantse literatuurtaal maar zich aanpassend aan het Westlimburgs gebruikte hij enige Limburgse woorden en kleedde zijn werk in Limburgs gewaad door de taalvormen van dat gewest te schrijven. Zijn werk in de landstaal was tevens bestemd voor de Brabantse (Limburgse) nonnenkloosters, waar in zijn dagen de mystiek bloeide...[102]

Na deze lange citaten moet het duidelijk zijn dat het Utrechtse proefschrift van de Bruin in de ontwikkeling van het onderzoek naar de literaire bedrijvigheid van Willem van Affligem een ware mijlpaal is geweest. Niet alleen heeft het proefschrift van Dr de Bruin een aantal publicaties uitgelokt, het ligt bovendien ten grondslag aan de belangrijke ommekeer die zich voorgedaan heeft in Van Mierlo's hieronder nog te schetsen opvattingen over Willem van Affligem als de mogelijke dichter van het Leven van Lutgart.

We moeten de schets van het wetenschappelijk eerlijke zoeken van de Bruin evenwel nog vervolgen. Had C.G.N. de Vooys in 1940 nog

101. DE BRUIN C.C., *Middelnederlandse vertalingen...*, p. 156-157.

102. DE BRUIN C.C., *Middelnederlandse vertalingen...*, p. 158. De Bruin kwam op p. 229 op dit alles nog eens terug, zonder evenwel nieuwe argumenten toe te voegen. Zie ook de Duitse samenvatting op p. 526 van het proefschrift en zijn *De Statenbijbel en zijn voorgangers*, Leiden 1937, p. 32-36 en 44.

geschreven

> Mijn veronderstelling dat de oorspronkelijke tekst (van Leven van Jesus) in Vlaanderen ontstaan zou kunnen zijn, is onjuist gebleken: Dr. C.C. De Bruin's verrassend betoog dat Willem van Afflighem de auteur zou zijn, is op verschillende gronden aannemelijk...,[103]

dan kon men vanaf 1963 vaststellen dat de Bruin zelf na voortgezet onderzoek die verschillende gronden als minder aannemelijk ging beschouwen. In zijn lezing *Achtergronden van het Luikse Diatessaron*[104] formuleerde hij met betrekking tot de auteur van het Leven van Jezus het volgende besluit:

> Een geleerde was hij dus; waarschijnlijk een monnik uit een of ander Brabants of Westlimburgs klooster, mogelijk een Benedictijn. Hij wilde een "Schone Historie" schrijven zoals hij in zijn proloog aankondigt. Met deze karakteristiek situeert hij zijn eigen werk in het milieu, waarin het stilistisch thuis hoort: de Brabants-Vlaams-Westlimburgse litteratuur van de dertiende en het begin van de veertiende eeuw. Niet alleen met het Leven van S. Lutgart van Willem van Affligem, maar ook met de Rijmbijbel van Jacob van Maerlant vertoont het incidentele gelijkenissen; wat de copia verborum betreft, wortelt zijn arbeid in de dertiende-eeuwse dietse epiek en didactiek.[105]

In het licht van Van Mierlo's hieronder nog te schetsen betoog voor het tweevoudige auteurschap van Willem van Affligem is de Bruins besluit wel heel belangrijk. A. Ampe schreef dan ook "met spanning op de publicatie der resultaten van Prof. C.C. De Bruin's vernieuwd onderzoek omtrent de mndl. versie" te wachten.[106] Spanning die wel

103. DE VOOYS C.G.N. in zijn *Inleiding* tot DE BRUIN C.C., *Middelnederlands geestelijk proza verzameld door* –. Zutphen 1940, p. ix-x.

104. Voor de afdeling Godsdienstgeschiedenis van het XXVe Vlaams Filologencongres (Antwerpen 17-19 april 1963), gepubliceerd in *Handelingen van het XXVe Vlaams Filologencongres*, p. 423-427; verslag bespreking p. 427-428; p. 428 "E.P. St. Axters O.P. vraagt, of men in het Luikse diatessaron brabantismen heeft weten te achterhalen. Spreker zegt dat de taal Limburgs is, maar dat het Diatessaron stilistisch in een Brabantse en Vlaamse traditie wortelt". (De *Handelingen* verschenen pas in december 1967; de naam van de Nederlandse nieuwtestamenticus D. Plooij is systematisch als Glooij gespeld; A.J. Barnouw werd Barnoun).

105. DE BRUIN C.C., *Achtergronden...*, p. 427. In de samenvatting in *O.G.E.* 37, 1963, p. 226-227 heet het "De overeenkomsten met Jacob van Maerlant zijn bij nader inzien stellig even sprekend als die met W. v. Affligem".

106. AMPE A. in bespreking van BAUMSTARK A., *Die Vorlage des althochdeutschen Tatian*, *O.G.E.* 39, 1965, p. 333.

in verrassing omsloeg toen men enkele jaren later in de *Algemene Inleiding* tot de Bruins levenswerk, zijn *Corpus Sacrae Scripturae Neerlandicae*, kon lezen:

> De centrale figuur was de schepper die achter het Luikse Diatessaron schuil gaat. Wie hij in werkelijkheid was, zal wel voorgoed onbekend blijven, maar het is vrijwel zeker dat hij als benedictijn in een zuidnederlandse abdij heeft geleefd en gewerkt. De schrijver moet behoord hebben tot de kring van Willem van Affligem, de prior van dezelfde abdij van St. Truiden, waaruit het luikse manuscript afkomstig is, een theologisch en literair gevormd man, bekend als dichter van het Leven van S. Lutgart. De aloude benedictijnse traditie van bijbelvertolking in de landstaal zette de onbekende auteur van het Luikse Leven van Jesus op waardige en in de middeleeuwen niet meer geëvenaarde wijze voort. Dat we zijn werk moeten situeren in de sfeer van de vroegbrabantse mystiek, ligt, gelet op zijn binding met het milieu van Willem van Affligem, voor de hand...[107]

Nauwelijks zeven regels verder schreef de Bruin over de "Bijbelvertaler van 1360" dat die eveneens een benedictijn was, vermoedelijk afkomstig uit hetzelfde klooster te Affligem waar de auteur van de evangeliënharmonie vóór zijn komst te St.-Truiden prior was geweest.[108] De Bruin had hier duidelijk Willem van Affligem op het oog die dan weer de plaats moest ruimen voor een onbekende:

> De geschiedschrijver van de letterkunde kan constateren dat... het Luikse Diatessaron litterair op hetzelfde peil staat als het kunstproza van de brabantse mystiek. De onbekende maker...[109]

Uit de jongste publicatie van de Bruin blijkt ondubbelzinnig hoe zijn sedert 1935 met betrekking tot Willem van Affligem gewijzigde opvatting luidt:

107. DE BRUIN C.C., *Het Luikse Diatessaron*. Uitgegeven door –. Met de Engelse vertaling van A.J. BARNOUW. Leiden 1970 (*Verzameling van Middelnederlandse bijbelteksten. Kleine Reeks*. Afdeling I: *Evangeliën-harmonieën*, 1); p. xx-xxi.

108. DE BRUIN C.C., *Het Luikse Diatessaron...*, p. xxi; p. xxxv "... bewijst dat deze auteur [d.i. de "vertaler van 1360"] behalve de jongere transpositie ook de oudste redactie gekend en gebruikt heeft. Dit is des te minder verwonderlijk, wanneer we ons te binnen brengen dat hij wellicht thuis gehoord heeft in de benedictijnenabdij te Affligem. Het prioraat van dit klooster werd in het midden van de 13de eeuw, tot 1276, bekleed door Willem van Affligem, uit wiens milieu de oertekst van het Luikse Diatessaron moet zijn voortgekomen".

109. DE BRUIN C.C., *Het Luikse Diatessaron...*, p. xxiii.

> Anders dan in mijn Mnl. vertt. v.h. N.T. (Gron. 1935), blz. 151-154, waag ik het niet meer het Luikse Diatessaron op zijn naam te zetten. Een doorslaggevende bewijsvoering voor zijn auteurschap is niet te leveren.[110]

Tot daar het standpunt van een in zaken van Middelnederlandse vertalingen van het Nieuwe Testament erkend specialist, een standpunt dat steunt op het literair vergelijken van teksten en op kerkhistorisch inzicht.[111]

1.7. J. Van Mierlo S.J. en Willem van Affligem

Het vroegste geschrift waarin Dr J. Van Mierlo Willem van Affligem als mogelijke dichter van het Leven van Lutgart vermeldde, was zijn *Algemeene Inleiding* tot de in samenwerking met Dr L. Reypens in 1926 bezorgde critische uitgave van *Beatrijs van Nazareth, Seven manieren van Minne.*[112]
Van Mierlo onderzocht de vroegste levensbeschrijving van Beatrijs, "waarvan Willem van Affligem of a Mechlinia gewoonlijk als vervaardiger wordt beschouwd".[113] Wegens de neiging naar moralisatie en theologische discussie besloot hij dat de schrijver priester en godgeleerde geweest was,[114] die met zijn *Vita Beatricis* aan zijn eerste historische arbeid was.[115] In het oudste handschrift[116] wordt Willem als de schrijver aangegeven: *Hanc vitam conscripsit domnus Willelmus de Mechlinia, monachus Haffligensis, quondam prior in Wavria, post abbas Sancti Trudonis.*

110. DE BRUIN C.C., *Bespiegelingen over de 'Bijbelvertaler van 1360'. Zijn milieu, werk en persoon* in *Nederlands archief voor kerkgeschiedenis* N.S. 48, 1967-1968, p. 39-59; 49, 1969, p. 135-154; 50, 1969, p. 11-27; 51, 1970, p. 16-41; aangehaalde tekst: 50, 1970, p. 30 noot 4.

111. Heeft aldus Prof. de Bruin in 1970 opgegeven wat promovendus de Bruin in 1934 geopperd had, dan zou men verwachten dat Willem van Affligem alvast met betrekking tot het Leven van Jezus afgedaan heeft. Dit is niet het geval. Pogingen om hem als vertaler van het Middelnederlandse oer-Diatessaron te handhaven vindt bij QUISPEL G., *Het Evangelie van Thomas in de Nederlanden.* Amsterdam 1971.

112. REYPENS L. & VAN MIERLO J., *Beatrijs van Nazareth, Seven manieren van Minne.* Critisch uitgegeven door –. Leuven 1926 (*Leuvense Studieën en Tekstuitgaven*, z. nr).

113. VAN MIERLO J., algemene inleiding *Beatrijs van Nazareth...*, p. 18*.

114. VAN MIERLO J., algemene inleiding *Beatrijs van Nazareth...*, p. 20*.

115. VAN MIERLO J., algemene inleiding *Beatrijs van Nazareth...*, p. 19*.

116. Hs. B, Brussel, Koninklijke Bibliotheek Albert I, 4459-70.

Van Mierlo meende dat dit bevestigd wordt door "den aan Henricus Gandavensis gewoonlijk toegeschreven katalogus *de scriptoribus ecclesiasticis*".[117] Toch kon hij dat moeilijk aannemen.

> Vooreerst, het bericht in het handschrift van 1320, is een later toevoegsel. Het is in alle geval niet mede overgenomen uit het handschrift waaruit werd afgeschreven. Gaarne beken ik dat dit toevoegsel van niet veel later is. Maar vast staat, dat het niet tot het origineel behoorde. Het kan overgenomen zijn geweest uit een werk als dat van Henricus Gandavensis, ja misschien wel juist daaruit. De mededeelingen nu van dien katalogus zijn in 't algemeen weinig betrouwbaar. Zoodat die overlevering niet heel zeker is...[118] Zullen we dan zeggen dat het nederigheid was, die hem voortdurend laat herhalen, dat hij arm was aan verdiensten zoowel als aan talent, dat hij zijn best had gedaan, hoe gebrekkig zijn arbeid ook zal bevonden worden?

Op Van Mierlo maakte dit alles veeleer de indruk dat de schrijver niet Willem van Affligem kan zijn. Hij liet nog een overweging volgen:

> Daarbij komt nog dit: onze biographie werd geschreven eenigen tijd na 1328. Zoo door Willem, dan tusschen de jaren 1268 en 1277, in welk jaar hij abt van St Truiden werd. Maar in dien tijd had Willem toch reeds het leven van de H. Lutgardis uit het Latijn in 't Dietsch berijmd, of althans hij arbeidde eraan. Hij kon dus moeilijk beweren een *tiro*, een *novus viator* te zijn in dit vak. Of zou hij ook niet het leven van St Lutgardis hebben gedicht? Want er bestaat meer dan een gegronde reden, om ook dit stellig in twijfel te trekken...[119]

In voetnoot bij deze regels tekende Van Mierlo aan dat hij de vraag hier niet verder wilde behandelen, maar er toch eens bepaald de aandacht op vestigen:

> Het is lang niet zeker dat Willem de dichter is van onze Lutgardis: die toeschrijving berust alleen op het gezag van Henricus Gandavensis. Meer dan een bijzonderheid in het gedicht maakt haar zeer onwaarschijnlijk. Het komt me ook psychologisch onmogelijk voor, dat hij een Latijnsche levens-

117. VAN MIERLO J., algemene inleiding *Beatrijs van Nazareth...*, p. 24*. In verband met de C.V.I. vermeldde VAN MIERLO J., algemeene inleiding *Beatrijs van Nazareth...*, p. 26* noot 1 het artikel van PELSTER F., *Der Heinrich von Gent zugeschriebene Catalogus...*, waarover in Hoofdstuk 2 meer.

118. VAN MIERLO J., algemene inleiding *Beatrijs van Nazareth...*, p. 24*.

119. VAN MIERLO J., algemene inleiding *Beatrijs van Nazareth...*, p. 25*-26*.

> beschrijving zou hebben verdietscht, en een Dietsche biographie in 't Latijn vertaald...[120]

Aldus, in 1926, J. Van Mierlo. Willem van Affligem zou als auteur spoedig een verdediger vinden en wel in de persoon van Dom J. Huyben O.S.B. die het werk van Reypens en Van Mierlo recenseerde.[121] Zijn bespreking is van belang, omdat er uitdrukkelijk op Hendrik van Brussel als de mogelijke samensteller van de C.V.I. gewezen wordt.

> Men zal P. v. Mierlo niet gemakkelijk van lichtgeloovigheid beschuldigen; veeleer zou men geneigd zijn te vinden dat zijn kritiek 'n enkelen keer wel eens te ver gaat. Zoo bijv. in het onderzoek naar den schrijver der Vita Beatricis. P.v.M. meent te moeten besluiten dat dit werk ten onrechte aan Willem van Afflighem wordt toegeschreven. Het getuigenis van "Henricus Gandavensis" ten gunste van Willem verwerpt hij "omdat de mededeelingen van dien katalogus in 't algemeen weinig vertrouwen verdienen" zou gereedelijk kunnen worden toegegeven: maar waar hij over land- en tijdgenooten handelt, zooals het hier zeker het geval is, moet hij als zeer betrouwbaar beschouwd worden. Neemt men aan dat die katalogus het werk is van een monnik van Afflighem, Hendrik van Brussel, wat minstens hoogst waarschijnlijk is, dan wordt zijn mededeeling een eerste-klas-getuigenis voor Willem van Afflighem. P.v.M. verwerpt eveneens het getuigenis van het Brusselsche handschrift omdat het misschien op Henricus Gandavensis steunt. Dit laatste kan niet juist zijn, want het bericht van den Brusselschen codex bevat over Willem van Afflighem nauwkeurige levensbijzonderheden die bij Henricus Gandavensis geheel ontbreken. Tot nader bewijs van het tegenovergestelde zouden wij

120. VAN MIERLO J., algemene inleiding *Beatrijs van Nazareth...*, p. 26*. Op die "psychologische onmogelijkheid" had Van Mierlo reeds gewezen in zijn studie *Beatrijs van Nazareth* in *V.M.K.V.A.* 1926, p. 51-72; p. 56 noot 1 "Willem nu schijnt ten volle in de mystieke beweging van Brabant te hebben gestaan, voor hij naar St. Truiden kwam: althans hem wordt het berijmde Dietsche leven van de H. Lutgardis toegeschreven".

121. HUYBEN J. in *Kroniek* (*O.G.E.* 1, 1927, p. 431-433). Ook Dom Robertus Demuynck van Affligem zou het voor Willem van Affligem moeten opgenomen hebben blijkens de volgende tekst uit VERSCHAEVE C., *Verzameld werk* deel 6, p. 843-849, een in 1935 gehouden rede, overgenomen in *Cyriel Verschaeve over sinte Lutgart* in *S.L.S.V.* 10, 1966, p. 17-22; p. 17-18: "Al de andere geschriften over Lutgart, ook 't groot berijmd verhaal van Willem van Affligem, berusten daarop als hun grondslag, den enigen. Over dit laatste is er nieuws; Pater van Mierlo S.J. betwistte voor korten tijd het auteurschap van dien monnik van Affligem; Dom Robertus Demuynck, van die abdij, weerlegde hem echter zegepralend". Gevraagd naar het bibliografisch adres van zijn publicatie kon Dom Demuynck zich niet herinneren waar hij het voor Willem van Affligem zou opgenomen hebben. Zijn tekst – indien die er geweest is – is onbekend gebleven aan zijn kloostergenoot Albertus VAN ROY, *Lutgardis van Tongeren*. Brugge 1946 (*Heiligen van onzen stam*, z. nr).

dus de Vita Beatricis liever aan Willem van Afflighem blijven toeschrijven.[122]

Twee jaar na de tekstuitgave van de *Seven manieren* verscheen Van Mierlo's *Geschiedenis van de Oud- en Middelnederlandsche Letterkunde*,[123] waarin Willem van Affligem los van het Leven van Lutgart ter sprake komt:

> Er heeft in de de XIIIe eeuw een uitgebreide hoofsche literatuur bestaan, waarop bij van Maerlant, Willem van Affligem, in 't Leven ons Heren, enz. herhaaldelijk gezinspeeld wordt. Geheel toevallig vernemen we daaruit het bestaan van werken, waarvan niet eens een fragment is overgebleven.[124]

Uit deze tekst blijkt dat Van Mierlo Willem van Affligem als de dichter van de Lutgart beschouwde, wat wel in een ogenblik van geringere aandacht moet gebeurd zijn. In hetzelfde werk sprak hij desbetreffend immers uitdrukkelijk zijn twijfel uit. In zijn kenschetsing van het gedicht stelde hij vast dat er voor afwisseling gezorgd werd en dat de dichter werkelijk geen droog verteller was.[125]

> Wat echter in geheel dit leven voornamelijk treft is de mystieke toon, Lutgart behoorde reeds tot de mystieke beweging van dien tijd. En ook haar dichter. Zijn werk is een hymne aan de Liefde... Ook de Visioenen verbinden deze literatuur met de mystieke... Ook de woordenschat herinnert aan de mystieke taal...[126] Dat wijst ons naar de dichter. Zijn gehoor bestond uit heren ende vrouwen die vrij naar hem komen luisteren; sommigen zijn zelfs van verre teruggekomen om het derde boek te hooren; ze mogen ook heengaan, zoo 't hun verveelt. Ze zitten om hem heen in een ring. Dat zijn natuurlijk geen closterliede; waar hij closterliede toespreekt, gebeurt dat oratorisch, als hij ook zegt: gi papelarde of gi prelate. Duidelijk genoeg gaat de dichter met zijn werk om en leest het voor bij het volk. En dat dit alles fictie zou zijn, mogen we niet veronderstellen. Zoo kunnen wij moeilijk aannemen, dat het Willem van Afflighem zou zijn... Wel is waar schrijft Henricus Gandavensis (1217-1293) ons gedicht aan hem toe; maar Henricus vergist zich te dikwijls; en ons gedicht kan moeilijk van iemand anders dan van een rondreizenden dichter zijn. Ook zou, dunkt ons, Willem zelf niet tot tweemaal toe den lof van

122. HUYBEN J., *Kroniek*, p. 432-433.
123. Antwerpen 1928.
124. VAN MIERLO J., *Geschiedenis...*, p. 91.
125. VAN MIERLO J., *Geschiedenis...*, p. 120-121.
126. VAN MIERLO J., *Geschiedenis...*, p. 122-123.

> Afflighem hebben verkondigd, waar hij andere abdijen gispt: ook breidt de dichter dan slechts een woord van zijn origineel uit. En tot kloosterlieden richt hij zich niet, dan als tot eventuele lezers...[127]

De anderhalve bladzijde die Van Mierlo in zijn in 1930 verschenen *Beknopte geschiedenis van de Oud- en Middelnederlandsche Letterkunde*[128] aan het Leven van Lutgart wijdde, besloot hij met de opmerking

> Wel verkeerdelijk werd het gedicht toegeschreven aan Willem van Afflighem die als abt van St. Truiden (1277-1299) stierf. Althans de dichter gaat met zijn werk om bij het volk, als een rondreizend volksdichter. Vóór 1270 is het wel ontstaan.[129]

Dezelfde voorstelling presenteerde Van Mierlo in de tweede uitgave van zijn *Beknopte Geschiedenis...*,[130] het laatste werk waarin hij over Willem van Affligem schreef[131] vóór hij dé grote verdediger van auteur Willem van Affligem werd. Dit is onder invloed van de Bruin gebeurd. Daarom én wegens het inherente belang van diens onderzoek hebben we de Bruin hierboven uitvoerig geciteerd. Tot vóór het verschijnen van de Bruins proefschrift had Van Mierlo twijfels geuit ten aanzien van Willem van Affligem als mogelijke dichter van het Leven van Lutgart - hij was hierin de allereerste - en er zelfs een aantal bezwaren tegen geopperd:[132]

a. Meer dan een bijzonderheid in het gedicht maakt Willems dichterschap onwaarschijnlijk (1926);

b. De mededelingen in de C.V.I. van Henricus Gandavensis zijn weinig betrouwbaar. De toeschrijving berust alleen op het gezag van Henricus Gandavensis (1926); die nu vergist zich te dikwijls (1928);

c. De psychologische onmogelijkheid dat hij een Latijnse levensbeschrijving zou hebben verdietst en een Dietse biografie in het Latijn zou vertaald hebben (1926);

127. VAN MIERLO J., *Geschiedenis...*, p. 123. In latere publicaties zal Van Mierlo dit alles wel als fictie gaan beschouwen, zal hij betogen dat Henricus uitstekend op de hoogte is en dat de Lutgartdichter Affligem autonoom prijst.

128. Antwerpen 1930.

129. VAN MIERLO J., *Beknopte geschiedenis...*, p. 48.

130. VAN MIERLO J., *Beknopte geschiedenis...*, tweede bijgewerkte en verbeterde uitgave, Antwerpen 1933.

131. VAN MIERLO J., *Beknopte geschiedenis...*, tweede uitgave, vooral p. 59.

132. De jaartallen tussen ronde haakjes verwijzen naar het jaar waarin Van Mierlo's hierboven besproken publicaties zijn verschenen.

d. De dichter "gaat met zijn werk om" en leest het voor bij het volk. Dit alles kan toch geen fictie zijn (1928, 1930, 1933);

e. Zou Willem andere abdijen gispen, doch Affligem loven (1928)?

Men kan het toeschrijven aan Van Mierlo's zeer grote liefde voor het Middelnederlandse literaire patrimonium dat hij niet ongevoelig voor of niet bestand is gebleken tegen de zeer verleidelijke hypothese van Dr de Bruin, zodat hij spoedig daarna dé grote voorvechter werd van de stelling

> Willem van Affligem is de schrijver van twee der voortreffelijkste literaire kunstwerken in onze middeleeuwsche letterkunde, van het Leven van Sinte Lutgart en van het Leven van Jezus.[133]

Kon die stelling aanvaardbaar gemaakt worden, dan werd

> de figuur van Willem van Affligem, zo al niet de merkwaardigste, dan ongetwijfeld een der merkwaardigste uit onze gehele Middelnederlandse Letterkunde...[134]

Uit de uitvoerige bespreking die Van Mierlo voor het tijdschrift van het Ruusbroec Genootschap bezorgde van het werk van de Bruin[135] bleek reeds dat hij tot een voorzichtige terugtocht besloten had om vervolgens de door de Bruin aangewezen nieuwe vergezichten te gaan verkennen.

> Ik heb vroeger wel bezwaren geopperd tegen Willem van Affligh-em als dichter van St. Lutgart. Doch sedert dien is mij steeds meer gebleken, hoe de meeste groote kunstwerken van eenige betekenis uit de middeleeuwen het werk zijn, niet van rondreizende speellieden, maar van geleerden en geschoolden. Het getuigenis van Henricus Gandavensis, een tijdgenoot, is dan ook voor mij steeds meer waarde gaan krijgen, al blijven er toch nog duistere punten over. Indien Willem de schrijver van beide werken is, en ik zelf

133. VAN MIERLO J., *Willem van Afflighem...*, p. 833. D.A. Stracke besprak Van Mierlo's studie in *O.G.E.* 10, 1936, p. 258 en parafraseerde diens opvattingen onder de titel *Wie heeft nu schuld, Sinte Lutgart of wij?* in *S.L.S.V.* 2, 1958, p. 20-24. Van Mierlo zelf gaf van zijn werk een samenvatting in zijn *Verslag over de werkzaamheden der Academie op het gebied van het Middelnederlandsch (1911-1936)* in *K.V.A. Gedenkboek 1886-1936*, Ledeberg-Gent [1936], luxe-uitgave p. 185-255, samenvatting p. 236-237; gewone uitgave p. 181-251, samenvatting p. 232-233.

134. VAN MIERLO J., *Kan Willem van Affligem ook de bewerker zijn van het Leven van Jezus?* in *V.M.K.V.A.* 1950, p. 5-29; p. 27.

135. In *O.G.E.* 9, 1935, p. 328-331. Het *Tweede Gedeelte* van het proefschrift besprak hij op p. 433 van dezelfde jaargang.

> had sedert eenigen tijd veel voor die veronderstelling gevoeld, dan is hij een der merkwaardigste persoonlijkheden uit onze kunstgeschiedenis: zijn beide werken zijn meesterstukken. Doch een eerste voorloopig onderzoek dat ik begon viel weinig gunstig uit voor de eenheid van schrijver...[136]

Men mag aannemen dat Van Mierlo op het ogenblik dat hij bezig was met dat eerste voorlopig onderzoek al flink opgeschoten was met een onderzoek dat wél gunstig zou uitvallen, zo niet had zijn uitvoerige studie *Willem van Afflighem en het Leven van Jesus en het Leven van Sinte Lutgart* wel niet meer in 1935 kunnen verschijnen. Een overzicht van de inhoud mag hier intussen niet ontbreken.

Na een onderzoek naar de verhouding tussen Leven van Lutgart en Leven van Jezus kwam Van Mierlo tot het besluit dat beide werken naar taal en stijl innig met elkaar verwant zijn en tot éénzelfde streektaal, tot éénzelfde cultuurkring moeten behoren.[137] Vervolgens ging hij peilen naar de oorspronkelijke taal van beide werken. Of het Leven van Jezus oorspronkelijk Limburgs was? Of Willem van Affligem de dichter van het Leven van Lutgart was? Na de "Oplossing: Willem van Afflighem zeer zeker de dichter"[138] gevonden te hebben, poogde hij het gedicht te dateren om tot het besluit te komen dat het bewaarde handschrift uit 1274 stamt, terwijl het gedicht zelf omstreeks tien jaar vroeger voltooid moest zijn.[139] Hij besloot dat beide werken omschrijvingen in het Limburgs van Brabantse originelen waren. Voor de stelling dat Willem van Affligem de schrijver van beide originelen was, meende hij "zoo al geen zekerheid, dan toch hooge waarschijnlijkheid te mogen in aanspraak nemen".[140] In het tweede hoofdstuk schetste hij het leven van Willem, met uitweidingen over het geslacht van de Berthouts en over de universiteit van Parijs waar Willem studeerde.[141]

Zou Willem, weergekeerd in zijn geboorteland, te Affligem zelf prior geweest zijn? Of te Waver? "...doch ook weer over de jaren en den

136. VAN MIERLO J., recensie in *O.G.E.* 9, 1935, p. 330.
137. VAN MIERLO J., *Willem van Afflighem...*, p. 775-806.
138. VAN MIERLO J., *Willem van Afflighem...*, p. 814 vv.
139. VAN MIERLO J., *Willem van Afflighem...*, p. 824.
140. VAN MIERLO J., *Willem van Afflighem...*, p. 833.
141. VAN MIERLO J., *Willem van Afflighem...*, p. 840: "In welk jaar Willem daar aankwam, wat hij er studeerde, hoe lang hij er verbleef, weten we niet... Volgde hij er ook de theologie? En hoever bracht hij het hierin? Alle gissing wordt ons verboden, daar we over geen bepaalde gegevens beschikken". Toch heeft Willem daar "die grondige kennis van het Fransch kunnen opdoen, die wij in hem moeten aannemen".

duur van dit prioraat is niets bekend".[142] Meer gegevens zijn beschikbaar over zijn verblijf te Sint-Truiden.[143] Na nog even de vraag gesteld te hebben of het eerste boek van het Lutgartleven wel bestaan zou hebben - vraag die ontkennend beantwoord werd -, schetste Van Mierlo Willems kunst waarbij hij lange uittreksels ter illustratie gaf.[144]

1.8. Willem van Affligem en de Limburgse Sermoenen

In dezelfde studie had Van Mierlo, handelend over abt Johannes Trithemius en diens *De scriptoribus ecclesiasticis*, meer bepaald over de daarin voorkomende vermelding van *Sermones non inutiles, lib. I*, opgemerkt:

> En Trithemius zelf gebruikte den catalogus van Henricus van Brussel. Hij voegt er alleen die Sermones aan toe, die Henricus van Brussel niet vermeldt. Ik vraag me af, of daardoor de Limburgsche sermoenen niet bedoeld worden.[145]

Een nieuw vergezicht! De opmerking bleek een aankondiging te zijn van een studie die nog in dezelfde jaargang van de *Verslagen en Mededeelingen* zou verschijnen: *Over den ouderdom van de Limburgsche Sermoenen.*[146]

J.H. Kern, die in 1895 de Limburgse Sermoenen had uitgegeven, had gemeend dat de taal ervan naar de omstreken van Tongeren wees. De verzameling zag hij als ontstaan in de eerste helft van de veertiende eeuw. Vertrekkende van deze opvattingen schreef Van Mierlo:

> Laat ons zeggen naar St.-Truiden, naar de Benedictijnerabdij, die daar een middelpunt van cultuur en beschaving was. En daar vinden wij, dat tot 1297 abt was: Willem van Affleghem. Wij kennen die nu als den zoo verdienstelijken dichter van het Leven van St. Lutgart en ook als, hoogst waarschijnlijk, den zoo voortreffelijken vertaler van het Leven van Jezus... De abt zelf spoorde tot de studie aan van de H. Schrift. Is dit niet het goede midden, waarin die preeken zullen zijn bewerkt en vertaald

142. VAN MIERLO J., *Willem van Afflighem...*, p. 844.
143. VAN MIERLO J., *Willem van Afflighem...*, p. 845-849.
144. VAN MIERLO J., *Willem van Afflighem...*, p. 852-915.
145. VAN MIERLO J., *Willem van Afflighem...*, p. 831.
146. VAN MIERLO J., *Over den ouderdom van de Limburgsche Sermoenen* in *V.M.K.V.A.* 1935, p. 1081-1093; samenvatting p. 1076-1077.

> geworden? Onder de werken van Willem van Affligem worden ook Sermones vermeld. Tot nog toe is niets over die Sermones ontdekt; niet eens is geweten of het preeken in het Latijn dan wel in het Dietsch waren. Zouden het onze Limburgsche Sermoenen niet zijn?[147]

Van Mierlo vervolgde dat hij het nog niet op zich wilde nemen te bewijzen dat de Sermoenen ook een werk van Willem zouden zijn.

> Toch meen ik wel te mogen beweren, dat onze preeken, zoo al niet door Willem zelf bewerkt, onder zijn invloed en zijn leiding zijn ontstaan...[148] Zoo begrijpt men, dat in deze verzameling preeken, die meest allen uit het Duitsch vertaald zijn, een verhandeling van Beatrijs van Nazareth voorkomt: de verhandeling nl. Van Seven Manieren van Minnen, als preek 42. Willem van Affligem toch heeft Beatrijs niet alleen goed gekend; hij heeft zelfs hare Dietsche autobiographie in 't Latijn verwerkt. Het verwondert dan niet, dat hij haar wellicht beste tractaat als eene preek in de verzameling Sermoenen heeft willen opnemen...[149]

Bij deze regels verwees Van Mierlo naar de inleiding tot de tekstuitgave van de *Seven Manieren*, waarin hij... aan Willem van Affligem als vertaler getwijfeld had! Dit belette hem evenwel niet tot het volgende besluit te komen:

> De verzamelaar der Limburgsche Sermoenen heeft dus zeker de Brabantsche mystiek gekend en er voor zijne verzameling gebruik van gemaakt, om er enkele deelen uit over te nemen, en gedachten aan te wenden voor preeken die misschien door hem zelf werden vervaardigd. Zoo weer: een Limburger op de hoogte van de Brabantsche mystiek. Brengt ons dit ook niet als vanzelf den naam van Willem van Affligem te binnen, die immers te midden der begijnenbeweging in Brabant had gestaan? Hoe zeer hij in die beweging belang stelde, blijkt voldoende uit geheel zijn hem zeker toekomende werk. In de stelling dat deze verzameling preeken door Willem of onder zijn leiding werd aangelegd, vindt ook de aanwezigheid in die Limburgsche Sermoenen van werk van onze

147. VAN MIERLO J., *Over den ouderdom...*, p. 1090-1091.

148. VAN MIERLO J., *Over den ouderdom...*, p. 1091. In zijn *Geschiedenis...* van 1928 had hij p. 247 reeds geschreven "Deze preekenbundel is tot stand gekomen in het begin der XIVe e. Door iemand uit de buurt van Tongeren (een monnik wellicht van St. Truiden dat onder Willem van Afflighem een middenpunt van literaire activiteit geworden was) met fijn taalgevoel en goeden smaak". Willem van Affligem is in 1297 overleden.

149. VAN MIERLO J., *Over den ouderdom...*, p. 1092.

vroegste Brabantsche mystieken, van vrouwen nog wel, een mooie verklaring...[150]

Een mooie verklaring inderdaad, ook al groeit bepaald de indruk dat Van Mierlo bij het localiseren en dateren van de Limburgse Sermoenen, zoals trouwens ook bij het Leven van Lutgart en het Leven van Jezus, wat al te veel betoogd heeft ten behoeve van het zo verleidelijke, intussen drievoudige auteurschap van Willem.[151]

1.9. J. Van Ginneken en zijn Nijmeegse leerlingen

Vanzelfsprekend heeft niet iedereen dit aanvaard. Al spoedig steeg uit Nijmegen luid protest op. Op 8 juni 1936 voltooide Prof. Dr J. Van Ginneken het artikel *Een Epidemie der Geesten*,[152] waarin hij tegen iedereen uitvoer: tegen C.G.N. de Vooys omdat die het Leven van Jezus voor Vlaams had gehouden, "uit de sfeer van Maerlant met slechts een Limburgsch vernisje erover"; tegen Th. Frings omdat die de Vooys' zienswijze gedeeld had; tegen C.C. De Bruin omdat die Willem van Affligem als vermoedelijke vertaler van het Leven van Jezus in het debat had gebracht; tegen J. Van Mierlo omdat die het standpunt van de Bruin bijgetreden was, wat Van Ginneken heel gevat deed schrijven "Wat gij totnutoe hebt afgebroken, bouwt gij ineens weer op". Juist is de opmerking van Van Ginneken over Van Mierlo "Wat gij totnutoe hebt afgebroken, bouwt gij ineens weer op"[153] en (de Bruin blijkt) "U van Uw vroeger afwijkende meening bekeerd te hebben".[154] Onjuist is dat, volgens Van Ginneken, "Prof. Van Mierlo nu niet alleen meer het Leven van Jezus, maar ook het Leven van St. Lutgardis tot Oerechte Vlaamsche teksten herdoopt, en er

150. VAN MIERLO J., *Over den ouderdom...*, p. 1092-1093.

151. Nog in 1932 had hij de volgende datering gegeven: "Het hs. der Limburgsche Sermoenen dateert niet vóór 't einde der XIVe eeuw, misschien eerst uit de XVe: de verzameling echter schijnt omstreeks 1320-1350 te zijn ontstaan". VAN MIERLO J., *De 10e Brief van Hadewych en het 41ste der Limburgsche Sermoenen. Invloed van Hadewych op de Limburgsche Sermoenen* in *V.M.K.V.A.* 1932, p. 373-387; p. 376.

152. VAN GINNEKEN J., *Een Epidemie der Geesten* in *Onze taaltuin* 5, 1936, p. 76-89. Het artikel bevat tal van gekruide uitlatingen die niet geciteerd hoeven te worden. Hier volge slechts het "incipit": "Er broeit sinds lang, op een bepaald punt in de geschiedenis der Middelnederlandsche letterkunde: een geestelijke besmetting, waar ik reeds voor jaren tegen heb willen waarschuwen, maar die in den laatsten tijd zulke bedenkelijke vormen begint aan te nemen, dat er niet langer meer mag worden gezwegen...".

153. VAN GINNEKEN J., *Een Epidemie...*, p. 87.

154. VAN GINNEKEN J., *Een Epidemie...*, p. 86.

nota bene zelfs niet ver meer af is, met de Limburgsche Sermoenen hetzelfde vrome kunstje te plegen...".[155] Van Mierlo immers heeft bedoelde teksten nooit "Oerechte Vlaamsche teksten" genoemd; al naar behoefte bestempelde hij ze als Vlaams-Brabants, Brabants of Brabants-Limburgs.

Vervolgens kondigde Van Ginneken twee publicaties van zijn Nijmeegse leerlingen aan, te weten de in 1936 verdedigde dissertatie van Mej. G.C. van Kersbergen, *Het Luiksche Diatessaron in het Nieuw-Nederlandsch vertaald met een inleiding over de herkomst van den Middelnederlandschen tekst*[156] en het in 1938 verschenen werk *De taalschat van het Limburgsche Leven van Jesus.*[157]

Tot besluit van zijn artikel gaf Van Ginneken in drie punten zijn antwoord op de vraag "Wat de waarheid dan wèl is?"[158] Zijn antwoord blijkt ontleend te zijn aan het zoëven vermelde proefschrift van G.C. van Kersbergen, zodat de verrassende besluiten van "Van Ginneken en zijn Nijmeegsche leerlingen" rechtstreeks uit haar werk kunnen aangehaald worden, namelijk:

> Zoowel op de geschiedenis van het Leven van St. Lutgart, als op die van het Leven van Jesus en vooral op de Limburgsche Sermoenen heeft Willem van Afflighem ingrijpende invloed uitgeoefend. Naar alle waarschijnlijkheid heeft zich het verloop als volgt toegedragen:
>
> 1° Het Leven van St. Lutgard werd oorspronkelijk door een Limburgschen geestelijke uit den omtrek van Maastricht in het Limburgsch geschreven. Willem van Mechelen (van Afflighem) kreeg dit handschrift in handen, waarschijnlijk te Waver en werkte het om, d.w.z. hij schreef het handschrift over en werkte er daarbij het "Limburgsch" in zooverre uit, dat het voor zijn kloosterbroeders niet zoo hinderlijk meer was... Volgens Middeleeuwsche begrippen is het volkomen verklaarbaar dat Hendrik

155. VAN GINNEKEN J., *Een Epidemie...*, p. 77.

156. Proefschrift verdedigd op 9 juli 1936, promotor Prof. Dr. J. Van Ginneken. Bijgevoegde stellingen o.a. 1. De eigenlijke auteurs van het Limburgsche Leven van Jesus en van van Veerdeghems Leven van St. Lutgard zijn beiden rasechte Limburgers uit ongeveer dezelfde streek, maar verschillen dermate in temperament, denkvorm, stijl, zinbouw en woordenkeus, dat zij onmogelijk kunnen vereenzelvigd worden. De oppervlakkige gelijkenis van beide teksten is het gevolg van hetzelfde dialect der schrijvers en een nauwe cultuurverwantschap tusschen de beide laatste afschrijvers [...]. 6. In de Limburgsche Sermoenen zijn ook opgenomen eenige "sermones" van Willem van Afflighem.

157. door Prof. Jac. Van Ginneken en zijn Nijmeegsche leerlingen. Maastricht 1938.

158. VAN GINNEKEN J., *Een Epidemie...*, p. 88-89.

> van Brussel, zijn Affligemsche collega, op grond hiervan hem later als auteur van dit handschrift noemt.
>
> 2° Ook het Leven van Jezus is oorspronkelijk Limburgsch - en wel Luiksch-of Zuidoost-Limburgsch; en werd op last van Willem van Afflighem door een Brabantschen monnik opnieuw bewerkt, d.w.z. de opvallendste Limburgismen werden hier en daar vervangen door "Algemeen Vlaamsch-Brabantsche" woorden, waardoor het Vlaamsch-Brabantsch vernisje ontstond.
>
> 3° Ook de Limburgsche Sermoenen tenslotte zijn Limburgsch van huis uit; misschien uit de buurt van Tongeren. Waarschijnlijk vond Willem van Afflighem dezen bundel uit het Duitsch vertaald in de bibliotheek van de abdij van St. Truyden, waar hij ook het Leven van Jezus gevonden had. Hij liet dezen tekst overschrijven en bewerken door een Limburgschen monnik, maar liet er hem eenige van zijn eigen preeken, waarin hij gedeelten van Beatrijs van Nazareth en Hadewych had verwerkt, bij opnemen, en verzocht hem, er één geheel van te maken, wat tot gevolg had, dat het geheel, dus óók de preeken van Willem van Afflighem: een licht Limburgsche kleur kregen.[159]

Men kan zich voorstellen dat Van Mierlo bij het lezen van de Nijmeegse conclusies uit pure ontsteltenis naar de pen gegrepen heeft om Van Ginneken en van Kersbergen van antwoord te dienen. Uit pure ontsteltenis inderdaad, immers niet om nieuwe argumenten aan zijn studie van 1935 toe te voegen. Het artikel van 1936, *Het Leven van sinte Lutgart oorspronkelijk Limburgsch?*,[160] is dan ook een herhaling geworden van de studie van 1935.[161] Ook het laatste artikel dat Van Mierlo in 1950 aan het onderwerp wijdde[162] gaat op het betoog van 1935 terug.

1.10. Leonard Willems over Willem van Affligem

Toen J. Van Mierlo op 7 augustus 1935 in de Commissie voor Middelnederlandse Taal- en Letterkunde en vervolgens voor de Algemene Vergadering van de Koninklijke Vlaamse Academie voor Taal- en

159. VAN KERSBERGEN G.C., *Het Luiksche Diatessaron...*, p. 81-82.

160. In *V.M.K.V.A.* 1936, p. 627-643; samenvatting p. 466.

161. In zijn *Verslag over de werkzaamheden...* schreef Van Mierlo dan ook over zichzelf "Verdere publikaties, van Prof. J. Van Ginneken, van Dr. Jf. Van Kersberghe, noopten hem zijn standpunt te handhaven" (luxe-uitgave p. 237, gewone uitgave p. 233).

162. VAN MIERLO J., *Kan Willem van Affligem ook...*

Letterkunde zijn eerste lezing over Willem van Affligem hield, bevond de jurist-neerlandicus Dr Leonard Willems zich onder zijn toehoorders.[163] Met Prof. L. Grootaers nam hij deel aan de bespreking die volgde op Van Mierlo's tweede uiteenzetting voor de Bestendige Commissie voor Geschiedenis, Bio- en Bibliographie op 15 juli 1936.[164] Tijdens dezelfde vergadering sprak Willems over een vergeten werk van Willem van Affligem.[165] In de *Annales comitum Hannoniae* verwijst Jacques de Guyse (± 1334 - 1399) op drie plaatsen naar een gedicht van Willem, abt van Sint-Truiden, over de oudste geschiedenis van de hertogen van Brabant. Willems bewees dat het hier om Willem van Affligem ging.[166] Het gedicht moet in de jaren 1277-1299 in het Latijn geschreven zijn. In het *Chronicon trudonense* wordt Willem van Affligem "studiosissimus in sacra scriptura et canonibus sacris eruditus et bonus metricus" genoemd.

> Al onze geschiedschrijvers (van Mierlo, en zijne voorgangers Ed. van Even, van Veerdeghem, Franck, enz.) hebben gemeend, dat dit bonus metricus sloeg op het Leven van Sinte Lutgardis, hetwelk inderdaad uit een metrisch oogpunt een zeer merkwaardig gedicht is. Zij hebben echter niet geweten dat hij ook Latijnsche verzen vervaardigde - en dat Jacques de Guyse hem noemt magnus compositor et poeta: de Guyse is een Waal, die geen Vlaamsch kent - Zijne woorden slaan dus zeker niet op de Lutgardis, maar wel op het Latijnsche gedicht...[167]

Hoewel Van Mierlo meende dat het *bonus metricus* op het Leven van Lutgart slaat, heeft hij na Willems' lezing noch in enige publicatie op het ontzenuwen van zijn interpretatie gereageerd. Wel nam hij, samen met Fl. Prims, deel aan de bespreking die volgde op de *Nota's over het Leven van S. Lutgardis*, een lezing door L. Willems op 8 augustus 1936 in de Commissie voor Middelnederlandse Taal- en Letterkunde gehouden.[168]

163. Zie *V.M.K.V.A.* 1935, p. 768-769 en 773.

164. Zie *V.M.K.V.A.* 1936, p. 466.

165. Zie *V.M.K.V.A.* 1936, p. 466.

166. De attributie van deze "Kroniek van Brabant" aan Willem van Affligem wordt aanvaard. Zie o.a. KESTERS H., *De abdij van St.-Truiden* in *Limburg* 30, 1951, p. 61-74 en 81-91 alsook CLAES F., *De voormalige abdij van Sint-Truiden en haar invloed tot het einde van de dertiende eeuw* in *Limburg* 38, 1959, p. 221-227, 245-259 en 273-281.

167. WILLEMS L., *Aanteekeningen over Middelnederlandsche schrijvers* in *V.M.K.V.A.* 1936, p. 571-577; p. 577.

168. Zie *V.M.K.V.A.* 1936, p. 522-523; aldaar ook een samenvatting van de drie *Nota's over het Leven van S. Lutgardis.*

In zijn eerste nota toonde Willems aan, dat de oorspronkelijke titel van het Kopenhaagse Lutgartleven wel *Leven van Lutgardis* en niet *Leven van Sinte Lutgardis* zal geweest zijn, daar Lutgart ten tijde van Willem van Affligem nog geen heilige was.[169] Steunende op het rijmonderzoek stemde hij vervolgens in met Van Mierlo's overtuiging dat het gedicht oorspronkelijk in het Brabants geschreven werd. Wel komen er talrijke Limburgismen in het handschrift voor, maar ze staan niet in rijmpositie en er is, zo besloot de spreker zijn tweede nota, "een verschil tusschen de taal die in het rijm staat, en de taal die niet in het rijm staat".[170]

In de derde nota trad Willems in hoge mate het standpunt van "Van Ginneken en zijn Nijmeegsche leerlingen" bij. Tegen de mening, dat het handschrift van het Leven van Lutgart uit St.-Truiden afkomstig is, bracht hij in dat de taal noordelijk Limburgs is. Het handschrift werd waarschijnlijk geschreven in een klooster dat zich niet op het tegenwoordig Belgische grondgebied, maar wel op het tegenwoordig Nederlandse grondgebied bevond,[171] "en wel daar waar het Noord-Limburgsch aan het Noord-Brabantsch paalt: dit is te zeggen ergens in de oude heerlijkheid Hoorn - denkelijk te Weert (Holl. Limburg) of omstreken".[172]

Hoewel Van Mierlo zelf in 1942 meende "dat een geschiedschrijver van onze Middeleeuwsche letterkunde er niet om heen kan, zich bij zoovele werken en schrijvers af te vragen, wat deze bescheiden geleerde er over heeft opgemerkt of meegedeeld of ontdekt..."[173] heeft hij het verrassende, op taalonderzoek berustende besluit van Willems nooit besproken of tegengesproken.[174] Ook geen reactie toen L.

169. L. Willems schreef in zijn *Nota's over...*, p. 522 "De datum der beatificatie is onbekend; wij kunnen hem slechts bij benadering gissen". In werkelijkheid werd Lutgart van Tongeren nooit officieel zalig- of heiligverklaard.

170. WILLEMS L., *Nota's over...*, p. 522.

171. WILLEMS L., *Nota's over...*, p. 523.

172. Aldus L. Willems in zijn onuitgegeven studie *Het zoogenaamde Limburgsch van het Luiksche Diatessaron en het Leven van Lutgardis.* Het belangrijkste uit Willems' lezing is meegedeeld door HENDRIX G., *Naschrift bij de mededeling van J. Aerts* in *O.G.E.* 43, 1969, p. 323-325. Uit aantekeningen op briefjes van allerlei formaat blijkt dat Willems zich flink had ingewerkt in de literatuur rond de Lutgartlevens en dat hij de volgende onderwerpen wilde behandelen: 1. een vergeten en verloren werk van Willem van Affligem; 2. de "trouvère" Willem van Affligem; 3. over de titel van Willems gedicht; 4. over de bron en over de datum; 5. de taal van Willem van Affligem; 6. "Het zoogenaamde Limburgsch van Leven van Lutgardis en Leven van Jezus".

173. VAN MIERLO J., *Mr. Leonard Willems* in *Jaarboek K.V.A.T.L.* 1942, p. 91-106; p. 99.

174. Wel nam hij deel aan het op de lezing volgende debat. Zie *V.M.K.V.A.* 1936, p.

Geenen op belangrijke verschillen tussen Leven van Jezus en Leven van Lutgart wees;[175] toen W. Slijpen over de taal der Limburgse Sermoenen schreef;[176] toen Dr J. Moors in 1942 stelde

> In de lijvige en grondige studie van Van Mierlo wordt wél aangetoond, dat de abt van Sint-Truiden Willem van Affligem, een Brabander was – een onechte zoon van de Berthouds van Mechelen –, maar de argumentatie voor het auteurschap van Willem van Affligem is lang niet zoo overtuigend...[177]

Toen echter W.H. Beuken Van Mierlo's opvatting over het aandeel van de fictie in het Leven van Lutgart bijtrad en eveneens ontkennend antwoordde op de vraag of het eerste boek van de *Vita Lutgardis* wel ooit door Willem van Affligem bewerkt was,[178] wijdde Van Mierlo hieraan drie bladzijden.[179] Toen G.I. Lieftinck op zijn beurt met codicologische argumenten bewees dat het eerste boek (van het gedicht én van het handschrift) wel degelijk bestaan had[180] en dus meteen een flinke bres sloeg in Van Mierlo's opvattingen ten aanzien van de fictie in het gedicht, heeft Van Mierlo weer gezwegen. W.H. Beuken was echter reeds tot de conclusie gekomen dat het onwaarschijnlijk, om niet te zeggen onaannemelijk, is dat de auteur van het Leven van Jezus en die van het Leven van Lutgart dezelfde persoon zou zijn.[181] Aan de elf bladzijden van Beuken besteedde Van Mierlo tweeëntwintig bladzijden herhaling van zijn studie van 1935.[182] Beukens opvattingen werden nog met papier gehonoreerd. Stracke's studie *Over den berijmer der Kopenhaagsche Lutgart* genoot nooit de eer van een vermelding in voetnoot.

En toch ging Willem van Affligems positie als dichter van het Leven van Lutgart niet aan het wankelen. Van Mierlo immers "beheerste de literatuurgeschiedenis" (aldus P.C. Boeren over Van Mierlo in verband

523.

175. GEENEN L., *De Limburgsche woordschikking in proza en poëzie* in *Onze Taaltuin* 6, 1937, p. 129-130.

176. SLIJPEN W., *De Limburgsche Sermoenen toch Limburgsch?* in *Onze Taaltuin* 6, 1937, p. 266-272.

177. MOORS J., *De 14de-eeuwsche Dietsche oorkonden van Sint-Truiden* in *Limburg* 24, 1942, p. 74-81; p. 79.

178. BEUKEN W.H., *Lutgartproblemen* in *T.N.T.L.* 66, 1948, p. 98-111.

179. VAN MIERLO J., *Heeft het eerste boek van het Leven van S. Lutgart ooit bestaan?*, aanhangsel p. 27-29 bij *Kan Willem van Affligem...*

180. LIEFTINCK G.I., *Middelnederlandsche handschriften...*

181. BEUKEN W.H., Lutgartproblemen..., p. 11-22.

182. VAN MIERLO J., *Kan Willem van Affligem...*, p. 5-27.

met het Hadewijchonderzoek), al is intussen duidelijk geworden dat intuïtie in zijn geschriften een niet onbelangrijk aandeel heeft gehad.[183]

183. Op Van Mierlo's vertrouwen op intuïtie wijst ten aanzien van Martijn van Torhout als auteur van *Vanden Levene ons Heren* en van Anna Bijns als auteur van *Mariken van Nieumeghen* W.H. BEUKEN in zijn *Vanden levene ons Heren*. Zwolle 1968 (*Zwolse drukken en herdrukken*, 60B); deel 2, noot p. 112.

HOOFDSTUK 2

"L'AUTORITÉ DE CES TRADITIONS DONT ON NE SONGE PLUS À RECHERCHER NI L'ORIGINE NI LE VRAI SENS..."[1] OVER DE CATALOGUS VIRORUM ILLUSTRIUM

Vindt Willem van Affligem als dichter van 'n Middelnederlands Leven van Lutgart - dat daarom nog niet hét Kopenhaagse Leven van Lutgart hoeft te zijn - steun in het over 'n Willem handelende caput 57 van de C.V.I.? Dit werk werd door F. Pelster aan Hendrik van Brussel, tijd- en kloostergenoot van Willem van Affligem, toegeschreven, een attributie die algemeen aanvaard wordt[2] en aan de jongste tekstuitgave van de C.V.I. de titel *Der Literaturkatalog von Affligem*[3] bezorgde.
De omstandigheden waarin C.P. Serrure het over Willem van Affligem handelende caput 57 meedeelde, werden hierboven reeds geschetst. Serrure ontleende zijn tekst aan de *Bibliotheca ecclesiastica* van Miraeus. Hier volgt het caput naar de jongste critische editie[4] van de C.V.I.

> Cap. 57. Frater Willelmus monachus Haffligeniensis et ibidem aliquando prior uitam domine Lutgardis a fratre Thoma Latine scriptam conuertit in Theutonicum ritmice duobus sibi semper ritmis consonantibus. Dictauit etiam Latine quandam materiam

1. HAUREAU B., *Mémoire sur le Liber de viris illustribus attribué à Henri de Gand* in *Mémoires de l'Institut National de France. Academie des inscriptions et belles-lettres.* Parijs 1883; deel 30, p. 349-359; p. 349; met andere inleiding en slotparagraaf eveneens in *Notices et extraits de quelques mss latins de la Bibliothèque Nationale.* Parijs 1893; deel 6, p. 162-173. Verwijzingen hieronder steeds naar de tekst in de *Mémoires.*
2. Zie bijvoorbeeld de gezaghebbende LEHMANN P., *Literaturgeschichte im Mittelalter* in *Germanisch-romanische Monatsschrift* 4, 1912, p. 569-582 en 617-690; tevens in LEHMANN P., *Erforschung des Mittelalters* ... Stuttgart 1959; deel 1, p. 82-129.
3. HÄRING N., *Der Literaturkatalog von Affligem* in *Revue bénédictine* 80, 1970, p. 64-96.
4. Critiek op deze editie door H. SILVESTRE in *Revue d'histoire ecclésiastique* 66, 1971, p. 1068-1070 en SILVESTRE H., *Pour la fiche "conductus"* in *Archivum latinitatis medii aevi* 38, 1972, p. 203-205; p. 204 "La réédition parait avoir été élaborée un peu rapidement. Elle ne se fonde sur aucun stemma codicum, elle n'est pas accompagnée du moindre apparat critique et surtout des fautes de lecture trop nombreuses la déparent".

> satis eleganter de quadam moniali Cisterciensis ordinis que Theutonice multa satis mirabilia scripserat de se ipsa.

Met opzet hebben we geschreven "het over Willem van Affligem handelende caput 57". Alle vroegere onderzoekers hebben dit zo geformuleerd, resp. de tekst van de C.V.I. in deze zin geïnterpreteerd. Staat dát er evenwel? De C.V.I. zegt niet "Frater Willelmus Berthout, monachus Haffligeniensis" noch "Willelmus Mechli(n)ensis, monachus Haffligeniensis..." of iets dergelijks. Er staat gewoon: 'n Willem, monnik te Affligem. En hét bewijs dat deze Willem Willem Berthout is werd niet geleverd. Om het duidelijk te zeggen: er werd helemaal geen bewijs geleverd, er werden daartoe zelfs geen pogingen gedaan, zoals duidelijk wordt uit twee citaten resp. uit B. Hauréau:

> ...le Liber de viris illustribus contient certainement trois notices interpolées, celles qui, sous les n°s 56, 57 et 58, se rapportent aux trois moines d'Afflighem, Simon, Guillaume de Malines et Henri de Bruxelles... et nous savons que Guillaume de Malines mourut en l'année 1297...[5]

en Pelster:

> In Wilhelm von Afflighem... vermutet Hauréau mit V. Le Clerc den Wilhelm von Mecheln, der 1276 Abt von St. Trond wurde und als solcher 1297 starb. Diese Annahme ist zweifellos richtig.[6]

Beiden verwezen naar V. Le Clerc, *Guillaume de Malines*, een artikel waarin men met betrekking tot Beatrijs van Nazareth echter lezen kan:

> Aucun de ces auteurs ne nomme la religieuse cistercienne dont Guillaume de Malines, qu'ils distinguent presque tous du moine d'Afflighem, traduisit plus tard la Vie en latin.[7]

F. Van Veerdeghem was bondig: "In zijn werk *De Viris illustribus* zegt hij van onzen Willem "Wilhelmus, Monachus Affligemiensis"[8] en J. Van Mierlo indien mogelijk nog bondiger: "Wilhelmus monachus Affligeniensis. Deze Willem heette ook Willem de Mechlinia...".[9]

5. HAURÉAU B., *Mémoire sur le Liber...*, p. 354.
6. PELSTER F., *Der Heinrich von Gent...*, p. 260.
7. LE CLERC V., *Guillaume de Malines...*, p. 60.
8. VAN VEERDEGHEM F., *Leven van Sinte Lutgart...*, p. xv.
9. VAN MIERLO J., *Willem van Afflighem...*, p. 809. Hoe lichtvaardig aan Willem van Affligem allerlei werken toegeschreven werden kan nog uit het volgende voorbeeld blijken. GREGOIRE R., *Guillaume d'Afflighem* in *Dictionnaire de spiritualité* deel 6, Parijs

Zou het bewijs geleverd worden dat "Wilhelmus monachus Haffligeniensis" identiek is met Willem Berthout, monnik van Affligem, en zou aangetoond worden dat de C.V.I. voldoende gezag verdient om een erin geopperde attributie ernstig te nemen, dan is de volgende precisering aangewezen: op grond van caput 57 van de C.V.I. aanvaarden we dat Willem van Affligem literair bedrijvig is geweest en 'n Middelnederlands Leven van Lutgart heeft geschreven. Dit Leven van Lutgart is echter niet het Kopenhaagse Leven van Lutgart. Het eventuele Leven van Lugart door Willem van Affligem is ons niet bewaard gebleven.
Aangezien de identificering "Willelmus = Willem Berthout van Mechelen" steunt op het feit dat de C.V.I. aan Hendrik van Brussel, monnik van Affligem, toegeschreven wordt - die kon het immers weten! - schetsen we in de eerste afdeling van dit hoofdstuk eerst de stand van het onderzoek, met reeds kritiek op de opvattingen van Pelster en Häring. Vervolgens brengen we verslag uit over eigen onderzoek: weerlegging van de attributie, analyse van de inhoud, poging tot localisering en datering van de C.V.I.

2.1. B. Hauréau en F. Pelster S.J. over de Catalogus virorum illustrium

De C.V.I.[10] is een anoniem overgeleverd werk uit de dertiende of de veertiende eeuw.[11] In de proloog verklaart de auteur het door Hië-

1967, kol. 1179-1181; kol. 1181: "Le Ms Bruxelles B.R. 246 (II 1414) f. 2-226v, attribue à Guillaume un commentaire du Cantique des Cantiques. En réalité , il s'agit d'une composition du 16e siècle; cf. H. Riedlinger, *Die Makellosigkeit der Kirche*, Münster 1958, p. 240". Een en ander is echter uiterst eenvoudig: in het Brusselse handschrift staat op f. 1r bovenaan gewoon dit: "Ad usum f. Wilhelmi aldenardi monachi affligeniensis monasterii sancti petri iuxta alustum". Het artikel van R. Grégoire ontlokte A. B[ROUNTS] terecht de opmerking "Een geluk voor de Dictionnaire de Spiritualité dat niet alle artikelen van die kwaliteit zijn", (zie *Kroniek van de handschriftenkunde in de Nederlanden (1967-1968)* in *Archief- en bibliotheekwezen in België* 40, 1969, p. 593-660; p. 633 nr 111.

10. Slechts in een van de vier handschriften die aan de tekstuitgave door Häring ten grondslag liggen, komt deze titel voor; zie HÄRING N., *Der Literaturkatalog...*, p. 75. AXTERS St., *Nederlandse mystieken in het buitenland. Van Rupert van Deutz tot Ruusbroec* in *V.M.K.V.A.* 1965, p. 163-325, noemt p. 222 noot 1 de C.V.I. *Liber de scriptoribus ecclesiasticis*. Dit heeft verwarring met het gelijknamige werk van Joh. Trithemius tot gevolg.

11. AXTERS St., *Nederlandse mystieken...*, p. 222 "Voor pseudo-Henricus Gandavensis, een catalograaf uit de veertiende eeuw".

ronymus begonnen en door Sigebertus Gemblacencis voortgezette werk "ad hoc nostrum tempus" te willen aanvullen.[12] Wegens deze gesuggereerde samenhang met beroemde voorgangers nam Petri Suffridus de C.V.I. op in zijn anno 1580 in Keulen gedrukte *De illustribus ecclesiae scriptoribus*. Hierin komt hij voor na de catalogi van Hieronymus, Gennadius, Isidorus, Honorius en Sigebertus, doch vóór het anonieme *Auctuarium* dat in de 12e eeuw ontstaan is.[13]

Op gronden die hier niet hoeven opgesomd te worden omdat de attributie intussen door Hauréau weerlegd is,[14] schreef Petri Suffridus de C.V.I. toe aan Henricus Gandavensis, wat door Miraeus, Fabricius, F. Van Veerdeghem[15] en anderen tot in 1968 herhaald werd.[16]

Hauréau meende dat de C.V.I. tussen 1274 en 1281 ontstaan is. Deze *terminus ante quem* steunt op caput 43 waarin over Albertus Magnus meegedeeld wordt "multa et scripsisse fertur et scribere". Albertus wordt dus als nog levend voorgesteld; hij stierf op 5 november 1280. Is de *terminus ante quem* juist dan moeten, aldus Hauréau, uit de zestig hoofdstukjes tellende C.V.I. drie capita als interpolaties geweerd worden. Zij hebben betrekking op drie benedictijnen van Affligem, namelijk caput 56 over Symon monachus Haffligeniensis die in 1300 nog leefde, caput 57 over Frater Willelmus monachus Haffligeniensis die in 1297 stierf, en caput 58 over Frater Henricus Bruxelle die nog in 1313 vermeld wordt. Ten aanzien van de auteur schreef Hauréau:

> Si donc il s'appelait Henri et s'il était de Gand, ce que nous ne refusons pas d'admettre, ce devait être quelque moine cloîtré, noir ou blanc, ou quelque chanoine soumis à la règle sévère de saint Augustin.[17]

12. Rond de onzichtbare *catena aurea biobibliographica* die eeuwen en grenzen verbindt - Hieronymus' *Liber de viris illustribus*, Gennadius, Isidorus van Sevilla, Ildefonsus van Toledo, Honorius Augustodunensis, Sigebert van Gembloers en Joh. Trithemius - wordt vrij veel onderzoek gepleegd. ROUSE R.H. & ROUSE M.A., *Bibliography before print: the medieval "De viris illustribus"* in GANZ P. (Ed.), *The role of the book in medieval culture. Proceedings of the Oxford international symposium 26.9.-1.10.1992.* Turnhout 1993 (*Bibliologia*, 3-4); deel 1, p. 133-153.

13. Dit *Auctuarium* heet bij HÄRING N., *Der Literaturkatalog...*, *Appendix*.

14. HAURÉAU B., *Mémoire sur le Liber...*

15. VAN VEERDEGHEM F., *Leven van Sinte Lutgart...*, p. xv.

16. In de *British Museum General Catalogue of Printed Books*, deel 87, Londen 1961, p. 690 wordt Henricus Gand(av)ensis nog steeds als de auteur van de C.V.I. vermeld. RIBAILLIER J., *Henri de Gand* in *Dictionnaire de spiritualité* deel 6, Parijs 1968, kol. 197-210, rekent kol. 200 het L.S.E. nog altijd tot de "oeuvres douteuses ou pseudépigraphes".

17. HAURÉAU B., *Mémoire sur le Liber...*, p. 357.

Vijfendertig jaar later noemde F. Pelster dit een "etwas unbestimmte Annahme" waarin hij "gleichwohl einen wertvollen Kern" zag.[18] Zijn vaststelling dat de bewaarde handschriften van de C.V.I. alle uit het Vlaamse deel van het huidige België en van Noord-Frankrijk[19] stammen, deed hem vermoeden dat de C.V.I. daar ontstaan is. Onder de opgesomde auteurs herkende hij er vele die met België of Frans-Vlaanderen in verbinding stonden. Dit bracht hem tot de vraag "Können wir nun innerhalb des genannten Kulturkreises ein bestimmtes Kloster als Heimat der Schrift nachweisen?", waarbij hij onmiddellijk vervolgde "Bevor ich dieser Frage näher trete, muß ich eine Behauptung Hauréaus zurückweisen, deren Richtigkeit ein wichtiges Glied aus der Beweiskette herausbrechen würde".[20]
Pelster aanvaardde namelijk de interpolatietheorie van Hauréau niet: de capita 56 tot 58 zijn geen "spätere Einschiebsel". Om ze in de door hem 1271-1273 gedateerde C.V.I. te handhaven voerde hij de volgende "argumenten" aan.

a. ad caput 56: Simon van Affligem.

Eerste overweging. Is het wel juist dat Simon nog in 1300 leefde? Dit steunt op Sixtus Senensis' *Bibliotheca sancta*, Keulen 1586, die echter "offenbar" (Pelster) aan Trithemius ontleend heeft. In caput 51 van zijn L.S.E. (1494) vermeldt Trithemius Simon zonder bepaald jaartal ná Duns Scotus († 1308) en vóór Petrus de Bella Parthica (onder het jaar 1300). In Trithemius' *Catalogus virorum illustrium Germaniae* echter staat Simon tussen Jordanus de Sakser en Johannes Teutonicus, die beiden tot de eerste helft van de 13e eeuw behoren. Pelster zag hierin een bewijs dat Trithemius een en ander niet precies wist. "So darf man auf Trithemius kein zu großes Gewicht legen"[21] en dus ook niet te veel belang hechten aan het door Sixtus Senensis vermelde jaartal.
Pelster is hier gewoon onrechtvaardig jegens Trithemius en onwetenschappelijk. Hij verwijst naar J.A. Fabricius, *Bibliotheca ecclesiastica*, Hamburg 1718, waarin het L.S.E. van Johannes Trithemius opgenomen is, doch heeft niet onderzocht of de gewraakte volgorde reeds voorkwam in de eerste uitgave van het werk *De luminaribus sive de*

18. PELSTER F., *Der Heinrich von Gent...*, p. 259.
19. Zie echter Bijlage 2: *Oorsprong en herkomst van de handschriften met de Catalogus virorum illustrium.*
20. PELSTER F., *Der Heinrich von Gent...*, p. 259.
21. PELSTER F., *Der Heinrich von Gent...*, p. 260.

viris illustribus Germaniae, Mainz 1495.[22] Bovendien getuigt hij van een foutieve kijk op de werkwijze van Trithemius en de aard van diens werken. Het L.S.E. is hét werk van Trithemius - Mainz 1494, herhaaldelijk herdrukt.[23] Zijn drie overige biobibliografische werken brengen capita selecta overeenkomstig het in de titel aangegeven, hieronder niet-gecursiveerde gebied:
De luminaribus sive de viris illustribus Germaniae
De origine, progressu et laudibus Ordinis Carmilitarum
De viris illustribus Ordinis S. Benedicti *Libri IV.*
Hieruit volgt dat de inhoud van elk en de volgorde van de erin voorkomende capita niet noodzakelijk dezelfde is. Bovendien gaat Pelster ervan uit dat Trithemius werkelijk een chronologische volgorde nastreefde of biografische informatie wilde brengen. C. Steffen pleit er echter voor "das bibliographische Interesse [als] vorrangig vor dem biographischen" te beschouwen[24] en meent "... daß Trithemius zwar auch über die Schriftsteller, in besonderem Maße aber über ihre Werke berichten wollte".[25]
Bovendien achtte Pelster het mogelijk dat Simon vóór 1270 geschreven had en dus in de 1271-1273 ontstane C.V.I. opgenomen werd, doch nog tot 1290 (waarom 1290?) leefde, zodat caput 56 nog geen interpolatie is, ook en zelfs wanneer Trithemius en Sixtus Senensis juiste informatie blijken te brengen.[26]

b. Ad caput 57: Willem van Affligem.

Dit is, hoewel Willem in 1297 overleden is, zeker geen interpolatie. Over Willem zegt de C.V.I. immers "Dictavit etiam latine quandam materiam satis eleganter scriptam de quadam moniali Cisterciensis ordinis". Dit slaat, meende Pelster, op de door Willem tussen 1268 en 1276 vertaalde *Vita Beatricis.* Om deze datums aanvaardbaar te maken volgden overwegingen van het type "Möglich wäre es ja auch, daß er

22. Over handschriften en drukken van dit werk ARNOLD K., *Johannes Trithemius (1462-1516).* Würzburg 1971 (*Quellen und Forschungen zur Geschichte des Bistums und Hochstifts Würzburg*, 23); p. 241.
23. ARNOLD K., *Johannes Trithemius...*, p. 117-123, 245.
24. STEFFEN C., *Untersuchungen zum 'Liber de scriptoribus ecclesiasticis' des Johannes Trithemius. Ein Beitrag zu den Anfängen der theologischen Bibliographie* in *Archiv für Geschichte des Buchwesens* 10, 1969, kol. 1247-1354; kol. 1269. (Luidens ARNOLD K., *Johannes Trithemius...*, p. 3 noot 28 verscheen de studie van Steffen eveneens in *Börsenblatt für den deutschen Buchhandel - Frankfurter Ausgabe* nr 78, 1969, p. 2399vv).
25. STEFFEN C., *Untersuchungen...*, kol. 1302.
26. PELSTER F., *Der Heinrich von Gent...*, p. 260.

zuerst einige Zeit Prior in Afflighem, dann in Wavre und zuletzt Abt in St. Trond wurde".[27] Hierbij hoeven we niet lang stil te staan: L. Reypens heeft bewezen dat Willem van Affligem niet de vertaler van de *Vita Beatricis* is.[28]

c. Ad caput 58: Hendrik van Brussel.

Deze wordt onder het jaar 1313 vermeld bij Filip Foresta van Bergamo in diens *Supplementum supplementi chronicarum*, Venetië 1513. Om Trithemius als onbevoegd voor te stellen, liet Pelster hem uit het *Supplementum supplementi* afschrijven.[29] Het L.S.E. van Trithemius verscheen evenwel in 1494! Elders[30] liet Pelster het *Supplementum supplementi* zelfs in 1530 verschijnen. Trithemius stierf in 1516!
Het is niet duidelijk waarom Trithemius, die blijkens onmiskenbare ontleningen de C.V.I. benut heeft, voor de tekst over Hendrik van Brussel plots de C.V.I. onbenut zou hebben gelaten om zijn toevlucht te nemen tot Filip Foresta en uiteindelijk niets anders te brengen dan de volgens zijn compositieschema geadapteerde tekst van de C.V.I.
Vervolgens zijn er de door Pelster meegedeelde jaartallen. Wijzen op de onmogelijke chronologie volstaat intussen niet: Trithemius heeft het werk van Filip Foresta benut, doch niet op de wijze die Pelster geschetst heeft.[31]
Vervolgens weerlegde Pelster een in 1877 verschenen artikel van Hauréau[32] waarin deze gepoogd had Hendrik van Brussel met een Parijse *magister artium* te identificeren. Toen Hauréau in 1883 zijn interpolatietheorie publiceerde heeft hij de gegevens van 1877 niet overgenomen. Het betoog van Pelster[33] is dus niet *ad rem*.
Na de onder a, b en c geschetste inspanningen meende Pelster de belangrijke schakel in zijn bewijsvoering gered te hebben. Hoe dan de aanwezigheid van de capita 56-58 in de C.V.I. verklaren? Niet op grond van "ihre überragende Bedeutung" die door Pelster volgens vreemde criteria gewogen en te licht bevonden wordt:

27. PELSTER F., *Der Heinrich von Gent...*, p. 261.
28. REYPENS L., *Vita Beatricis. De autobiografie...*, p. 26*-31*.
29. PELSTER F., *Der Heinrich von Gent...*, p. 261 noot 3.
30. PELSTER F., *Der Heinrich von Gent...*, p. 262 noot 6.
31. Zie Bijlage 1: *Johannes Trithemius, Filip Foresta evan Bergamo en hun onderlinge afhankelijkheid.*
32. HAUREAU B., *Henri de Bruxelles, religieux d'Afflighem*, in *Histoire littéraire de la France. Deel 27*, Parijs 1877, p. 105-108.
33. PELSTER F., *Der Heinrich von Gent...*, p. 261-262.

> Simon ist im wesentlichen Abbreviator und Excerptor. Heute ist keines seiner Werke bekannt. Wilhelm hat nur das Leben der Lutgardis ins Deutsche bzw. Vlämische und ein Leben der Beatrix ins Lateinische übersetzt. Das Werkchen Heinrichs über die Zeitrechnung hat allerdings seinem Verfasser besondere Freude bereitet, ist aber sicher keine literarische Großtat gewesen und heute längst verschollen...[34]

Ook niet wegens de "zeitliche Nähe", doch wel in het licht van "die nächstliegende Annahme: der Verfasser stand Afflighem besonders nahe, war wohl selbst Mönch dieses Klosters".[35]
Voor deze werkhypothese ging Pelster dan in de C.V.I. argumenten zanten, argumenten van het type "Also wieder Bekanntschaft mit einem ganz unbedeutenden Schriftchen", "Persönliche Bekanntschaft erklärt solche Schreibweise am leichtesten", "auch in den andren Teilen der Schrift lassen sich sehr viele Beziehungen zu Afflighem nachweisen".[36]
Enkele voorbeelden van zulke relaties met Affligem? Waarom worden in de capita 5-7 "drei Angehörige der englischen Kirche" vermeld, overleden in resp. 1109, 1117 en 1124? Omdat Franco, tussen 1122 en 1135 abt van Affligem, door de koning van Engeland ontvangen werd! Meer nog "ein Bild dieses Königs war zu Afflighem in einem Torgebäude angebracht".[37] Waarom handelt de C.V.I. in caput 51 over de *Vita Lutgardis* van Thomas van Cantimpré, doch worden diens *Bonum universale de apibus* noch diens *De natura rerum* vermeld? Omdat Thomas in de *Vita Lutgardis* abt Jan van Affligem ten tonele voert en over Lutgart schrijft "Praecipue enim illius monasterii Fratres propter religionis observantiam diligebat".[38] Na deze en soortgelijke relaties opgesomd te hebben schreef Pelster "... so dürfte der Schluß nicht zu gewagt sein: Ein Mönch von Afflighem ist Verfasser des Catalogus".[39] En als men reeds zo ver is, waarom dan niet de vraag

> Können wir noch einen Schritt weiter gehen und eine bestimmte Person als den Urheber des Catalogus bezeichnen? Meines Erach-

34. PELSTER F., *Der Heinrich von Gent...*, p. 263.
35. PELSTER F., *Der Heinrich von Gent...*, p. 263.
36. PELSTER F., *Der Heinrich von Gent...*, p. 263.
37. PELSTER F., *Der Heinrich von Gent...*, p. 264. Betrekkingen tussen Engeland en Brabant, of enger tussen Engeland en Affligem zijn er geweest, vooral in de 12e eeuw. Zie bijv. GORISSEN P., *Affligem en Engeland. Betrekkingen tijdens de twaalfde eeuw* in *Affligemensia* 6, 1949, p. 129-135.
38. PELSTER F., *Der Heinrich von Gent...*, p. 265.
39. PELSTER F., *Der Heinrich von Gent...*, p. 266.

> tens lassen sich gute Gründe dafür vorbringen, daß Heinrich von Brüssel der gesuchte Verfasser ist.[40]

Hieronymus, Gennadius, Honorius, Sigebertus (en anderen) noemen zichzelf en hun werken bij het slot van de door hen geschreven *continuatio*.

> Es war dies also fast stehende Gewohnheit. Sollte es in unserm Falle anders sein? Der letzte, der in Betracht kommen könnte, ist Heinrich von Brüssel.[41]

Om van Hendrik (caput 58) de laatste te maken, verklaarde Pelster de capita 59-60 tot "Nachträge aus früher Zeit".[42] Afgezien van heel weinig uitzonderingen heeft de samensteller van de C.V.I., steeds volgens Pelster, de auteurs in chronologische volgorde opgesomd. Alleen voor de capita 59 en 60 geeft hij de chronologische lijn[43] op, dus... De capita 56-58 zijn geen "spätere Einschiebsel" zoals Hauréau het wilde, doch "Nachträge aus früher Zeit" zoals Pelster het wenste om tot dit resultaat van zijn onderzoek te komen

> Ein Mönch von Afflighem, wahrscheinlich Heinrich von Brüssel, ist der Verfasser des *Catalogus de viris illustribus*.[44]

Tot besluit moet nog vermeld worden dat Pelster gepoogd heeft de C.V.I. als "Literaturkatalog von Affligem" (Häring) voor te stellen:

> Wenn Affligem der Entstehungsort ist, dann müßte die Bibliothek des Klosters manche der aufgezählten Werke enthalten; denn der Verfasser hat offenbar eine große Anzahl derselben gekannt und benutzt...[45]

Aangezien de bibliotheek van Affligem verloren is gegaan, deed hij een beroep op Odo Cambier die in een brief aan Sanderus het toenmalige handschriftenbezit van Affligem meegedeeld heeft. In deze lijst vond Pelster werken die ook in de C.V.I. opgenomen zijn: Hugo de

40. PELSTER F., *Der Heinrich von Gent...*, p. 267.
41. PELSTER F., *Der Heinrich von Gent...*, p. 267.
42. PELSTER F., *Der Heinrich von Gent...*, p. 267.
43. Een grafische voorstelling van deze lijn bij HENDRIX G., *"Der Literaturkatalog von Affligem". Some notes on a Catalogus virorum illustrium* in *Miscellanea Martin Wittek. Album de codicologie et de paléographie offert à Martin Wittek.* Edités par RAMAN A. et MANNING E., Leuven 1993, p. 181-188; p. 186.
44. PELSTER F., *Der Heinrich von Gent...*, p. 268.
45. PELSTER F., *Der Heinrich von Gent...*, p. 266.

Sancto Victore, *Tractatus super canticum Virginis, De perpetua Virginitate B. Mariae Virginis, Expositio super hierarchia Dionysii, Super Psalterium*; Odo van Cambrai, *Expositio in canonem missae ad Odonem Affligeniensem monachum*; Bonaventura, *In primum Librum Sententiarum*. Pelsters commentaar:

> Da sie nicht gerade zum gewöhnlichsten Bestand einer Klosterbibliothek gehoren, dürfte ihr Vorhandensein eine neue Bestätigung für unsere Annahme bilden...[46]

Eens zo ver achtte Pelster het mogelijk aan de hand van de C.V.I. het handschriftenbezit van Affligem in de 12e en 13e eeuw te reconstrueren. Dit valt evenwel buiten het kader van het onderhavige onderzoek. Bovendien weten we echt niet hoe het criterium "gewöhnlichster Bestand" moet gehanteerd worden.

2.2. *N. Häring over de Catalogus virorum illustrium*

Haast een halve eeuw na Pelster gaf N. Häring[47] vanuit het Pontifical Institute of Mediaeval Studies in Toronto twee studies in het licht die elkaar op bepaalde plaatsen tegenspreken. De eerste publicatie[48] is vrij verward omdat voortdurend twee catalogi met elkaar vergeleken en tegen elkaar afgewogen worden, die met elkaar niets anders gemeen hebben dan het feit dat ze voorkomen in de handschriften die ten grondslag liggen aan de uitgave van Petri Suffridus alsook het feit dat negen van de dertien in de eerste catalogus vermelde auteurs ook te vinden zijn onder de zestig schrijvers die in de tweede catalogus opgesomd zijn. Tussen beide catalogi schijnt er geen "direct literary interdependence" te bestaan.[49] De compilator van de tweede "does not seem to have known the *Appendix*".[50] Dit *Appendix* zou uit het

46. PELSTER F., *Der Heinrich von Gent...*, p. 266.
47. PRINCIPE W.H., *Nikolaus M. Häring, S.A.C. (1909-1982)* in *Medieval studies* 44, 1982, p. vii-xvi.
48. HÄRING N., *Two catalogues of mediaeval authors* in *Franciscan studies* 26, 1966, p. 195-211.
49. HÄRING N., *Two catalogues...*, p. 207.
50. HÄRING N., *Two catalogues...*, p. 196. De copiïst van handschrift Parijs, Bibliothèque Nationale, Lat. nouv. acq. 314 heeft echter wel verband tussen beide tot stand gebracht. HÄRING N., *Two catalogues...*, p. 197 vermeldt weliswaar dat op f. 80v op *Explicit cathalogus illustrium virorum* een aantekening volgt *Que sequuntur pro maiori parte dicta sunt in cathalogo illustrium virorum statim supra scripto sed aliis verbis*, doch uit zijn op drie handschriften, o.a. het Parijse, steunende tekstuitgave *Two catalogues...*

laatste kwart van de 12e eeuw dateren. De C.V.I. daarentegen "dates back to the last quarter of the thirteenth century".[51] Deze datering wijkt af van de door Pelster voorgestelde *terminus ante quem* en van wat Häring elders in hetzelfde artikel schrijft: "These sixty entries reflect first of all a monastic library at the end of the thirteenth century" en "... his appraisal of St. Albert (d. 1280) who was still active as a writer when the catalogue was compiled".[52]
Häring heeft niet alleen een gedeeltelijke en vrije vertaling van de C.V.I. bezorgd, doch bij de auteurs ook jaartallen vermeld. Dit bracht hem tot de gevolgtrekking

> A study of those dates shows that the compiler was not particularly interested in the proper historical sequence of the authors listed,[53]

wat niet overeenstemt met Pelsters mening "Während der Verfasser mit ganz wenigen Ausnahmen die chronologische Reihenfolge einhält...".[54] Dit is belangrijk omdat het Pelsters theorie over "Nachträge aus früher Zeit" zou kunnen doen wankelen. Toch blijkt uit formuleringen als "... the catalogue compiled at Affligem..., the choice... made by the monk of Affligem..."[55] dat Häring met Pelsters betoog instemt. Ook een zin als "These sixty entries reflect first of all a monastic library"[56] is in overeenstemming met Pelsters opvatting.[57]
Zijn tweede artikel publiceert hij trouwens onder de titel *Der Literaturkatalog von Affligem*. Bij de vraag of Hendrik van Brussel de auteur ervan is, staan de woorden "sehr wahrscheinlich".[58] Bovendien houdt

p. 208-211 heeft hij het onderstaande weggelaten dat op de tekst van de capitula in het *Auctuarium* volgt: f. 80v: Ancelmus laudunensis... Istud dictum est supra capittulo xxx. Gillebertus cognomento universalis... De hoc non est predictum. Petrus dyalecticus... de hoc dictum est supra capittulo xvi. – f. 81r: Bernardus abbas... de hoc dictum est supra capittulo ix. Robertus... de hoc non est predictum. Wilhelmus... de hoc forte dictum est supra capittulo x. Hugo canonicus... de hoc dictum est supra capittulo xxv. – f. 81v: Gyllebertus cognomento porrata... de hoc dictum est supra capittulo xvij. Clarebaldus atrebatensis... de hoc clarebaldo nichil supra est scriptum. – f. 82r: Petrus longobardus... de hoc forte predictum est capittulo xxxi.

51. HÄRING N., *Two catalogues...*, p. 196.
52. HÄRING N., *Two catalogues...*, p. 206.
53. HÄRING N., *Two catalogues...*, p. 197.
54. PELSTER F., *Der Heinrich von Gent...*, p. 268.
55. HÄRING N., *Two catalogues...*, p. 196.
56. HÄRING N., *Two catalogues...*, p. 206.
57. PELSTER F., *Der Heinrich von Gent...*, p. 266.
58. HÄRING N., *Der Literaturkatalog...*, p. 64.

hij rekening met de door Hauréau geopperde mogelijkheid "quelque chanoine soumis à la règle sévère de saint Augustin". Hij aanvaardt de theoretische mogelijkheid dat

> der Katalog von Affligem die örtliche Erweiterung eines Katalogs ist, der von einem Augustinerchorherrn zusammengestellt war. Allerdings bietet die handschriftliche Überlieferung keinen Anhaltspunkt für eine derartige Annahme. Es ist auch kaum vorstellbar, daß sich nur Exemplare des von einem Benediktiner erweiterten Katalogs in ihren Bibliotheken vorfinden würden.[59]

Die augustijnerkoorheren worden vermeld omdat Häring het een opvallend feit noemde "daß die Mehrzahl der bekanntgewordenen Handschriften aus Bibliotheken der Augustinerchorherren kamen".[60] Dit leidde hem tot het besluit "Es bestand also offenbar ein lokales Interesse an dem Katalog".[61] Hiermee zat hij in het vaarwater van Pelster: "Alle Handschriften ... weisen auf den vlämischen Teil des heutigen Belgiens und Nordfrankreichs hin".[62]

Pelster heeft de handschriften waarin de C.V.I. voorkomt, niet gezien.[63] Häring verbleef in Canada en heeft vermoedelijk op microfilms gewerkt. Beiden verwijzen naar Van den Gheyn en ontlenen aan deze wat zij over de handschriften meedelen.[64] In Bijlage 2 tonen we aan dat beiden het fundamentele onderscheid tussen de oorsprong en de herkomst van de bewaarde handschriften niet gemaakt hebben en dat hun theorie derhalve op een elementaire fout berust.

Codicologisch is er niets dat tot een ontstaan in Affligem, in Vlaanderen of in België kan doen besluiten. Het feit dat in België afschriften bewaard zijn, is geen bewijs dat het originele handschrift hier ontstaan is en bewijst zelfs niet dat die afschriften hier tot stand zijn gekomen. Wie in enige mate vertrouwd is met de zwerftochten die middeleeuwse handschriften beleefd en zelfs overleefd hebben, zal nooit de mogelijkheid uitsluiten dat een handschrift bewaard werd in een (klooster)bibliotheek die honderden kilometer verwijderd is van het scriptorium waarin het tot stand kwam.[65]

59. HÄRING N., *Der Literaturkatalog...*, p. 68.

60. HÄRING N., *Der Literaturkatalog...*, p. 68.

61. HÄRING N., *Der Literaturkatalog...*, p. 67.

62. PELSTER F., *Der Heinrich von Gent...*, p. 259.

63. PELSTER F., *Der Heinrich von Gent...*, p. 259: "Die Durchforschung der Handschriften ist zur Zeit unmöglich".

64. PELSTER F., *Der Heinrich von Gent...*, p. 265; HÄRING N., *Der Literaturkatalog...*, p. 66-67.

65. Een vlotte "reportage" over dergelijke peripetieën door AXTERS St., *Nederlandse*

Codicologisch is er niets dat de theorie van Hauréau over "spätere Einschiebsel" of die van Pelster over "Nachträge aus früher Zeit" kan staven, ook al schrijft Häring "die Handschriften bestätigen die Richtigkeit seines Verdachtes".[66]
Overigens had Häring door bepaalde accentverschuivingen de weg opengehouden om Pelster te kunnen volgen: "... not particularly interested in the proper historical sequence"[67] tegenover "Die chronologische Anordnung des Katalogs scheint auch durch Nachträge durchbrochen zu sein",[68] wat hem niet belette erop te wijzen dat de "fast stehende Gewohnheit", dat middeleeuwse *Literaturkunde*-beoefenaars[69] zichzelf en hun werken in het laatste caput vermelden,[70] niet door Ildefonsus van Toledo en Isidorus van Sevilla gevolgd werd.[71]
Tegenover de vroegere opvatting "These sixty entries reflect first of all a monastic library"[72] staat in 1970 de mening

> Der Verfasser bietet auch nicht, wie man vielleicht vermuten möchte, einfach einen Bericht, der den Bestand der neueren Literatur in der Klosterbibliothek aufzählt. Bis zu einem gewissen Grade aber muß die Klosterbibliothek die Grundlage des Katalogs gewesen sein.[73]

Tegen deze visie pleiten de volgende vijf punten. De inhoud van de capita waaruit grote belangstelling voor biografische gegevens over de behandelde auteurs blijkt. Deze gegevens kunnen toch niet steeds aan de eigenlijke werken ontleend zijn. Ten tweede wordt uiterst zelden een incipit meegedeeld wat in de eeuwen vóór de boeken ons de rug toekeerden vaak het enige middel was om een werk te identificeren.

mystieken..., en het oudere artikel van DE VREESE W., *De verstrooiing onzer handschriften en oude boeken over den aardbodem* in *Bibliotheekleven* 16, 1931, p. 199-222, tevens in VERMEEREN P.J.H., *Willem de Vreese. Over handschriften en handschriftenkunde.* Tien codicologische studieën bijeengebracht, ingeleid en toegelicht door -. Zwolle 1962 (*Zwolse reeks van taal- en letterkundige studies*, z.nr), p. 116-135.

66. HÄRING N., *Der Literaturkatalog...*, p. 71 noot 7.
67. HÄRING N., *Two catalogues...*, p. 197.
68. HÄRING N., *Der Literaturkatalog...*, p. 71.
69. die geen catalografen (AXTERS St., *Nederlandse mystieken...*, p. 222) noch literatuurhistorici zijn; over de term LEHMANN P., *Literaturgeschichte...*
70. PELSTER F., *Der Heinrich von Gent...*, p. 267.
71. HÄRING N., *Der Literaturkatalog...*, p. 71 noot 5.
72. HÄRING N., *Two catalogues...*, p. 71 noot 5.
73. HÄRING N., *Der Literaturkatalog...*, p. 69. PELSTER F., *Der Heinrich von Gent...*, p. 266: "Wenn Afflighem der Entstehungsort ist, dann müßte die Bibliothek des Klosters manche der aufgezählten Werke enthalten; denn der Verfasser hat offenbar eine große Anzahl derselben gekannt und benutzt".

Formele titels zijn in de absolute minderheid.[74] De vorm van de capita zelf heeft niets gemeen met de catalogi die uit de middeleeuwen bekend zijn.[75] Vervolgens is er de vaststelling dat meer dan de helft van de opgesomde auteurs vóór 1200 overleden zijn. Het aantal titels dat uit de biobibliografische notities kan afgeleid worden, is juist voor deze oudere auteurs het grootst. Dit impliceert dat het boekenbezit van Affligem absoluut verouderd zou geweest zijn toen de compilator aan het werk was.[76] Ten vierde kan opgemerkt worden dat de formulering "ad meam noticiam potuit pervenire" in het "woord vooraf" bij de C.V.I. vreemd klinkt uit de pen van iemand die een hele kloosterbibliotheek ter beschikking had. En ten slotte is er de formulering "sed auditu tantum hic loquor" in caput 46.

2.3. J. Van Mierlo en de Catalogus virorum illustrium

In zijn vóór 1935 verschenen publicaties heeft J. Van Mierlo aan Willem van Affligems auteurschap van het Leven van Lutgart getwijfeld. In zijn Lutgartstudie van 1935 schreef hij echter:

> Was Willem van Affligem er wel de dichter van? Ik had er reeds vroeger, in mijn *Geschiedenis der Middelnederlandsche Letterkunde*, sterk aan getwijfeld. Tegen het getuigenis van een Henricus Gandavensis stapelen zich de moeilijkheden op uit de interne critiek. Tot plots een licht straalde in de duisternis, een licht dat tot klaren dag opgroeide, dat weldra, toen het bleek dat Henricus Gandavensis voor een monnik van Affligem, een medemonnik van onzen Willem moest plaats maken, alle nevelen verdreef. Willem van Affligem was zonder den minsten twijfel de dichter van Leven sinte Lutgart.[77]

74. LEHMANN P., *Mittelalterliche Büchertitel* in LEHMANN P., *Erforschung des Mittelalters* ... Stuttgart 1962; deel 5, p. 1-93.

75. Zie de publicaties van Löwe, Lehmann, Plancke en het recentere werk van DEROLEZ A., *Corpus Catalogorum Belgii. De Middeleeuwse bibliotheekscatalogi der Zuidelijke Nederlanden.* Brussel 1966- (2 delen verschenen; *Verhandelingen van de Kon. Vl. Academie voor Wetenschappen, Letteren en Schone Kunsten van België, Klasse der Letteren*, jg. XXVIII, nr 61).

76. Over handschriften uit het scriptorium en uit de bibliotheek van Affligem is weinig met zekerheid geweten. Zie COOSEMANS V., *Affligemsche kopiisten en miniaturisten in de XIIe eeuw* in *Affligemensia* afl. 1, juli 1945, p. 1-16 en VAN ROY A., *Affligem, roem van ons land.* Leuven 1953 (*Keurreeks van het Davidsfonds*, 52), p. 52-54. Alvast wat handschrift G.K.S. 1905 van de Koninklijke Bibliotheek Kopenhagen betreft is aangetoond dat het nooit iets met Affligem te maken had; HENDRIX G., *Bezit Kopenhagen een Affligems handschrift uit de twaalfde eeuw?* in *Affligem* 4, 1965, p. 76-79.

77. VAN MIERLO J., *Willem van Affligem...*, p. 832-833.

Dit licht kon in de duisternis stralen omdat Van Mierlo de waarde van het getuigenis van "Henricus Gandavensis" nog even op zichzelf was gaan onderzoeken,

> Want daar herinnerde ik mij, dat reeds Hauréau vroeger het auteurschap van Henricus Gandavensis betreffende dezen catalogus De viris illustribus, in 't bijzonder de waarde van de vermelding van Willem van Afflighem in twijfel had getrokken.[78] En daar ontdekte ik, wat ik niet wist, ik zeg het tot mijn beschaming, al troost ik mij met de gedachte dat het tot nog toe te onzent algemeen onbekend schijnt te zijn, hoewel dit reeds in 1918 werd uitgemaakt, dat de auteur van dezen kataloog een ... monnik van Affligem is. Met alle zekerheid werd dit bewezen door F. Pelster S.J.[79]

Dit lijkt toch heel sterk op vroom bedrog.[80] De studie van Hauréau, verschenen in 1883, had Van Mierlo nooit eerder geciteerd en nu herinnert hij ze zich plots..., doch het artikel van Pelster *kende* hij en daaraan dankt hij nu het "licht"! Ten bewijze drie plaatsen uit zijn publicaties.

a. In zijn inleiding tot *Beatrijs van Nazareth...* verwees hij naar het artikel van Pelster. Men zal toch niet veronderstellen dat hij dit deed zonder de inhoud ervan te kennen?[81]

b. In een bespreking van *Beatrijs van Nazareth...* werd uitdrukkelijk op Hendrik van Brussel als de auteur van de C.V.I. gewezen.[82] Deze bespreking van een eigen werk in het tijdschrift van het door Van Mierlo mee-opgerichte Ruusbroec Genootschap kan toch niet aan zijn aandacht ontsnapt zijn.

78. Van Mierlo's bewering moet rechtgezet worden. Hauréau heeft nooit de inhoud van de capita 56-58 in twijfel getrokken, zeker niet "in 't bijzonder de waarde van de vermelding van Willem van Afflighem", doch alleen de mening geopperd dat de capita 56-58 geïnterpoleerd zijn.

79. VAN MIERLO J., *Willem van Afflighem...*, p. 818-819. Van Mierlo schreef p. 819 noot 1 "Ook C.C. De Bruin is dit onbekend gebleven". Het is niet duidelijk waarom de Bruin, had hij het artikel van Pelster gekend, het in zijn *Middelnederlandse vertalingen...* had moeten vermelden.

80. Waarvan bijvoorbeeld Dr L. Willems het slachtoffer is geweest: "Van Mierlo zegt dat hij zich schaamt dit opstel niet vroeger te hebben gekend. Ik zal me moeten schamen met mijn geleerden collega: Ik kende dit opstel ook niet". WILLEMS L., *Aanteekeningen...*, p. 571 noot 1.

81. VAN MIERLO J. & REYPENS L., *Beatrijs van Nazareth...*, p. 24*. Ook REYPENS L., *Vita Beatricis...*, p. 31* heeft hierop gewezen.

82. HUYBEN J. in *Kroniek* in *O.G.E.* 1, 1927, p. 431-433.

c. Van Mierlo zelf schreef in 1926: "Deze Catalogus wordt ten onrechte aan Henricus Gandavensis toegeschreven. Zie Pelster...",[83] waarop een volledige en juiste verwijzing naar het artikel van Pelster volgde. Van Mierlo héëft het artikel van Pelster gelezen en blijkbaar uitsluitend voor de capita 56-58 van de C.V.I. oog gehad. Heeft hij nooit het hieronder volgende cap. 20 gelezen?

> Magister Waltervs dictus De Castillione Insulis oriundus. Vnde est eius illud monosticum: Insula me genuit, rapuit Castellio nomen. Scripsit Gesta magni Alexandri eleganti metro. Qui liber in scolis gramaticorum tante dignitatis est hodie ut pre ipso ueterum poetarum lectio negligatur[84] – Magister Gauthier de Châtillon, afkomstig uit Rijsel, [...] schreef in een fraai metrum de *Gesta magni Alexandri*. Dit boek staat heden ten dage in de (klooster)scholen in zo hoog aanzien, dat de lectuur van (de) oude dichters erom verwaarloosd wordt.

Wat kan Hendrik van Brussel, monnik in de Vlaams-Brabantse abdij Affligem, bezield hebben om[85] omstreeks 1270-1280, of wat kan de samensteller van de C.V.I. na 1305-1310[86] bezield hebben om zo uitdrukkellijk te verklaren dat de *Alexandreis* in zo hoog aanzien stond en zo druk gelezen werd, terwijl toch sedert circa 1257 de *Alexanders Geesten* van Jacob van Maerlant in omloop waren?
Alleen al op grond van dit hoofdstukje uit de C.V.I. moet het uiterst twijfelachtig zijn dat de C.V.I. op Diets grondgebied samengesteld is. Het is wel aan de nationaliteit of de moedertaal van de vroegere onderzoekers te wijten, dat zij over deze plaats niet gestruikeld zijn.[87]
Van Maerlants werken zijn de auteur van de C.V.I. volkomen onbekend. Zo kan hij in cap. 32 geen verband leggen tussen de *Biblia Scholastica* van Petrus Comestor (of Manducator) en de *Rijmbijbel*. Dit is ook het geval bij het *Speculum historiale* van Vincentius van Beauvais (cap. 42) en de ontzaglijke *Spieghel historiael*. Of bij Bonaventura (cap. 47): diens *Vita S. Francisci* wordt weliswaar in de C.V.I. niet vermeld, doch op eigen krachten denkt zijn auteur niet aan *Sint Franciscus Leven* (ca. 1270).

83. VAN MIERLO J., *Beatrijs van Nazareth*, p. 54 noot 3.
84. HÄRING N., *Der Literaturkatalog...*, p. 82. Alle aanhalingen uit de C.V.I. op de volgende bladzijden steeds naar deze tekstuitgave.
85. Indien men de door B. Hauréau, F. Pelster en N. Häring voorgestelde datering aanvaardt.
86. Indien men de C.V.I. niet aan Hendrik van Brussel toeschrijft en de datering aanvaardt die hieronder zal voorgesteld worden.
87. B. Hauréau Fransman, F. Pelster Duitser, N. Häring werkzaam in Canada.

Misschien behoorden Dietse werken niet tot de lectuur van de compilator? Hoe staat het dan met Latijnse werken van vermeende tijd- en landgenoten? Van Thomas van Cantimpré vermeldt hij in cap. 51 alleen de *Vita Christinae* en de *Vita Lutgardis*. Onvermeld blijven diens *Vita Joannis abbatis primi monasterii Cantipratensis*, *Vita Margarete de Ypris*, het *Liber tertius* bij de *Vita Mariae Oigniacensis* van Jacob van Vitry, en de in indrukwekkend veel handschriften bewaarde *De natura rerum* en *Bonum universale de apibus*.[88] Van Wibert van Doornik O.F.M. († 1284) kent hij het onbelangrijke *Oodipericon* (dan nog voorafgegaan door de woorden "dicitur scripsisse..."), doch niet diens *Vita S. Eleutherii*, *Collectio de scandalis ecclesiae*, *De modo addiscendi*, *Eruditio regum et principum*, *De septem verbis Domini in cruce*, noch diens prekenverzamelingen: *Sermones dominicales et de sanctis*, *Sermones ad varios status*, *Sermones decem in laudi melliflui nominis Jesu*. Nochtans stuk voor stuk werken die de belangstelling van een internationaal publiek genoten.[89]
De auteur van de C.V.I. is nagenoeg volkomen onbekend met Dietse werken. De enige toespelingen op *Dietse* werken komen voor in cap. 57: "Convertit "in Theutonicum... Theutonice...".[90] Hij is niet op de hoogte van wat de door hem vermelde "Belgische" tijdgenoten schreven. Mede wegens de wél vermelde *Alexandreis* lijkt dit ons voldoende om het onderzoek naar auteur, oorsprong, datering en samenstelling van de C.V.I. over te doen, waarbij we pogen te vergeten wat over de cap. 56-58, meer bepaald over 57, werd geschreven.

2.4. Analyse van de Catalogus virorum illustrium[91]

Uitgangspunt bij deze analyse[92] is de lange tekst over Anselmus van

88. KAEPPELI Th. & PANELLA E., *Scriptores Ordinis Praedicatorum Medii Aevi*. Volumen IV: *T-Z. Praemissis addendis et corrigendis ad volumina I-III*. Rome 1993, s.v. - STUTVOET-JOANKNECHT C.M., *Der byen boeck. De Middelnederlandse vertalingen van Bonum universale de apibus van Thomas van Cantimpré en hun achtergrond*. Amsterdam 1990 (proefschrift Amsterdam).

89. AXTERS St., *Nederlandse mystieken...*, p. 234-240.

90. Door HÄRING N., *Two catalogues...*, p. 205 vertaald "into German..., in German".

91. Engelse versie van de volgende bladzijden onder de titel *Cistercian sympathies in the 14th-century Catalogus virorum illustrium* in C.C.C. 27, 1976, p. 267-278.

92. Bij talrijke hieronder opgesomde auteurs zien wij af van verwijzingen naar standaardwerken als bijv. DE GHELLINCK J., *Le mouvement théologique du XIIe siècle. Sa préparation lointaine avant et autour Pierre Lombard. Ses rapports avec les initiatives des canonistes. Etudes, recherches et documents*. Brussel 1948, 2e éd. considérablement aug-

Canterbury († 1109). Aan het slot van cap. 5 wordt meegedeeld *Dicitur et alius eius liber de similitudinibus de quo tamen mentionem non fecit scriptor vite eius.* Nu halen we deze tekst niet aan om erop te wijzen dat *De similitudinibus* niet het werk is van Anselmus, doch wel van Eadmer uit het klooster Christ Church in Canterbury. Deze Eadmer is tevens de schrijver van de *Vita Anselmi* (cap. 7).[93] De aangehaalde tekst illustreert echter de werkwijze van de compilator: hij leest de *Vita Anselmi*, vindt daarin uiteraard voldoende biografische en bibliografische gegevens om zijn notitie over Anselmus te schrijven, vindt daarin ook vermeld een Gislebertus prepositus Westmonasteriensis die *scripsit ad Anselmum archiepiscopum Cantuariensem disputationem*, wat hem voldoende stof oplevert voor het cap. 6, en wijdt aan de auteur van de *Vita Anselmi* ten slotte het cap. 7.

Lectuur van het werk van X over Y waarin Z vermeld is, levert hem drie biobliografische notities op. Het ene caput van de C.V.I. volgt uit het andere, er is samenhang tussen de capita. De samenhang "5-6-7" is geen alleenstaand geval.

Hij leest de biografie van Bernardus van Clairvaux (1090-1153) en wijdt aan hem het cap. 9 dat een lovende, doch uitsluitend biografische notitie is. Over de werken van Bernardus schrijft hij immers *puto cum in tantum vulgata sint ut ea nescire non possit qui aliud scire potest.* Aan de auteur van de *Vita sancti Bernardi* wordt het cap. 11 gewijd waarin men leest *Ernaldus... Vitam beati Bernardi in quatuor libris, preter illum quem abbas sancti Willelmi scripserat, explicavit.* Dit leverde de stof voor cap. 10 over Willem van Saint-Thierry die *Incepit etiam scribere Vitam beati Bernardi et, uno libro scripto, morte preventus ipsum opus consumare non potuit.*

En zo gaat het verder. Gislebertus (cap. 12, Gilbertus van Hoyland, abt van Swineshead in Lincolnshire): *Imitatus beatum Bernardum in quantum potuit*,[94] waarop zijn tijd- en Ordegenoot Aelred, abt van Revesby en Rievaulx, volgt die zijn *Speculum caritatis* aan Bernardus opdroeg. Samenhang tussen "9-10-11-12-13": een groep cisterciënzers,

mentée (*Museum lessianum – Section historique*, 10).

93. Zie bijv. SOUTHERN R.W., *Saint Anselm and his biographer. A study of monastic life and thought, 1059 - c. 1130.* Cambridge 1963.

94. MIKKERS E., *De vita et operibus Gilberti de Hoylandia* in C.C.C. 14, 1963, p. 33-43 en 265-279; p. 33 "Ex auctoribus cisterciensibus, quorum opera inter Bernardina iterum atque iterum in editionibus etiam antiquissimis publici facta sunt iuris, certo nemo frequentior occurrit quam Gilbertus de Hoylandia, praesertim quia ipse suis sermonibus Sancti Bernardi in Cantica explicationem pro parte saltem prosequi conatus est..."; p. 34 "in sequendo modum et stilum beati Bernardi".

de grondleggers van de cisterciënzertheologie in de 12e eeuw.[95] De lectuur van één werk over Bernardus kon de compilator de notities 9 tot 13 opleveren.
Over Petrus Abelardus handelt het cap. 16 dat eindigt met de opmerking *Sed a beato Bernardo Claravallensi abbate heretica aliqua in scriptis suis convictus est in concilio scenonensi.*[96] In een adem wordt Gilbertus Porreta, bisschop van Poitiers, genoemd. Ook over hem zegt cap. 17: *Sed a Bernardo hereseo notatus in concilio Remensi coram Eugenio papa convictus est.* Vóór Abelard en na Gilbertus worden hun leerlingen vermeld, resp. Mauricius van Sully (cap. 14) en Johannes Beleth (cap. 18).
Centraal staat Bernardus, rond hem zijn aanhang, na hem zijn tegenstanders.
Zou een compilator die zulke belangstelling aan de dag legt voor leven, werk en volgelingen van Bernardus van Clairvaux en met zijn C.V.I. gebruikers op het oog heeft over wie hij met betrekking tot de werken van Bernardus lapidair kan verklaren *ea nescire non possit qui aliud scire potest*, niet zelf cisterciënzer zijn?
De hoofdstukken 2 tot 7 veranderen hieraan niets. Zij handelen weliswaar over leden van de O.S.B. wier leven zich echter grotendeels vóór 1100 afspeelde, dit is: vóór Cîteaux. Zij zijn "pre-cisterciënzers".[97] Deze capita handelen over auteurs met wie een Franse cisterciënzer gemakkelijk kennis kon maken: Bernardus (cap. 2) *scripsit consuetudines Cluniacensis monasterii*, Rainaldus (cap. 3) *scripsit vitam domini Hugonis*[98] cluniacensis abbatis, Odo (cap. 4) was abt van Sint-Maarten in Doornik, bisschop van Kamerijk en stierf in 1113 in de benedictijnenabdij Anchin. Over de *Consuetudines* van Cluny[99] schrijft de compilator in cap. 2 *opus satis utile monachis nigri ordinis studiosis.* Zo schrijft een cisterciënzer inderdaad over zijn "halfbroers", de zwarte pijen dragende benedictijnen.
De capita 2-7, 9-14 en 16-18 zijn notities over auteurs met wie elke cisterciënzer kennis maakte. Zij behoorden tot zijn vaklectuur. Voor-

95. HÄRING N., *Saint Bernard and the Litterati of his day* in C.C.C. 25, 1974, p. 199-222.

96. JOLIVET J., *Sur quelques critiques de la théologie d'Abélard* in *Archives d'histoire doctrinale et littérature du Moyen Age* 38, 1963, p. 7-51.

97. SCHNEIDER B., *Cîteaux und die benediktinische Tradition* in *Analecta S.O. Cisterciensis* 16, 1960, p. 168-254; 17, 1961, p. 73-114.

98. Deze abt Hugo van Cluny komt ook voor bij Eadmer, cap. 7.

99. CORTESE-ESPOSITO R., *Analogie e contrasti fra Cîteaux e Cluny* in C.C.C. 19, 1968, p. 5-39.

lopig kan de compilator in een Engels of een Frans klooster aan het werk zijn geweest. Een "Belgisch" klooster komt wel niet in aanmerking wegens de nadruk op de lectuur van de *Alexandreis* van Gauthier de Châtillon, de onbekendheid met werken van Dietse auteurs en de onbekendheid met Latijnse werken van auteurs uit onze gewesten.
Naast deze internationale figuren zijn er enkele bij wie niet onmiddellijk bindingen met Cîteaux vastgesteld kunnen worden. Opvallend is dat zij allen naar Frankrijk wijzen: cap. 1 Fulbertus, bisschop van Chartres; cap. 8 Hildebert de Lavardin, bisschop van Le Mans, later aartsbisschop van Tours; cap. 15 Magister Petrus Cantor Parisiensis; cap. 19 Walterus Insulis oppido Flandrie oriundus Magalonensis episcopus die echter - *fide* Häring[100] - verward werd met Lietbert / Lambert, in 1110 abt van Saint-Ruf bij Avignon geworden. Caput 20 brengt dan Gauthier de Châtillon met zijn in dit "monastiek lectuurrepertorium" wel uit de toon vallende *Alexandreis.* Ook de volgende figuren zijn in Frankrijk te situeren: cap. 21 Alanus van Rijsel die van 1157 tot 1185 resp. in Parijs en in Montpellier doceerde en in 1203 in Cîteaux stierf; cap. 33 Petrus de Rigga, Remensis ecclesie clericus; cap. 23: Matthieu de Vendôme wiens in de notitie vermelde bijbelparafrase *Tobias* aan de bisschop van Tours is opgedragen.

De capita 1-23 overschouwende zien we twee en niet meer dan twee details die naar Affligem wijzen of zouden kunnen wijzen.

1. Odo, bisschop van Kamerijk (cap. 4) *scripsit etiam ad Vulbodonem monachum Haffligeniensem disputationem quam habuerat cum quodam Iudeo.* Bij deze plaats horen drie opmerkingen.
F. Pelster[101] en N. Häring[102] hechtten overdreven groot belang aan het detail "cum quodam Iudeo". Had een Affligemse monnik wel redenen om een anti-Joodse opinie te uiten?[103] Vervolgens, het memoreren van Vulbodo bevreemdt, althans indien een monnik van Affligem de auteur van de C.V.I. is. Vulbodo, een van de zes roofridders die Affligem stichtten, is later immers afvallig geworden en heeft zijn klooster heel wat narigheid bezorgd zodat abt Fulgentius bij de

100. HÄRING N., *Der Literaturkatalog...*, p. 82 noot 19.
101. PELSTER F., *Der Heinrich von Gent...*, p. 255 "Bezeichnend ist auch die Teilnahme, die der Verfasser für... polemische Traktate gegen die Juden bekundet".
102. HÄRING N., *Two catalogues...*, p. 206: "There seems to be a stress on work against the Jews".
103. Zie STENGERS J., *Les Juifs dans les Pays-Bas au Moyen-Age.* Brussel 1950 (*Kon. Belg. Academie, Klasse der Letteren..., Verhandelingen*, XLV/2).

aartsbisschop van Reims in beroep moest gaan tegen beslissingen van de bisschop van Kamerijk die op Vulbodo's intriges was ingegaan.[104]

2. Petrus Cantor Parisiensis (cap. 15) schreef een *Grammatica theologorum* waarover de compilator opmerkt *in multis locis satis utilem*. Eén exemplaar van deze *Grammatica* was in het bezit van Affligem.[105]

Bijzonder opvallend is dat de compilator zo talrijke auteurs vermeldt die in Parijs (eerste statuut van de Universiteit in 1215) aan de scholen voor de vrije kunsten, de rechtswetenschap en de theologie doceerden of in het onderwijs een bestuursfunctie bekleedden: cap. 14, 15, 17, 18, 21, 24, 27, 31, 32, 38, 40, 41, 42, 44, 47, 50. Zou deze belangstelling te verklaren zijn door het feit dat hij zelf in Parijs studeerde? Of beschikte hij over het equivalent van of de bronnen voor een *Répertoire des maîtres en théologie de Paris*?[106]
Ook de in de cap. 25 en 26 vermelde Victorijnen Hugo en Richard waren in Parijs bedrijvig. Hun aanwezigheid in de C.V.I. kan echter zinvoller verklaard worden in het licht van de door de compilator getoonde belangstelling voor enerzijds de patristische theologie en anderzijds de scholastiek. De opvattingen van Hugo a Sancto Victore vertonen qua ontwikkeling veel gelijkenis met de *Epistola* van de in cap. 10 reeds vermelde Willem van Saint-Thierry. Richard a sancto Victore had over de roeping van de kloosterlingen tot de mystieke genade van de contemplatie identieke opvattingen als Bernardus en Willem van Saint-Thierry, zoals blijkt uit de in cap. 26 vermelde *Benjamin major* en *Benjamin minor*. De compilator somt met andere woorden auteurs op wier leer fundamenteel dezelfde is als die van de cisterciënzers. De ervaringen die eraan ten grondslag liggen zijn van dezelfde aard, worden op dezelfde wijze beleefd, doch op een andere wijze uiteengezet en wel omdat de auteurs zich tot een verschillend publiek richtten: de cisterciënzers richtten zich op een kloostergemeenschap wier leden zij in de mystieke ervaring wilden binnenleiden, de Victorijnen hadden vooral de studenten van de Parijse school op het oog aan wie zij de ervaringen wilden verklaren en systematiseren.

104. VAN ROY A., *Affligem, roem...*, p. 30-31.
105. *Fide* HÄRING N., *Der Literaturkatalog...*, p. 80 noot 15.
106. We bedoelen: een van de bronnen waarop P. GLORIEUX steunde voor zijn *Répertoire des maîtres en théologie de Paris*. Parijs 1933-1934, 2 delen (*Etudes de philosophie médiévale*, 17-18).

Het *vir religiosus et doctissimus* in cap. 25 over Hugo en het lovende slot van cap. 26 over Richard naar aanleiding van diens belangrijkste werk *De Trinitate – in quo opere mirari potest commune humanum ingenium quod eo usque pervenire potuit unius hominis ingenium* –, zouden een ogenblik aan een Victorijn als auteur van de C.V.I. kunnen doen denken. Deze uiting van bewondering op het intellectuele vlak weegt echter niet op tegen de eenvoudige, door persoonlijk-ermee-vertrouwd-zijn geïnspireerde uitlatingen die hij de cisterciënzerauteurs toevoegt: cap. 10 *ipsius ordinis sectatoribus valde utilem*, cap. 11 *multipliciter ac subtiliter inde disputans*, cap. 12 *imitatus beatum Bernardum in quantum potuit sermones composuit... subtiles quidem et valde spirituales sed revera beati Bernardi eloquentiae et sensibus impares*, cap. 13 *magne utilitatis viris religiosis et sententiis spiritualibus valde refertum*. Kruipt cisterciënzerbloed waar het niet gaan kan, ook in een *Catalogus virorum illustrium*?

Via cap. 29 waarin Petrus Venerabilis gepresenteerd wordt – indien Hendrik van Brussel of een benedictijn de auteur van de C.V.I. is, dan wel zeer beknopt[107] – komen we vervolgens bij een groep auteurs waarvan Petrus Lombardus (cap. 31) met zijn *Libri IV Sententiarum* de centrale figuur is.[108] Hij is omringd door zijn leermeester Anselmus (cap. 30), stichter van de School van Laon en *magister divinitatis*. Met dit kernbegrip is Anselmus in de scholastiek gesitueerd. Op Petrus Lombardus volgt Petrus Manducator (Comestor), wellicht niet zo zeer om zijn betekenis dan wel om de triviale reden dat hij de middeleeuwen door als broer van Petrus Lombardus beschouwd werd.[109]

De leer van de Lombard vond aanzienlijke bestrijders. De in cap. 34 vermelde paus Alexander III wilde hem doen veroordelen op het Concilie van Lateranen (1179). Toch is het niet om deze reden dat Alexander III in de C.V.I. vermeld wordt. Daar heet het *Epistolas decretales sui temporis in unum codicem redactas Consulta Alexandri voluit nominari*.

Decretales epistolas worden eveneens vermeld in het over paus Innocentius III handelende cap. 35. Door beide laatsten op te nemen in de

107. CORTESE-ESPOSITO R., *Analogie e contrasti...*, p. 6 noemt Petrus Venerabilis O.S.B. en Bernardus van Clairvaux de protagonisten en meest representatieve figuren van het monachisme in de 12e eeuw. Uit de pen van Henricus van Brussel O.S.B. had men dan een wel uitvoeriger bericht over zijn ordenoot verwacht.

108. DE GHELLINCK J., *Le mouvement théologique...*, p. 113-296, hoofdstuk II: *La place du "Liber sententiarum" dans la série des recueils du XIIe siècle*.

109. DE GHELLINCK J., *Le mouvement théologique...*, p. 213-214 en Appendix III: *La légende des trois frères, Pierre Lombard, Gratien et Pierre Comestor*, p. 285.

door de cap. 29-35 gevormde groep waarvan Petrus Lombardus de *nucleus* is, heeft de compilator nogmaals bewezen in welke richting zijn belangstelling gaat: ontwikkeling van de theologie in osmose met het wordende kanonieke recht. Zoals hij in de vorige reeks hoofdstukjes de School van Parijs tot een groep samenvoegde, schetst hij hier de inbreng van de School van Bologna. Belangstelling voor de rechten blijkt trouwens ook uit cap. 49 over Gratianus die met zijn *Decretum Gratiani* "vader van het kerkelijk recht" werd, en uit cap. 55 over Gaufridus van Trani.
Met het bovenstaande hebben we niet beweerd dat alleen een cisterciënzerauteur deze figuren kan gekend hebben of dat hij ze vermeldt omdat er bijzondere verbindingen met Cîteaux zouden bestaan hebben.[110] Het gaat hier inderdaad om internationale figuren die elke middeleeuwse *litteratus*[111] kon kennen en ook kende.

De hierboven aangetoonde samenhang tussen de capita staat in tegenstelling tot de "toevallige" aanwezigheid van andere. Wegens hun heterogene aard zouden ze even goed door andere kunnen vervangen worden zonder de aard van de C.V.I. te schaden. Cap. 36 brengt een onbelangrijke notitie over Hugo Farsitus, cap. 37 handelt over Jacob van Vitry, in cap. 38 komt weer een Franse auteur aan de beurt: Johannes de Abbatis Villa. En dan is er plots - wel als een verrassing in deze aan een benedictijn van Affligem toegeschreven C.V.I. - het cap. 39 over *Dominus Franco abbas Haffligeniensis.* Twee werken worden vermeld: *De gratia Dei* en *De statu future glorie.* Wat de compilator in dit caput over Fulgentius meedeelt, hoeft niet op bijzondere vertrouwdheid met Affligem te wijzen: het is een parafrase van het slot van *De gratia Dei*, een woordspeling op Fulgentius' naam: *Fulget in illa aeterna claritate.*[112] Over de Mariagebeden door abt Franco[113] weet de compilator intussen niets mee te delen.

110. Die zijn er intussen wél geweest. Voorbeelden: GRILL L., *Das Werken des Abtes Aelred von Rievaulx für Papst Alexander III. bei König Heinrich II. von England* in C.C.C. 18, 1967, p. 370-384; CANIVEZ J.-M., *Etonnantes concessions pontificales faites à Cîteaux* in *Miscellanea historica in honorem Alberti De Meyer.* Leuven 1946, 2 delen (*Recueil de travaux d'histoire et de philologie*, 3me série, 22); deel 1, p. 505-509.

111. *Clericus* doet vaak te exclusief aan regulieren en seculieren denken. Daarom gebruiken we het woord *litteratus* met de betekenis "lesefähige und lesewillige Laien" (GRUNDMANN H., *Litteratus-illiteratus. Der Wandel einer Bildungsnorm vom Altertum zum Mittelalter* in *Archiv für Kulturgeschichte* 40, 1958, p. 1-65, meer bepaald p. 59.

112. HENDRIX G., *Franco van Affligem, benedictijn en geestelijk auteur* in *Nationaal biografisch woordenboek* deel 13, Brussel 1990, kol. 8-18. Over abt Franco en zijn *De gratia Dei*, VAN ROY A., *Affligem, roem...*, p. 54-65; p. 62.

113. STRACKE D.A., *Mariagebeden door Franco, abt van Affligem* in *O.G.E.* 25, 1951, p.

Vanaf cap. 40 stellen we een verandering in de werkwijze van de compilator vast. De auteurs zijn niet langer rond bepaalde personen of thema's samengebracht, doch worden opgesomd volgens de kloosterorde waartoe zij behoorden. De bronnen die hij daarbij raadpleegde moeten dateren uit een periode toen bijvoorbeeld een Thomas van Aquino het zenit *in scholasticis* nog niet bereikt had. Niet eens zijn *Summa theologiae* wordt in cap. 45 vermeld, zodat Häring opgemerkt heeft "Thomas von Aquin war offenbar den Mönchen von Affligem noch um 1270-1273 ein völlig Unbekannter".[114]
Uit de notities blijkt een grote onbekendheid met *cursus studiorum, curriculum vitae* en bibliografie van auteurs die tot de jonge bedelorden behoren. Over Albertus Magnus in cap. 43 *Multa et scripsisse fertur et scribere*, waarna onmiddellijk volgt *Sed primam partem postillarum eius in Lucam tantum fateor me vidisse*. Dan zijn er nog de uitdrukkingen *dicitur postillasse* in cap. 40 over Hugues de Saint-Cher O.P., *dicitur scripsisse* in cap. 42 over Vincentius van Beauvais O.P., *dicitur etiam multa disseruisse... sed auditu tantum hic loquor* in cap. 46 over Alexander van Hales O.F.M.
Willen we in deze, aan leden van de bedelorden gewijde capita toch een centrale figuur aanwijzen, dan wel Guillaume de Saint-Amour (cap. 44) die *scripsit librum invectivum in ordines tam fratrum Predicatorum quam Minorum conatus per scripturas ecclesiam tales ordines non debuisse admittere*. Met enig welgevallen vermeldt de compilator in hetzelfde caput dat Willem én zijn opusculum door de paus veroordeeld werden. Zijn belangstelling voor de strijd tussen mendicanten en wereldlijke geestelijkheid[115] blijkt verder uit de cap. 45 Thomas van Aquino en 47 Bonaventura O.F.M. Nog meer leden van de O.P. volgen in de capita 48, 51, 52 en 53, resp. Raimundus van Peñaforte, Thomas van Cantimpré, Gerardus van Rijsel[116] en Gerardus van Luik. Tussendoor werd de voor cisterciënzers belangrijke Philippus Cancellarius Parisiensis vermeld.[117]

176-189.

114. HÄRING N., *Der Literaturkatalog...*, p. 91 noot 45.

115. SZITTYA P.R., *The antifraternal tradition in medieval literature*. Princeton N.J. 1986.

116. Dit caput bevat een subnotitie over "quidam frater Petrus... musice artis peritus". Indien de "Affligemse compilator" meende deze vijf laatste regels te moeten meedelen, waarom dan geen woord over *De musica cum tonario* van Johannis Affligemensis? VAN ROY A., *Affligem, roem van...*, p. 50-51.

117. LECLERCQ J., *Sermon de Philippe le Chancelier sur S. Bernard* in C.C.C. 16, 1965, p. 204-213; p. 206-207: "Un écrivain dont on savait qu'il avait estimé Bernard et qu'il avait contribué à la diffusion de ses idées, est ce Philippe... qui a transmis aux grands

Wijzen we op enkele details. De notitie over Thomas van Cantimpré vermeldt de bij de cisterciënzerinnenspiritualiteit aanleunende Christina Mirabilis en de Vita van de cisterciënzerin Lutgart (cap. 51). In de cap. 52 en 54, resp. Gerardus van Rijsel en Wibert van Doornik O.F.-M., wordt als "datering" gegeven: *pie memorie domini Ludovicis regis Francorum.* Wegens de geografische gevolgtrekking die hieruit mogelijk is, bevreemdt deze formulering zeer uit de pen van een lid van een Brabantse abdij. Ook de capita 59 over de grammaticus Alexander de Villa Dei O.F.M. en 60 over Evrard de Béthune († 1212) wijzen naar Frankrijk.

En nog net voor het einde... drie capitula over monniken van Affligem. Cap. 56 over Simon van Affligem is uitvoerig en gedetailleerd. In cap. 57 over 'n Willem, monnik van Affligem, vermeldt de compilator weer alleen wat een cisterciënzer interesseert: *vitam domine Lutgardis* en *quandam materiam satis eleganter de quadam moniali Cisterciensis ordinis.* Cap. 58 ten slotte handelt over Hendrik van Brussel: wat het caput over deze *calculatorie artis peritus* vermeldt past minder in deze op theologie en kerkelijk recht (eerste deel) en kloosterorden (tweede deel) gerichte C.V.I. en bevestigt de "toevallige" aanwezigheid van deze capita in het geheel.

2.5. *Terugblik en besluiten*

Na deze analyse van de *Literaturkatalog von Affligem* kunnen besluiten als volgt luiden.

a. Ten aanzien van Affligem.

Zegge en schrijve vier Affligemse auteurs worden vermeld: cap. 39, 56, 57, 58. In caput 4 wordt een auteur vermeld die een werk aan een Affligemse monnik opdroeg en aan wie dan wel! In caput 15 wordt een *Grammatica* vermeld waarvan een exemplaar in Affligems bezit is geweest. "Beziehungen" met Affligem zoals Pelster die zag, zijn uit de inhoud evenmin af te leiden als er codicologische aanwijzingen zijn dat de C.V.I. in Affligem geschreven en in "België" afgeschreven werd.[118]

docteurs de la scolastique du XIIIe siècle une partie des textes qu'ils devront à Bernard".

118. Zie Bijlage 2: *Oorsprong en herkomst van de handschriften met de Catalogus virorum illustrium.*

b. Ten aanzien van de inhoud.

De C.V.I. is geen systematische beschrijving van een kloosterbibliotheek en, wegens de heterogene inhoud van het tweede deel ervan, evenmin een "Literaturgeschichte bestimmter Orden".[119] Het eerste deel openbaart zich echter duidelijk als het werk van een cisterciënzer. De belangstelling voor Cîteaux blijkt occasioneel ook uit het tweede deel.
Dit brengt ons tot een vermoeden met betrekking tot de oorsprong van de compilatie. Wij vermoeden dat de C.V.I. het werk is van iemand die in Parijs studeerde, wat zijn bekendheid kan verklaren met tal van figuren die vanuit Parijs het intellectuele en godsdienstige leven in West-Europa bepaalden. Hij studeerde er vermoedelijk theologie en/of kerkelijk recht. Hierop kan zijn belangstelling voor enkele legisten en voor de grote twisten in de 12e en 13e eeuw wijzen. Wij rieken hem als een cisterciënzer die eerder tussen Parijs en het Kanaal dan elders leefde.[120] Zijn vertrouwdheid met Cîteaux-auteurs en de bewondering voor dezen steekt af tegen zijn onbekendheid met leven en werken van individuele auteurs die tot de O.S.B., O.F.M. en O.P. behoorden.

c. De oorsprong van de informatie.

De C.V.I. lijkt ons - althans wat het eerste deel (tot cap. 39) ervan betreft - de vrucht van systematische lectuur te zijn, al impliceert dit niet dat de compilator veel hoeft gelezen te hebben. Telkens één werk over Anselmus van Canterbury, Bernardus van Clairvaux, Petrus Lombardus. Deze lectuur werd aangevuld met een geschiedenis van de Orde der predikheren, van de Orde der minderbroeders (beide eventueel te vervangen door één werk over de mendicanten of over Guillaume de Saint-Amour), en met een bron waaraan de notities over de drie monniken van Affligem ontleend werden.
Alleen voor de groep cap. 5-7 kan precies gezegd worden welk werk de compilator las: de *Vita Anselmi* uit de 12e eeuw. Het is echter zeer

119. LEHMANN P., *Literaturgeschichte...*, p. 97: "Vor dem 13. Jahrhundert sind wohl ab und an Werke über die Schriftsteller eines einzelnen Klosters geschrieben worden, nicht aber, soweit ich weiß, Literaturgeschichten bestimmter Orden... (diese galten) nicht nur oder nicht einmal in erster Linie der Unterstützung der Studien, sondern auch, und zwar in höherem Grade, der Verkündigung des Ordenruhmes".

120. De eerste cisterciënzerlicentiaten in de theologie promoveerden in 1256 aan het Collegium Sancti Bernardi in Parijs. GLORIEUX P., *Répertoire...*, deel 2, p. 249-266 nrs 306-371 somt twaalf cisterciënzers-licentiaten in de theologie op.

goed mogelijk dat hij dit werk bijvoorbeeld omstreeks 1320 las. Ook de overige door hem geraadpleegde werken kunnen vroeg ontstaan, doch laat benut zijn. Wij willen hiermee slechts betogen dat de in de notities voorkomende gegevens, die door vroegere onderzoekers als *termini ante quos* voor de C.V.I. aangevoerd werden, geen waarde hebben. De bron waarin de notitie over Albertus Magnus († 1280) ontleend is, moet vóór 1280 ontstaan zijn aangezien Albertus als nog levend wordt voorgesteld. Een veertiende-eeuwse compilator kan dit slaafs gecopieerd hebben, zonder te weten dat Albertus intussen overleden was.

d. Met betrekking tot de datering.

Wie de C.V.I. wil dateren kan rekening houden met indirecte tijdsbepalingen die in sommige capitula voorkomen. Over de *Gesta magni Alexandri* zegt de compilator in cap. 20 *Qui liber in scolis gramaticorum tante dignitatis est hodie...* Bij Petrus Lombardus' *Libri IV Sententiarum* wordt vermeld *Quo opere usque hodie vel maxime utuntur studia theologorum* (cap. 31), een bevestiging van het eerherstel dat de Lombard, na de bestrijding en de miskenning door zijn tijdgenoten, pas laat genoten heeft.[121] Dat de *Decretales epistolae* van paus Innocentius III *utuntur hodie iuris canonici periti* (cap. 35) ligt voor de hand en kan in elke eeuw geschreven zijn. Soortgelijke tijdsbepalingen komen voor bij Jacob van Vitry (cap. 37: *In quo errore infelix illa gens hodie pertinaciter perseverat*), Petrus van Reims wiens *Sermones de dominicis et festivitatibus* "utuntur usque hodie" (cap. 41), Philippus cancellarius Parisiensis (cap. 50 *Sermones... quibus usque hodie multi utuntur...*) en bij de omstreeks 1250 gestorven Alexander de Villa Dei. Over diens *Doctrinale* of *Grammatica* luidt het ... *quo libro in scolis gramaticorum magnus usus est temporibus hodiernis* (cap. 59).
Het betreft hier telkens werken die tot in de late middeleeuwen in de scholen en elders druk gelezen en gecopieerd werden.[122] Met enige verwondering-bewondering deelt de samensteller van de C.V.I., die weet heeft van de ouderdom der werken, mee dat ze *usque hodie* benut worden. Deze indirecte tijdsbepalingen wijzen er op dat de C.V.I. na 1271-1280 ontstaan is.

121. DE GHELLINCK J., *Le mouvement théologique...*, p. 250-277: *Premières luttes et triomphe définitif du 'Liber Sententiarum'.*

122. LIMMER R., *Bildungszustände und Bildungsideen des 13. Jahrhunderts. Dargestellt unter besonderer Berücksichtigung der lateinischen Quellen.* München 1928; reprint München 1970.

Dit wordt overigens door één markante plaats in de C.V.I. bevestigd. In caput 42 wordt over Vincentius van Beauvais († 1264) meegedeeld *Dicitur scripsisse quoddam opus magni ingenii et laboris quod pretitulavit Triplex speculum historiale allegoricum et morale.* Dit staat zonder enige twijfel voor Vincentius' *Speculum maius* die echter *quadruplex* is, namelijk - in de volgorde waarin de delen in de standaardeditie opgesomd worden[123] - *naturale, doctrinale, morale, historiale.* De wetenschappelijke belangstelling is de jongste twintig jaar eerder naar het *Speculum maius*,[124] naar de *historiale*[125] of naar de *naturale*[126] gegaan dan naar de *morale.* Zo is op de achtergrond geraakt dat de *morale* apocrief is.

Häring heeft weliswaar geweten dat de *morale* apocrief is, doch heeft hieruit een foutieve gevolgtrekking afgeleid:

> Da Vinzenz um 1264 starb und der Katalog um 1270-1273 entstand, muß das *Speculum morale* sehr bald dem *Speculum maius* gefolgt sein.[127]

Aan de hand van de gedateerde of dateerbare mededelingen in het *Speculum morale* hebben Quétif en Echard[128] echter aangetoond dat het apocriefe deel van het *Speculum maius* na 1310 ontstaan is, dus een halve eeuw na het in 1254 afgesloten *Speculum maius.* Onderzoek van de Proloog tot het *Speculum morale* leerde M. Danou dat die Proloog pas tussen 1310 en 1325 vervalst werd en pas vanaf 1348 in alle nieuwe afschriften van het *Speculum* voorkomt.[129]

123. *Vincentius Bellovacensis; Speculum quadruplex siue Speculum maius: naturale, doctrinale, morale, historiale.* Duaci 1624 (reprint Graz 1964-1965).

124. LUSIGNAN S., *Préface au "Speculum maius" de Vincent de Beauvais: réfraction et diffraction.* Montréal-Parijs 1979 (*Cahiers d'études médiévales, Université de Montréal,* 5). - PAULMIER M., *Etude sur l'état des connaissances au milieu du 13e siècle - Nouvelles recherches sur la genèse du "Speculum maius" de Vincent de Beauvais* in *Spicae. Cahiers de l'Atelier Vincent de Beauvais* 1, 1978, p. 91-122. - VON DEN BRINCKEN A.D., *Geschichtbetrachtung bei Vincenz von Beauvais. Die Apologia Auctoris zum "Speculum maius"* in *Deutsches Archiv für Erforschung des Mittelalters* 34, 1978, p. 410-499.

125. VOORBIJ J.B., *The "Speculum historiale". Some aspects of its genesis and manuscript tradition* in AERTS W.J., SMITS E.R. & VOORBIJ J.B. (Eds), *Vincent of Beauvais and Alexander the Great. Studies on the "Speculum maius" and its translation into medieval vernaculars.* Groningen 1986; p. 11-55. - VOORBIJ J.B., *Het 'Speculum historiale' van Vincent van Beauvais. Een studie van zijn ontstaansgeschiedenis.* Groningen 1991.

126. BACKUS I., *Some remarks on the theology of Vincent of Beauvais' Speculum naturale. Two versions of the treatise on angels (ca. 1240, 1256/59)* in *Miscellanea Martin Wittek...*, p. 15-26.

127. HÄRING N., *Der Literaturkatalog...*, p. 90 noot 42.

128. QUÉTIF F.J. & ECHARD F.J., *Vincentius Bellovacensis* in *Scriptores Ordinis praedicatorum recensiti.* Deel 1, Parijs 1719, p. 212-240.

129. DANOU M., *Vincent de Beauvais, auteur du Speculum majus terminé en 1256* in

Aangezien cap. 42 van de C.V.I. niets meedeelt over de Proloog tot het *Speculum morale* kunnen we niet zeggen dat de C.V.I. na 1310-1325 ontstaan is. Alvast cap. 42 is na 1310 geschreven omdat het *Speculum morale*, dat na 1310 ontstaan is, erin wordt vermeld. Er zijn geen aanwijzingen dat cap. 42 geïnterpoleerd is. Hauréau, Pelster, Häring en Van Mierlo hebben ook nooit in die richting gedacht. Aangezien de samensteller van de C.V.I. zich beroept - *dicitur scripsisse* - op een bron die zelf na 1310 moet tot stand gekomen zijn, moet de C.V.I. alweer jonger zijn.
De compilator van de C.V.I. werkte blijkbaar op twee snelheden. Enerzijds kan hij vroeg ontstane werken laat geraadpleegd hebben, bijv. de *Vita Anselmi*, anderzijds kan hij een jonge bron - zijn bron over het *Speculum morale* - spoedig benut hebben.
Alleszins is het in het licht van deze nieuwe datering overbodig een beroep te doen op "spätere Einschiebsel" of "Nachträge aus früher Zeit" om Simon, Willem en Hendrik, monniken van Affligem, in de C.V.I. te kunnen handhaven én een sluitende datering voor te stellen.

e. Het gezag van een unieke getuige

We menen te mogen besluiten dat de *Catalogus virorum illustrium* naar inhoud, structuur, oorsprong, overlevering en datering niet overeenstemt met wat Hauréau, Pelster en Häring erover geschreven hebben. Hij bezit bijgevolg geenszins het gezag dat Van Mierlo eraan toegekend heeft om 'n Willem, monnik van Affligem, met Willem Berthout van Mechelen te vereenzelvigen en om deze Willem tot dichter van het Kopenhaagse Leven van Lutgart uit te roepen.
De C.V.I. is een verzameling biobibliografische aantekeningen, door een cisterciënzer gemaakt tijdens het lezen van werken door en over auteurs. De samengebrachte informatie is bijgevolg uit de tweede hand. Het belang van de C.V.I. zit hem evenwel in het feit dat hij voor sommige auteurs de enige of de oudste beschikbare bron is.[130]

Histoire littéraire de la France deel 18, Parijs 1885, p. 449-519: p. 479: "Le Speculum morale n'est donc qu'une compilation déplorable, fabriquée on ne sait à quelle époque précise, mais après 1310, par un inconnu...".

130. Het hoeft dan ook niet te verwonderen dat Johannes Trithemius in zijn *Liber de scriptoribus ecclesiasticis* en in daaruit afgeleide werken als bijvoorbeeld zijn *De viris Ordinis S. Benedicti* alsook Arnold van Geilloven van Rotterdam voor het deel *De viris illustribus omnium temporum* in zijn *Vaticanus* (zie Bijlage 3: *Arnoldus Geilloven van Rotterdam en de Catalogus virorum illustrium*) gretig ervan gebruik hebben gemaakt. Via Trithemius zijn elementen ervan terechtgekomen bij onder meer Filip Foresta van Bergamo in diens *Supplementum supplementi chronicarum* van 1513; zie Bijlage 1:

Hij is het enige werk waarin Thomas van Cantimpré als auteur van de *Vita Lutgardis* is opgenomen.[131] Hij is tevens de enige bron waarin 'n Willem van Affligem[132] als vertaler van de *Vita Lutgardis* vermeld is.
De C.V.I. was niet bij voorbaat beveiligd tegen het insluipen van foutieve attributies. De toeschrijving van het ascetisch-mystieke traktaat *De doctrina cordis* of *De praeparatione cordis* aan Gerardus van Luik O.P. in C.V.I.-cap. 53 is hiervan één voorbeeld.[133]
De C.V.I. werd enkele tientallen jaren na het totstandkomen van het Leven van Lutgart en circa tien jaar na het overlijden van abt Willem van Affligem gecompileerd. Omstreeks die tijd werd aan Willem ten onrechte de *Vita Beatricis* toegeschreven. Met betrekking tot dit werk is caput 57 alvast een halve waarheid. Waarom zou het voor de andere helft anders zijn?

2.6. *"Conuertit in Theutonicum ritmice duobus sibi semper ritmis consonantibus"*[134]

Indien deze mededeling betrekking heeft op een kenmerk (of kenmerken) van het in Leven van Lutgart gebruikte vers, kenmerk dat alleen aan dit gedicht eigen is en dat het van andere Middelnederlandse (Lutgart)teksten onderscheidt, zodat een omschrijving van het opmerkelijke ervan noodzakelijk is, dan is het irrelevant te weten waar, wanneer

Johannes Trithemius, Filip Foresta en hun onderlinge afhankelijkheid.

131. In dominikaanse Ordebibliografieën als *In ista tabula nominantur omnia scripta sive opuscula FF. magistrorum sive bacal. de Ordine Predicatorum* (vroeg-14e-eeuw), *Commendacio virorum magnorum ordinis sancti Dominici predicatorum, qui scripserunt multa utilia in Ecclesia* (1e helft 15e eeuw) en in de *Catalogus fratrum spectabilium Ordinis fratrum predicatorum* van de in 1449 overleden Laurentius Pignon O.P. wordt s.v. Thomas van Cantimpré de *Vita Lutgardis* nooit vermeld. - HENDRIX G., *Hugo de Sancto Caro's traktaat De doctrina cordis*, deel 1 p. 209-210 en 270.

132. Ook in latere eeuwen bleef rond hem verwarring en onzekerheid bestaan. Zo schreef Cassimirus OUDINUS, *Commentarius de scriptoribus ecclesiae antiquis...*, Leipzig 1722, deel III, p. 501: "florebat anno 1260, qui praeter aliis literis commendavait *Vitam Sanctae Lutgardis monialis de Aquiria*, quae Affligemii Ms. extat". Anderzijds vermeldde G. Eysengrein 1329 als het jaar van Willems overlijden, waarop volgde "... theologorum ulli fecundus, vitam S. Lutgardis docto volumine perfecit". (EYSENGREIN G., *Catalogus testium veritatis locupletissimus, omnium orthodoxae matris ecclesiae doctorum...*, z. pl. 1565; p. 134). Dezelfde Eysengrein liet p. 152 de Simon monachus van cap. 56 van de C.V.I. in 1399 overlijden.

133. HENDRIX G., *Hugo de Sancto Caro's traktaat De doctrina cordis...*

134. HÄRING N., *Der Literaturkatalog...*, p. 95 caput 57.

en door wie de C.V.I. samengesteld is. Dan moet gewoon aanvaard worden dat 'n Willem van Affligem - daarom nog niet Willem van Mechelen, monnik van Affligem, abt van Sint-Truiden - het Kopenhaagse Leven van Lutgart gedicht heeft.
Hieronder trachten we het vers in Leven van Lutgart te kenschetsen. We brengen geen exhaustief onderzoek met statistische gegevens over de frequentie van bepaalde afwijkingen, enjambement, cesuur, enz., doch een karakterisering die noodzakelijk en tevens voldoende is om de uitspraken van Van Veerdeghem en Van Mierlo te toetsen. Vervolgens pogen we "ritmice duobus sibi semper ritmis consonantibus" te interpreteren.

2.6.1. Het vers in het Leven van Lutgart: ritmisch accentvers

> In de Mnl. poëzie wordt een versregel over het algemeen gekenmerkt door een vast aantal sterke klemtonen (= heffingen), meestal vier. Vóór de eerste heffing, tussen twee heffingen in, en na de laatste, vindt men 0, 1 of 2 onbeklemtoonde syllaben (= dalingen), zelden meer dan 2.[135]

Verwaarlozen we de wisselende intensiteit van de heffingen, de plaats van het krachtigste accent en de wisselende intensiteit van de dalingen, dan mag uit Stuivelings omschrijving afgeleid worden dat in een normaal Middelnederlands vers de volgende mogelijkheden kunnen gerealiseerd worden, waarin o staat voor afwezigheid van accent, dus daling, en ' voor heffing:
a. voor elke heffing een daling: o'o'o'o'
b. na elke heffing een daling: 'o'o'o'o
c. voor elke heffing twee dalingen: oo'oo'oo'oo'
d. na elke heffing twee dalingen: 'oo'oo'oo'oo
e. een reeks varianten die steunen op de afwezigheid van dalingen, tussen, voor of na de heffingen,
f. een vers waarin het aantal dalingen tussen de opeenvolgende heffingen ongelijk is.

Het gevaar is niet denkbeeldig dat men een Middelnederlands vers gaat beschrijven met termen die aan de terminologie op het gebied van de kwantitatieve poëzie ontleend zijn, doch aan het accentvers vreemd zijn.[136] Om o' te omschrijven spreekt men dan niet langer

135. STUIVELING G., s.v. *Ritme* in *Moderne encyclopedie der wereldliteratuur* deel 7, Gent z.j. [1972], kol. 299-301; kol. 299.
136. Van dit gevaar was F. Van Veerdeghem zich intussen wel bewust, blijkens *Leven*

van alternantie van daling en heffing, doch van jambe. 'o wordt trochee, 'oo dactylus en oo' anapest. En vervolgens is het een kleine maar beslissende stap te gaan zeggen dat het vers o'o'o'o' uit vier jamben bestaat, terwijl men ten hoogste mag zeggen dat het een jambisch ritme heeft, zoals 'o'o'o'o een trocheïsch ritme heeft, enz.
Noemt men de alternantie van o' of 'o jambisch, resp. trocheïsch ritme en combineert men dit met het vierheffingsvers in Leven van Lutgart, dan stelt men vast dat de verzen met jambisch en trocheïsch ritme acht lettergrepen tellen. En zo ontstaat de opvatting dat de dichter verzen met acht lettergrepen, isosyllabische verzen, wilde schrijven. Dat hij de lettergrepen telde.
Tellen de in Leven van Lutgart het frequentst voorkomende verstypes inderdaad acht lettergrepen[137] en wil men in het vers van Leven van Lutgart iets bijzonders zien omdat men het "duobus sibi semper ritmis consonantibus" erop toepassen of eruit verklaren wil, dan komt men licht tot Van Veerdeghems conclusie:

> Dienvolgens hebben wij hier eene treffende overeenkomst met den Franschen octosyllabe, eene toenadering tot het beginsel der romaansche metriek, het tellen der lettergrepen. Uit dit oogpunt beschouwd zijn de verzen der Sinte Lutgart octosyllaben met jambischen rhythmus en, volgens de classieke metriek, jambische dimeters of, paarsgewijze genomen, jambische tetrameters.[138]

Deze conclusie dringt zich des te vlugger op als men het verstype o'o'o'o' eerst tot "regelmatig"[139] of tot "het normale vers"[140] proclameert..., ook al erkent men dat van deze regelmaat soms wel wordt afgeweken:

> ... er zijn soms meer of minder dan vier onbetoonde lettergrepen. Doch waar dit het geval is, laat zich hun aantal, althans bij scansie, tot het normale getal brengen.[141]

van Sinte Lutgart..., p. xlvii: "... zij geeft aanleiding tot een rhythmus, dien wij jambisch zullen noemen om eene onnauwkeurige, doch door het gebruik geijkte benaming te bezigen". Zie ook KAZEMIER G., *In de Voorhof der Poëzie. Inleiding tot het Nederlandse vers*. Den Haag z.j. [1965], p. 39.

137. Niet omdat de dichter precies acht syllaben wilde hebben, doch wel omdat hij 4 x o' of 'o liet alterneren: hij werkte met normale klemtonen die tezamen het vers vormen, maar die niet door het vers worden gevormd.

138. VAN VEERDEGHEM F., *Leven van Sinte Lutgart...*, p. xlvii.

139. VAN VEERDEGHEM F., *Leven van Sinte Lutgart...*, p. xlvi-xlvii.

140. VAN VEERDEGHEM F., *Leven van Sinte Lutgart...*, p. xlvii.

141. VAN VEERDEGHEM F., *Leven van Sinte Lutgart...*, p. xlviii.

Het is een klein kunstje – men kan ten slotte elk vers scanderen zoals men wil, men scandeert zelfs anders bij stil voor zich uit lezen dan bij luidop lezen – een vers tot het type o'o'o'o' te herleiden, ook al moet dan het gewone woordaccent geweld worden aangedaan.[142] Met meerlettergrepige woorden wordt het door Van Veerdeghem opgelegde octosyllabische keurslijf vlug te nauw. Geen nood:

> Die welke zich als dactylen en anapesten – in germaanschen zin, – dus met twee toonloze lettergrepen voor- of achteraan, voordoen, en over 't algemeen alle twee- en meerlettergrepige woorden, waar ergens een toonloze *e* in voorkomt, kunnen in bepaalde gevallen metrische inkrimpingen ondergaan...; ook het omgekeerde heeft soms plaats; wij vinden ook bij de scansie metrische uitrekkingen...[143]

De drie metrische vrijheden die de dichter zich zou veroorloofd hebben, namelijk

> ... in bepaalde gevallen, bij de scansie, verwisseling van hoofd- en bijtoon; in bepaalde gevallen zwakkere betoning, als theses, van eenige anders klinkende en betoonde wortellettergrepen, en eindelijk enkele, zeer zelden zich voordoende, betoningen van flexies...,[144]

zijn slechts te bespeuren wanneer men alle verzen octosyllabisch en jambisch wil lezen.

Dat het gewone woordaccent geweld wordt aangedaan volstaat intussen nog niet. Om verzen aan de gestelde norm te doen beantwoorden, staat nog een heel arsenaal technische ingrepen ter beschikking. Ten aanzien van de theses deelde Van Veerdeghem mee:

> Soms echter zijn er graphisch minder of meer onbetoonde dan het normale aantal. Men heeft vaak dubbele d.i. tweelettergrepige dalingen; wel eens ook is de thesis afwezig, althans in schijn. Doch met inachtneming van elisie en hiaat, syncope, apocope en diaeresis erlangt men bij de scansie het vereiste aantal theses en niet meer; de overtollige vallen alsdan licht weg en de ontbrekende laten zich even licht ter aanvulling uit de eene of andere arsis afleiden.[145]

142. Tientallen voorbeelden bij VAN VEERDEGHEM F., *Leven van Sinte Lutgart...*, p. l-lv.
143. VAN VEERDEGHEM F., *Leven van Sinte Lutgart...*, p. li.
144. VAN VEERDEGHEM F., *Leven van Sinte Lutgart...*, p. lv.
145. VAN VEERDEGHEM F., *Leven van Sinte Lutgart...*, p. lv.

Verzen met anapestisch en dactylisch ritme, die dank zij dubbele dalingen mogelijk zijn, of verzen met spondeïsch ritme, die bij afwezigheid van dalingen kunnen voorkomen, waren voor Van Veerdeghem in het kader van zijn dogma van het octosyllabische vers met jambisch ritme blijkbaar taboe. In de perioden – de delen van het heffingsvers die bestaan uit een heffing met of zonder voorafgaande of (en) volgende zwakke lettergrepen – dan maar snoeien of bijwerken om uniforme, "regelmatige", "normale" voeten te verkrijgen, metrische perioden waarvan de grenzen elementen van versbouw zijn.[146] Met het overgrote belang dat Van Veerdeghem aan elisie, apocope, syncope, enz. gehecht heeft, heeft hij een lastig teveel of teweinig aan lettergrepen willen wegredeneren en heeft hij zich leerling van Lachmann en Jonckbloet getoond.[147]
We stellen met Van Veerdeghem vast dat het type o'o'o'o' – "vers met jambisch ritme" of "volstrekt regelmatig alternerend"[148] – in Leven van Lutgart het frequentst voorkomt.[149] Het is een volstrekt normaal Middelnederlands vers. Er is geen verschil tussen het vers *Van díchten cómt mi cléine báte* en Leven van Lutgart II, 1:

Nu hébbic ú met wáren wárden
En déel der víten ván Lutgárden
Verclárt, gi héren énde vrówen...

146. Voor het onderscheid tussen de periode in het heffingsvers en de voet als metrische periode: DE GROOT A.W., *Algemene versleer*. Den Haag 1946 (*Servire's Encyclopedie*. Afdeling: *Taalkunde*. B 9 a/1); p. 36-37.

147. We bedoelen: Lachmanns theorie van de "einsilbige senkung" en van de "zweisilbige, die einsilbig wird", alsook JONCKBLOET W.J.A., *Over Middelnederlandschen epischen versbouw*. Amsterdam 1849. Over beiden: KOSSMANN Fr., *Nederlandsch versrythme. De versbouwtheorieën in Nederland en de rythmische grondslag van het Nederlandsche vers*. 's-Gravenhage 1922 (proefschrift Leiden), p. 218-219. Op p. 15 en op p. 219 noot 1 noemt Kossmann, zonder eigen analyse, de verzen in Leven van Lutgart "werkelijk getelde verzen".

148. STUIVELING G., *Ritme*, p. 299: "Een volstrekt regelmatig alternerende versregel is vrij zeldzaam". We verstaan dit nu zo dat Stuiveling bedoelt dat weinig dichters zulke alternantie tot thema van hun gedicht kiezen. Indien 60 % van de 20.406 verzen in Leven van Lutgart tot het type o'o'o'o' behoren, kan men niet meer van zeldzaam spreken.

149. VAN VEERDEGHEM F., *Leven van Sinte Lutgart...*, p. xlii: "Is het vers regelmatig – negen tienden zijn zóó – dan telt het... vier eenlettergrepige theses, die altijd de arses voorafgaan". Dit aantal moet verminderd worden met een niet gering aantal verzen dat door Van Veerdeghem door allerlei ingrepen tot achtlettergrepig "jambisch" gereduceerd werd.

Of toch een verschil: in de aanhef van *Beatrijs* heeft niemand "eene treffende overeenkomst met den Franschen octosyllabe, eene toenadering tot het beginsel der romaansche metriek, het tellen der lettergrepen"[150] gezocht.

2.6.2. "...ritmice duobus sibi semper ritmis consonantibus"

Van Mierlo zelf heeft het vers van Leven van Lutgart niet grondig bestudeerd. Bij twee van de drie gelegenheden waar hij erover schreef, verwees hij dan ook naar Van Veerdeghems *Inleiding*.[151] Wel heeft hij, in het spoor van de tekstuitgever,[152] gepoogd met behulp van E. Norden, *Die antike Kunstprosa...*,[153] de als ondertitel aangehaalde, beslist enigmatische formulering te verduidelijken:

> Met de uitdrukking *duobus sibi semper ritmis consonantibus* wordt dan wel de eigenaardige versbouw van ons gedicht bedoeld: het regelmatige jambische vers...: twee jamben maken één rythmus, of numerus uit; twee rythmen een vers, twee rythmen of twee verzen rijmen onder elkander.[154]

Met andere woorden:
1 jambe + 1 jambe = 1 rythmus
1 rythmus + 1 rythmus = 1 vers.
"... twee rythmen... rijmen onder elkander" betekent dan: het vers vertoont binnenrijm op het einde van de bimeter. Dit is zo flagrant in strijd met wat men in Leven van Lutgart kan vaststellen, dat we moeten aannemen dat in Van Mierlo's formulering een drukffout[155] geslopen is. Zijn tekst zou dan als volgt moeten gelezen worden: "[twee-

150. VAN VEERDEGHEM F., *Leven van Sinte Lutgart...*, p. xlvii.

151. VAN MIERLO J., *Willem van Afflighem...*, p. 809, 819-820 en 852-853. Verwijzingen naar Van Veerdeghem: p. 820 noot 1; p. 853 noot 1.

152. VAN VEERDEGHEM F., *Leven van Sinte Lutgart...*, p. lxvi noot 1.

153. NORDEN E., *Die antike Kunstprosa vom VI. Jahrhundert v. Chr. bis in die Zeit der Renaissance*. Leipzig 1898, 2e deel p. 826.

154. VAN MIERLO J., *Willem van Afflighem...*, p. 820. De termen *rythmus* en *numerus* werden door Van Mierlo ontleend aan het punt 1) van de bespreking die Norden wijdde aan de ontwikkeling van *rîm* en de eventuele etymologische verwantschap tussen *rîm* en *rythmus*. Van Mierlo gebruikte m.a.w. de termen in de betekenis die ze hadden vóór de "Bedeutungsverengerung" ingetreden was die NORDEN E., *Die antike Kunstprosa...*, deel 2, p. 825-826 punt 4) poogde te dateren.

155. Van Mierlo zelf heeft ze nooit hersteld. In zijn *Het Leven van Sinte Lutgart...* van 1936 schreef hij p. 632 gewoon "in jambische versmaat"; in zijn *Kan Willem van Affligem...* van 1950 p. 26 "de gestrengheid van zijn rhythme", zonder meer.

maal] twee rythmen of twee verzen rijmen onder elkander". De tekst zou dan uiteindelijk niets anders betekenen dan "paarsgewijs rijmend".

Lang vóór Van Mierlo had Van Veerdeghem de vraag gesteld

> Beoogde Henricus Gandavensis het eigenaardige dezer versmaat in 't algemeen of slechts het rijm met zijne rekbare bewoording duobus sibi semper rithmis consonantibus? Wij nemen met Ed. Norden het eerste aan.[156]

Voor Norden stond *rithmus* voor "die ganze Zeile", de versregel.[157] Over "duobus sibi semper ritmis consonantibus" heeft Norden zich niet uitgesproken, ook al had hij de tekst uit de C.V.I. gelezen.[158]

2.6.3. *Poging tot interpretatie*

a. Het bijwoord *ritmice* - door Van Veerdeghem en Van Mierlo niet besproken - staat tegenover *metrice* en *prosaice*. Zo bijvoorbeeld bij Johannes de Garlandia (ca 1195 - ca. 1272): *Utilitas est scire tractare quamcumque materiam prosayce metrice rithmice.*[159] Met het adjectief *ritmicus* waarvan het afgeleid is wordt, reeds bij Beda Venerabilis, aangegeven dat het vers niet steunt op de kwantiteit van de lettergrepen, doch op het intensiteitsaccent van de woorden.[160]

b. *Sibi* interpreteren we als een antiklassieke, middellatijnse vervanging voor *inter se*. Het staat dan voor *sese invicem, ad invicem, vicibus, alterutrum*[161] en betekent: onderling of beurtelings "consonerend".

c. *Ritmus*, hier in de ablatief meervoud *ritmis*, kan (historisch) betekenen: ritmisch gedicht, ritmisch en berijmd gedicht, rijm, versregel.[162]

156. VAN VEERDEGHEM F., *Leven van Sinte Lutgart...*, p. lxv-lxvi.

157. NORDEN E., *Die antike Kunstprosa...*, deel 2, p. 826, in voetnoot.

158. In de door Joh. Fabricius in 1718 in zijn *Bibliotheca ecclesiastica* bezorgde uitgave en vóór Van Veerdeghem het Leven van Lutgart uitgaf.

159. Uit diens *Poetria de arte prosayca metrica et rithmica* geciteerd door KLOPSCH P., *Einführung in die mittellateinische Verslehre*. Darmstadt 1972; p. 31.

160. NORBERG D., *Introduction à l'étude de la versification latine médiévale*. Stockholm z.j. (*Acta Universitatis Stockholmiensis. Studia Latina Stockholmiensia*, 5), vooral hoofdstuk VI: *Les débuts de la versification rythmique. La versification rythmique et la poésie métrique*, p. 87vv.

161. STRECKER K., *Introduction to Mediaeval Latin*. English translation and revision by R.B. PALMER. Z. pl. [Dublin / Zürich], z.j. [6e onveranderde herdruk 1971], p. 63.

162. MEYER W., *Die drei arezzaner Hymnen des Hilarius von Poitiers und Etwas über Rythmus* in *Nachrichten von der Königlichen Gesellschaft der Wissenschaften zu Göttingen*. Philologisch-historische Klasse. Berlijn 1909; p. 373-433, vooral p. 391vv: *Der mittelalter-*

In postklassiek, vroeg- en hoogmiddeleeuws taalgebruik wijst het op strofische teksten. Dergelijke teksten komen in Leven van Lutgart niet voor. Bij eliminatie blijft dat *ritmus* rijm of versregel kan betekenen.

d. Het werkwoord *consonare* hebben we als infinitief in de literatuur niet aangetroffen.[163] Met het ervan afgeleide *consonans* wordt een hexameter met monosyllabisch binnenrijm en monosyllabisch eindrijm aangeduid.[164] *Ritmus consonans* geeft aan dat de tekst bestaat uit strofen waarin elk rijm verscheidene keren voorkomt, bijv. aaabb.[165] Dit is in Leven van Lutgart niet het geval.

e. Staat *ritmus* voor versregel en had de C.V.I. willen meedelen dat de verzen weliswaar *semper*, doch onderling alleen door het eindrijm verbonden zijn, dan had de vakterm *caudati* kunnen c.q. moeten gebruikt zijn.[166]

f. Staat *ritmus* voor versregel of rijm en had de C.V.I. de aandacht willen vestigen op het gepaard rijm van Leven van Lutgart (aabb), dan had hij kunnen c.q. moeten gewagen van *ritmi aequicomi*.[167]

2.7. Besluit

Met Latijnse terminologie het specifieke van een Middelnederlandse tekst formuleren - gesteld dat men zich van dit specifieke al bewust was -, was zeker geen gemakkelijke opgave. Het hoeft dan ook niet te verwonderen dat de tekst uit de C.V.I. enigmatisch blijft.
De enige term die duidelijk is - *ritmice* - blijft echter irrelevant omdat hij een kenmerk meedeelt dat niet aan Leven van Lutgart alleen eigen is. Hyperbolisch zeggen we maar dat de hele Middelnederlandse poëzie erachter schuil kan gaan...

liche Gebrauch des Wortes Rythmus.

163. De infinitief komt wel als trefwoord voor bij LAUSBERG J., *Handbuch der literarischen Rhetorik. Eine Grundlegung der Literaturwissenschaft.* München 1960, 2 delen met doorlopende paginering. In deel 2, *Registerband*, p. 672 s.v. *consonare*, heeft Lausberg zeer uiteenlopende betekenissen verzameld; deel 1, p. 324 uit Quintilianus, "certe par et extremis syllabis consonans: non verbis sed armis"; p. 672 wordt "par" verklaard als "von gleicher Wortlänge".

164. KLOPSCH P., *Einführung...*, p. 77 met als voorbeeld *Ruodlieb* I 58: Quae simulando *spem* premit altum corde *dolorem*.

165. KLOPSCH P., *Einführung...*, p. 37.

166. KLOPSCH P., *Einführung...*, p. 78.

167. KLOPSCH P., *Einführung...*, p. 37.

Hoe enigmatisch de hierboven benaderde woorden wel blijven, moge blijken uit twee hedendaagse, diametraal tegenover elkaar staande opvattingen. W.P. Gerritsen meent dat aan de verzen van de *Sente Lutgart* "onmiskenbaar een jambisch patroon ... ten grondslag" ligt.[168] G.C. Zieleman heeft het daarentegen over "het zogenaamd in jamben geschreven leven *Van sente Lutgart*"[169] of, met betrekking tot Gerritsen, "met wiens mening... ik vooralsnog niet kan instemmen".[170]

168. GERRITSEN W.P., *Waar heeft Willem van Afflighem zijn jamben vandaan?* in *Liber amicorum Jules van Oostrom. Squibs over neerlandistiek* (*Vooys Extra* 4, 1985, p. 26-28).

169. ZIELEMAN G.C., *De versifikatie van de 'Limburgse Aiol' en 'Van Sente Lutgart'* in *T.N.T.L.* 103, 1987, p. 81-118; p. 95.

170. ZIELEMAN G.C., *De versifikatie...*, p. 116 noot 44. Zie ook ZONNEVELD W., *Van Affligem en Chaucer: 'Het Leven van Sinte Lutgart' als jambisch gedicht*. Utrecht 1992 (*Ruygh-bewerp*, 17).

Hoofdstuk 3

Testis unus, testis nullus...[1]

Bij Matteüs[2] leest men de opvatting *in ore duorum vel trium testium stet omne verbum* – *opdat elke verklaring door twee of drie getuigen wordt bevestigd.*[3] Paulus meent op zijn beurt *op het woord van twee of drie getuigen krijgt iedere zaak haar beslag.*[4]
Ivo van Chartres formuleerde het in zijn *Collectio tripartita* als volgt: *unius autem testimonium, quamlibet splendida et idonea videatur esse persona, nullatenus audiendum...* Gratianus in zijn decretalen van 1167-1169 en Alexander III sloten zich bij deze doctrine aan. De Glossatoren brachten met betrekking tot de "pluraliteit van de getuigen" geen nieuwe inzichten. In Zuid-Frankrijk ontstond een nieuwe opvatting: de theorie van de vermoedens. In zijn rechtssumma van vóór 1162 aanvaardde Rogerius de opvatting dat de enige getuige *loco praesumptionis recipiatur.* Placentinus ging verder. Voor hem kon het enige getuigenis gecombineerd worden met het rechtmatige vermoeden: *praesumptiones non sufficiunt, sed proficiunt, ut testis unus, cum suspicio justa adest.* Tussen 1173 en 1177 bevestigde het anonieme traktaat *De praesumptionibus* de opvattingen *vocem unius testis admittendam saltem ad praesumptionem* en *vox unius solius testis nullo modo ad probationem est idonea, ad praesumptionem faciendam potest admitti.* De Canonisten formuleerden het adagium *vox unius [testis], vox nullius*, eenvoudiger gezegd *testis unus, testis nullus*, één enkele getuige is géén getuige. In het begin van de 13e eeuw schreef Azo met betrekking tot (de) getuigen: *si duo faciunt plenam [probationem], unus ergo semiplenam*, vormen twee getuigen een volledig bewijs, dan is één getuige slechts een half getuigenis, een halve waarheid.

1. GOURON A., *Testis unus, testis nullus dans la doctrine juridique du XIIe siècle* in WELKENHUYSEN A., BRAET H. & VERBEKE W. (Eds), *Mediaeval antiquity*. Leuven 1995 (*Mediaevalia lovaniensia*. Series I / Studia XXIV); p. 83-93.

2. Mt 18,16.

3. Samenhang naar de Willibrordvertaling 1995: *Als je broeder je iets misdaan heeft, moet je hem dat onder vier ogen zeggen. Als hij naar je luistert, heb je je broeder gewonnen. Maar als hij niet naar je luistert, neem dan nog een of twee getuigen mee, opdat elke verklaring door twee of drie getuigen wordt bevestigd.*

4. 2 Kor 13,1.

Met betrekking tot Willem van Affligem is caput 57 van de *Catalogus virorum illustrium* de énige getuige. Naar middeleeuwse opvattingen zou hij dus een halve waarheid brengen. De helft van die halve waarheid, namelijk het deel met betrekking tot de *Vita Beatricis*, is fout. Het andere deel met betrekking tot Leven van Lutgart heeft geen gezag en is onduidelijk in zijn formulering.
Kunnen andere getuigen de verklaring van de C.V.I. bevestigen?

Chronologisch volgt op de *Catalogus virorum illustrium* de kroniek van de benedictijnenabdij te Sint-Truiden. Daarom komt in dit hoofdstuk eerst het *Chronicon trudonense* aan de beurt. Aan dit *Chronicon* wordt een argument *e silentio* tegen het auteurschap van Willem van Affligem ontleend.
Aansluitend wordt het *Liber de scriptoribus ecclesiasticis* (L.S.E.) van Johannes Trithemius geanalyseerd. Het hieruit voortvloeiende besluit "Willem van Affligem schreef een *Vita Lutgardis* wordt aan de Centrale Catalogus van Rooklooster getoetst en erdoor bevestigd.
Ten slotte wordt in het *Haffligbemum illustratum* van de Affligemse dom Beda Regaus kennis gemaakt met drie Willems van Affligem, onder wie twee Willems van Mechelen.
Deze bronnen worden naar hun chronologische opeenvolging besproken. De onderlinge samenhang c.q. de onafhankelijkheid van elkaar wordt aangetoond.

3.1. De gestis Wilhelmi secundi abbatis

De *continatio* waarin de tekst *De gestis Wilhelmi secundi abbatis*[5] – hieronder G.W.A. – voorkomt, bestrijkt de jaren 1180-1366. Ze is het werk van een onbekende kroniekschrijver die onder het bestuur van abt Zacheus de Vrankenhoven[6] aan het schrijven zou geweest zijn. Het laatste vermelde feit heeft betrekking op het jaar 1383. De *termini post* en *ante quos* zouden dus zijn 1383-1391.[7]
Hier volgen, naar de editie door C. De Borman, de teksten die op Willem van Affligem, abt van Sint-Truiden in 1277 en in die functie op 14 april 1297 overleden,[8] als "literator" betrekking hebben, ge-

5. DE BORMAN C., *Chronique de l'abbaye de Saint-Trond.* 2 delen, Luik 1877. (*Société des bibliophiles liégeois*, 10 en 15); deel 2, p. 216-223.
6. Abt vanaf 23 mei 1366, overleden 11 juli 1391.
7. DE BORMAN C., *Chronique...*, deel I, p. viii.
8. En toch komt Willem van Affligem niet voor in de lijst *Monachi ab aliis monasteri-*

volgd door de Nederlandse vertaling ervan door E. Lavigne.[9]

> Fuit vero illo tempore monachus apud monasterium haffligense, vir magne literature et vite venerabilis, nomine Willelmus, quem idem episcopus in studio Parisiensi optime novit et dilexit, qui de progenie Magliniensium originem illegitimum duxit.[10] – Te dien tijde verbleef er in het klooster te Affligem een monnik, zekere Willem, letterkundig uitstekend gevormd en van een voorbeeldige levenswandel, een man die de bisschop tijdens zijn studies te Parijs heel goed had leren kennen en waarderen. Hij was te Mechelen als bastaard geboren.[11]
>
> Iste abbas fuit vir precipue devotionis, zelator religionis, humilis, prudens, ecclesiasticis et secularibus personis acceptus, inter confratres et domesticos temporate solatiosus, studiosissimus in sacra scriptura et canonibus sacris eruditus et bonus metricus.[12] – Deze abt was uitzonderlijk vroom en ijverde voor de godsdienst; hij was nederig, bedachtzaam, graag gezien bij geestelijken en bij wereldlijke personen, beheerst vriendelijk voor medebroeders en dienaren, zeer vlijtig in de studie van de H. Schrift, op de hoogte van de canonieke voorschriften, een begaafd dichter.[13]
>
> Temporibus hujus abbatis fuerunt inter conmonachos et dominos nostri monasterii plures honeste persone et literati viri, facundi in Teuthonico, Gallico et Latino sermone.[14] – Ten tijde van deze abt waren er onder de medebroeders en heren van onze abdij verscheidene bekende personen en geleerde mannen, die vlot Diets, Wals en Latijn spraken.[15]

Als men nu over de *continuator*, die de periode 1180-1366 op zijn actief heeft, leest

is in abbates adlecti vel iis dati, f. 331r in handschrift Brussel, Koninklijke Bibliotheek Albert I, 13550-13552: papieren handschrift met de *Historia Affligemensis* van Odo Cambier († 1651) en vermoedelijk diens autograaf. VAN DEN GHEYN J., *Catalogue...*, deel 6, Brussel 1906, p. 92 nr 3727.

9. *Kroniek van de abdij van Sint-Truiden*. 1ste deel: *628-1138*. Vertaling van de *Gesta Abbatum Trudonensium* door Dr E. LAVIGNE met annotaties van Prof. Dr W. JAPPE ALBERTS. 1986[1], Maastricht 1988[2]. 2de deel: *1138-1558*. Vertaling van de *Gesta Abbatum Trudonensium* door Dr E. LAVIGNE met annotaties van Prof. Dr W. † JAPPE ALBERTS en Prof. Dr J.C.G.M. JANSEN. Leeuwarden/Maastricht 1988.
10. DE BORMAN C., *Chronique...*, deel 2, p. 216-217.
11. *Kroniek van de abdij...*, deel 2, p. 114.
12. DE BORMAN C., *Chronique...*, deel 2, p. 217.
13. *Kroniek van de abdij...*, deel 2, p. 114-115.
14. DE BORMAN C., *Chronique...*, deel 2, p. 222.
15. *Kroniek van de abdij...*, deel 2, p. 118.

> Les premiers chroniqueurs du monastère s'étaient principalement attachés à retracer les événements qu'ils avaient vu se dérouler sous leurs yeux; celui-ci voulut faire davantage: en véritable érudit, il scruta les vies des Saints, compulsa tous les annalistes du pays de Liège, notant et mettant à profit les moindres faits qui étaient de nature à jeter du jour sur l'histoire de son abbaye...,[16]

dan is het toch wel vreemd dat hij over de kloostergenoten van Willem van Affligem meedeelt dat zij in het Duits, het Frans en het Latijn literair bedrijvig waren, doch van Willem zelf geen enkele titel aanhaalt en slechts zegt "vir magne literature... letterkundig uitstekend gevormd" en "bonus metricus... een begaafd dichter".
Ook vreemd is dat deze man – "le dernier des chroniqueurs de Saint-Trond qui ait été réellement digne de ce nom"[17] – drie plaatsen uit Thomas van Cantimprés *Vita Lutgardis* parafraseert[18] en nauwelijks zevenendertig bladzijden verder[19] geen enkel verband kan leggen tussen de *vir magne literature*, Willem van Affligem, Lutgart, Middelnederlands Leven van Lutgart, de tekst *De uita sanctae Lutgardis* die hij – zoals op de volgende bladzijden zal blijken – volgens Joh. Trithemius zou geschreven hebben, de Middelnederlandse vertaling van de *Vita Christi* en Sermones.
Wel een krachtig argument *e silentio*! En toch schreef Van Mierlo over Leven van Jezus en Leven van Lutgart: "Waar elders zullen beide ontstaan zijn, dan in Sint-Truiden, waarheen ook Willem van Affligem ons voert?"[20]

3.2. Johannes Trithemius over een Willem van Affligem

Over de samensteller van het *Liber de scriptoribus ecclesiasticis* (L.S.E.) schreef P. Lehmann

> Der Abt Trithemius (1462-1516) genießt bei den Historikern seit langem keinen guten Ruf und das in sofern mit Recht, als er mehrfach sich grober Fälschungen und naiver Benutzung unzuverlässiger oder gar erdichteter Quellen bedient hat.[21]

16. DE BORMAN C., *Chronique...*, deel 1, p. vi.
17. DE BORMAN C., *Chronique...*, deel 1, p. viii.
18. DE BORMAN C., *Chronique...*, deel 2, p. 179-180, te weten *Vita Lutgardis* I.17, 21 en 22.
19. In de door De Borman bezorgde tekstuitgave.
20. VAN MIERLO J., *Willem van Afflighem...*, p. 828.
21. LEHMANN P., *Merkwürdigkeiten des Abtes Johannes Trithemius* in *Bayerische Aka-*

Dit strenge oordeel wordt bevestigd door Trithemiusspecialist K. Arnold, erger nog

> ...mit kritiklosem Ausschreiben ihm zufällig in die Hand gekommenen Quellen und reicher Erfindungsgabe nach Ruhm und Mäzenatentum der Mächtigen seiner Zeit strebte.[22]

Deze kritiek heeft Trithemius in hoofdzaak geoogst wegens de werken die hij ná zijn L.S.E. publiceerde: historische ficties als Hunnibald en Meginfrid, zijn *Steganographia* en *Polygraphia*, en geschriften over heksen en tovenarij. Uit de hoofdstukken *Der Geschichtsschreiber* en *Der Magier* in het werk van K. Arnold[23] rijst een andere, inderdaad niet te vertrouwen Trithemius op dan uit de hoofdstukken *Schriftsteller im Dienste der monastischen Reform und theologische Werke*, *Trithemius als Büchersammler und die Bibliothek von Sponheim*, *Gelehrtenfreundschaften* en *Die literarhistorische Schriften*.[24]
Terecht verdiende blaam overschaduwt de met baanbrekende publicaties geoogste faam en maakt het L.S.E. tot een verdacht werk.
De aangehaalde strenge oordelen en het feit dat Trithemius, naar men aanneemt, uit de C.V.I. putte zodat het L.S.E. slechts 'n uit de C.V.I. afgeleide bron is,[25] zouden de volgende bladzijden overbodig kunnen doen schijnen. Uit Arnolds eerherstel voor de *Literaturkunde*-beoefenaar Trithemius en uit de exhaustieve studie van C. Steffen[26] is echter gebleken dat het "Er ist sehr häufig unkritisch, irrt sich und ist flüchtig, ja er verfälscht, verwechselt und erfindet Texte",[27] wanneer het op het L.S.E. overgedragen wordt, gedeeltelijk aan gebrekkig inzicht in de Trithemius eigen compositietechniek te wijten is en, ook al kunnen fouten en vergissingen aangewezen worden, veel genuanceerder gesteld moet worden.
Toen C.P. Serrure in 1840 de over Guilhelmus monachus handelende plaats uit het L.S.E. meedeelde, steunde hij op de door P. Quentell bezorgde druk, Keulen 1546, p. 218. Deze druk en de editio princeps van 1492 vertonen minieme verschillen: de woorden *extant eius* zijn

demie der Wissenschaften. Philosophisch-historische Klasse. Sitzungsberichte Jg. 1961, Heft 2; p. 3.

22. ARNOLD K., *Johannes Trithemius...*, p. 161.
23. ARNOLD K., *Johannes Trithemius...*, p. 144-200.
24. ARNOLD K., *Johannes Trithemius...*, p. 36-102 en 114-143.
25. VAN MIERLO J., *Willem van Afflighem...*, p. 831: "En Trithemius zelf gebruikte den catalogus van Henricus van Brussel".
26. STEFFEN C., *Untersuchungen...*
27. LEHMANN P., *Merkwürdigkeiten des Abtes...*, p. 4.

vervangen door *e quibus sunt.*

> Guilhelmus monachus Haffligemensis coenobii ordinis sancti Benedicti: natione teutonicus: & aliquandiu in eodem monasterio prior: uir in diuinis scripturis eruditus: carmine ualens & prosa: edidit utroque scribendi genere quaedam non spernanda opuscula: quibus memoriam nominis sui perpetrauit. Extant eius:
>
> Sermones non inutiles: liber j
> Visiones cuiusdam monialis: liber j
> De uita sanctae Lutgardis: liber j
>
> Alia uero quae composuit ad noticiam meam adhuc minime venerunt.[28]

C. Steffen[29] en, onafhankelijk van haar, K. Arnold[30] hebben aangetoond dat de biobibliografische capitula door Trithemius volgens een welbepaald driedelig compositieschema geschreven zijn. Zij onderscheiden vooreerst een biografische tekst met gegevens over de nationaliteit en de talenkennis van de auteur met vermelding van de taal of talen waarin hij schreef.[31] *In casu*: "Guilhelmus... perpetrauit". Vervolgens is er de *Werkliste* waarin alleen "Originaltitel von Einzelwerken"[32] en uitsluitend "gesichterte Angaben"[33] worden meegedeeld. *In casu*: Sermones... visiones... *De uita sanctae Lutgardis*, telkens met de vermelding *liber j*. Vertalingen daarentegen worden vermeld na de inleidende woorden "et quaedam alia scripsisse dicitur / fertur".[34] Deze formule komt in de besproken tekst niet voor.

28. In beide drukken van 1494 op p. 74. Afgezien van kleine spellingverschillen en van het feit dat de afkortingen opgelost zijn, komt deze tekst reeds voor in de oudste, alle uit 1492 daterende handschriften van het L.S.E.: Berlijn, Staatsbibliothek Preußischer Kulturbesitz, cod. lat. fol. 410; Gent, Universiteitsbibliotheek, 67-67d; Kassel, andesbibliothek und Murhardsche Bibliothek, 2° Theol. 63. ARNOLD K., *Johannes Trithemius...*, p. 245 en 123 noot 48, dateert het Gentse handschrift evenwel 1494 en dit onder verwijzing naar DE SAINT-GENOIS J., *Catalogue méthodique et raisonné des manuscrits de la Bibliothèque de la ville et de l'université de Gand*. Gent 1849-1852, p. 194 nr 187: "... celui-ci fut achevé en 1492, comme le porte le f. 128v°". De eerste druk is inderdaad van 1494, doch het Gentse handschrift kan een afschrift zijn van een handschrift uit 1492, het Berlijnse bijvoorbeeld. Op f. 255v staat duidelijk: "Hoc volumen comparauit Raphael de Marcatellis dei gratia episcopus... abbas sancti Bavonis iuxta Gandavum. Anno domini 1492".

29. STEFFEN C., *Untersuchungen...*

30. ARNOLD K., *Johannes Trithemius...*, p. 3 noot 28 "Erst nach Abschluß dieser Arbeit erschien: Christel Steffen, *Untersuchungen...*". Over het compositieschema schreef Arnold p. 124-126. Wij volgen het onderzoek van Steffen.

31. STEFFEN C., *Untersuchungen...*, kol. 1306.

32. STEFFEN C., *Untersuchungen...*, kol. 1305.

33. STEFFEN C., *Untersuchungen...*, kol. 1306-1307.

34. STEFFEN C., *Untersuchungen...*, kol. 1306.

Hierop volgt een bibliografische tekst met "Titel die lediglich eine Schriftengattung bezeichnen" (als epitolae, homiliae, sermones, epigrammata...) waarbij voor elke vermelding afzonderlijk moet nagegaan worden of dit "fingierte Sammelbezeichnungen oder konkrete Titel" zijn.[35] *In casu*: "alia... uenerunt".
Het inlassen van de titellijst tussen de biografische notitie en de bibliografische slotzin had tot gevolg dat Trithemius syntactische overgangen moest scheppen waarin termini voorkomen die

> freilich nicht im Einzelartikel, sondern im gesamten Werk betrachtet, über den Grad der Zuverläßigkeit und über die Herkunft der Titelangaben Aufschluß zu geben vermögen. Darum bildet die Prüfung dieser Termini einen Beitrag zur Untersuchung der bibliographischen Technik und der Glaubwürdigkeit in den Angaben des Trithemius.[36]

Naast *fertur / feruntur, reperi, inveni, vidi, legi* is *extant eius* volgens Steffen een van de formuleringen waarmee Trithemius te kennen geeft dat hetgeen hij meedeelt - *in casu*: Sermones..., Visiones..., *De uita sanctae Lutgardis...* - niet op eigen kennis berust, doch aan bronnen ontleend is.[37]
Indien de vaststellingen van C. Steffen (en van K. Arnold) met betrekking tot de biobibliografische techniek van Trithemius correct zijn en indien Trithemius precies in het hoofdstukje over Willem van Affligem niet van zijn gewone techniek afwijkt, rijst de vraag welke bron of bronnen Trithemius benut heeft om de notitie te schrijven. De C.V.I. gewaagt immers niet van "Sermones non inutiles... liber j". De C.V.I. zegt daarentegen duidelijk "conuertit in Theutonicum" en toch beschouwt Trithemius het werk *De uita sanctae Lutgardis* niet als een vertaling, doch als een oorspronkelijk werk dat hij derhalve in de *Werkliste* opneemt. Ook over "liber j" zegt de C.V.I. niets. Ten slotte luidt het in de C.V.I. "conuertit in Theutonicum" en "dictauit etiam Latine..." en toch blijft deze talenkennis in de biografische tekst onvermeld.
Steunende op een of andere bron of bronnen moet Trithemius zich wel erg sterk gevoeld hebben om zó van de C.V.I. af te wijken - indien hij die al zou gevolgd hebben - en 'n Willem van Affligem een oorspronkelijke *De uita sanctae Lutgardis* toe te schrijven.

35. STEFFEN C., *Untersuchungen...*, kol. 1305 en 1310.
36. STEFFEN C., *Untersuchungen...*, kol. 1314.
37. STEFFEN C., *Untersuchungen...*, kol. 1315.

Met het over 'n Willem van Affligem handelende caput 57 van de C.V.I. is er duidelijk "iets" gebeurd. Dit leiden we af uit de vaststelling dat Trithemius in zijn *De viris illustribus Ordinis S. Benedicti, Liber secundus* de teksten over Simon van Affligem en Hendrik van Brussel wél heeft opgenomen,[38] doch niet de tekst over *Frater Wilhelmus monachus Haffligeniensis* die vervangen werd door een overigens corrupte mededeling over *Wilhelmus abbas pictaviensis.*[39] Het caput 57 van de C.V.I. komt ook niet elders in *De viris illustribus...* voor, althans niet in de door Busaeus in 1604 bezorgde uitgave.
Aangezien rekening moet gehouden worden met de mogelijkheid dat Busaeus het caput 57 om een of andere reden gewraakt heeft of het in het door hem gebruikte handschrift van *De viris illustribus...* niet aangetroffen had, hebben we het oudste handschrift van *De viris illustribus...* geraadpleegd.[40] Op f. 346r van dit handschrift staat de *Praefatio* tot het *Opusculum de laudibus et viris illustribus ordinis sanctissimi patris nostri Benedicti.* Vervolgens op f. 346v-374v het Liber I en II en op f. 376r-381r een supplement.[41] Negenendertig in de eerste twee boeken nog niet vermelde auteurs komen aan de beurt. Zes hunner komen in de C.V.I. voor en vergen nadere analyse.
Aanvulling 27 (f. 379v) handelt over Anselmus remensis, doch is niet aan C.V.I. cap. 30 ontleend. De tekst over Bernardus monachus cluniacensis (aanvulling 28 op f. 379v) kan aan C.V.I. cap. 2 ontleend zijn, doch de vermelding "claruit... millesimo quadragesimo" is elders gevonden. Wat Trithemius over Edmundus monachus cantuariensis meedeelt (aanvulling 36 op f. 380v) is aan caput 7 van de C.V.I. ontleend; ook hier is de vermelde sterfdatum uit een andere bron geput. In de aanvullingen 37, 38 en 39 op f. 381r komen Affligemse monni-

38. *Ioannis Trithemii Spanhemensis... opera pia et spiritualia.* Editie I. BUSAEUS S.J., Mainz 1604, p. 16-149; p. 57: caput CXXVV en CXXVII, resp. C.V.I. cap. 56 en 58.

39. Wilhelmus Pictavensis (= Poitiers) werd verward met Guillaume d'Auvergne (° vóór 1191, † 1249) die de auteur is van de twee door Trithemius vermelde traktaten *De sacramentis* en *De legibus*.

40. Brussel, Koninklijke Bibliotheek Albert I, 2310-2323, in 1494 te Brauweiler geschreven. VAN DEN GHEYN J., *Catalogue...*, deel 3, Brussel 1903, nr 2089, p. 286-287. Naast het omstreeks 1492 in Sponheim geschreven, doch onvolledige (en bijgevolg voor het onderhavige onderzoek ongeschikte) handschrift Kiel, Universiteitsibliotheek, Ink. 50/10, vermeldt ARNOLD K., *Johannes Trithemius...*, p. 232 nog het handschrift "Berlin, cod. lat. fol. 410, fol. 177r°-190v° (1492, aus Sponheim)". Deze vermelding is fout (het beperkte aantal folio's is een eerste aanwijzing, vergelijk met het Brusselse hs. f. 346r-381r en bij Busaeus p. 16-149). In dit licht mag het handschrift uit Brauweiler als het oudste, volledig bewaarde exemplaar beschouwd worden.

41. "In secundo libro quem scripsi de viris illustribus nostri ordinis sequentes per incuriam obmissi sunt et ideo inserendi".

ken aan de beurt: Franco abbas (C.V.I. cap. 39), Symon monachus (C.V.I. cap. 56) en Henricus monachus (C.V.I. cap. 58). Willem van Affligem, die in de bewaarde afschriften van de C.V.I. met zijn kloostergenoten Simon en Henricus steeds een aaneengesloten trio vormt, komt in dit supplement en in het gehele handschrift 2310-2323 niet voor. De *Wilhelmus abbas pictaviensis*, die in de door Busaeus bezorgde uitgave van Trithemius' werken tussen Simon en Henricus het caput CXXVI toegewezen kreeg, komt voor in de doorlopende tekst van het handschrift, f. 373v.

Waarom Trithemius Willem van Affligem in zijn L.S.E. wel, doch in zijn *De viris illustribus ordinis sancti Benedicti* – dat een "benedictijnse bloemlezing" uit L.S.E. is[42] – niet opgenomen heeft, kan niet achterhaald worden. Intussen is wel aangetoond dat de opneming in het L.S.E. gebeurde aan de hand van een bron die hij voldoende betrouwbaar achtte om van de C.V.I. af te wijken en aan Willem van Affligem een werk *De uita sanctae Lutgardis* toe te schrijven.

Zeker is het na het bovenstaande duidelijk dat Van Mierlo wat al te laconiek heeft geschreven

> Trithemius wel is waar, de werken opsommende van Willem van Affligem, zegt: De Vita S. Lutgardis, lib. I, doch aan dit liber I kan geen belang gehecht worden...[43] daar de vermelding lib. I naast visiones cujusdam monialis zoowel als naast De vita S. Lutgardis blijkbaar verkeerd zijn.[44]

Wat Van Mierlo intussen niet belet heeft op Trithemius een beroep te doen om zijn opvatting, dat Willem van Affligem ook het Leven van Jezus vertaalde, te staven. Met betrekking tot het capitulum uit Trithemius' werk schreef hij

> Dit is niet zonder meer uit Henricus van Brussel overgenomen. Al gewaagt hij niet van die vertaling der evangeliën, toch weet hij, dat Willem was *vir in divinis Scripturis studiosus*, een man die zich bijzonder had toegelegd op de studie van de H. Schrift; *et longa exercitatione eruditus*, een man die er door lange oefening zeer in bevoegd was. Herinnert dit aan Willem's bedrijvigheid als vertaler van de Evangeliën?[45]

42. ARNOLD K., *Johannes Trithemius...*, p. 136.
43. VAN MIERLO J., *Willem van Afflighem...*, p. 852.
44. VAN MIERLO J., *Willem van Afflighem...*, p. 830-831.
45. VAN MIERLO J., *Willem van Afflighem...*, p. 830.

Hoe zwaar wegen de adjectieven *studiosus* en *eruditus*? Als toets kozen we de vijf capitula op f. 72v van de druk van 1494 van het L.S.E. Zonder dat uit de opgesomde werken blijkt dat de auteurs als vertaler van het Evangelie bedrijvig zijn geweest, krijgen ze toegevoegd: Gerardus... vir in scripturis sanctis studiosus et exercitatione peritus, Guilhelmus... vir in divinis scripturis longo usu et exercitatione peritus, Richardus... in scripturis sanctis egregie doctus, Guilhelmus.. vir in divinis scripturis eruditus et saecularium litterarum non ignarus. Alleen de vijfde auteur, Egidius de Roma, die geschreven heeft *In Hexaemeron, In Cantica Canticorum* en *In epistolas Pauli*, heet "vir in divinis scripturis eruditissimus". *Studiosus* en *eruditus* behoren tot de sterotiepe formuleringen waarover Steffen schrijft

> Die Wendungen, mit denen Trithemius die Autoren charakterisiert, stehen oft im Superlativ und kehren häufig wieder... [voorbeelden: eruditus, doctus, studiosus, wat] läßt deutlich werden, daß er sein Lob großzügig verteilte, aber die formelhaft sich wiederholende Ausdrücke zeigen auch, daß er sich nicht bemühte, individuelle Züge nachzuzeichnen.[46]

Zij volstaan niet om het Leven van Jezus aan de Guilhielmus monachus Haffligemensis toe te schrijven. En nog was dit niet voldoende. Via de uit Rooklooster afkomstige catalogus van in bibliotheken van de Nederlanden aanwezige handschriften, die "evenmin iets afweet van een Dietsche Vita Christi als werk van Willem van Affligem",[47] kwam Van Mierlo tot deze vraag:

> En Trithemius zelf gebruikte den catalogus van Henricus van Brussel. Hij voegt er alleen die *Sermones* aan toe, die Henricus van Brussel niet vermeldt. Ik vraag me af, of daardoor de Limburgsche sermoenen niet bedoeld worden.[48]

Volgens Trithemius schreef Guilhelmus monachus Haffligemensis in het Latijn, een uit één deel bestaand, oorspronkelijk werk, *De uita sanctae Lutgardis*. Trithemius kende slechts één *Vita Lutgardis* en één Lutgarthagiograaf. Dit deed attributiemoeilijkheden rijzen bij het lezen van cap. 51 van de C.V.I. over Thomas van Cantimpré: "Scripsit etiam vitam cuiusdam monialis de Aquiria, domine scilicet Lutgardis",

46. STEFFEN C., *Untersuchungen...*, kol. 1267. Zie ook LEHMANN P., *Mittelalterliche Beinamen und Ehrentitel* in LEHMANN P., *Erforschung des Mittelalters* ... Stuttgart 1959; deel 1, p. 129-154.
47. VAN MIERLO J., *Willem van Afflighem...*, p. 831.
48. VAN MIERLO J., *Willem van Afflighem...*, p. 831.

en cap. 57 van de C.V.I. over Willem monnik van Affligem: "... vitam domine Lutgardis a fratre Thoma latine scriptam...". Trithemius heeft geopteerd voor Willem als Lutgarthagiograaf. Voor Thomas van Cantimpré was er geen bijgevolg plaats meer. Consequent heeft Trithemius in zijn L.S.E.[49] aan Thomas van Cantimpré géén *Vita Lutgardis* toegeschreven:

> Thomas de Cantiprato: natione brabantinus: ordinis fratrum praedicatorum: Alberti magni quondam ut ferunt discipulus: vir devotus & tam in divinis scripturis quam in saecularibus litteris egregie doctus: ingenio promptus eloquio scholasticus: fertur quaedam praeclara scripsisse volumina quibus nomen suum ad noticiam posteritatis deducit.[50] E quibus extant
> opus de apibus mysticis quod praenotavit:
> Reverendo in Christo Patri fratri H[umberto].[51]
> Bonum universale li. ij
> De rerum natura li. j
> Vita sanctae Christinae li. j
> Et cetera quae non vidi.
> Claruit sub Rodulpho imperatore: Anno domini Mill. CC.LXX. Et sunt qui scribunt eum graeci sermonis habuisse peritiam: & libros Aristotelis quorum iam usus in scholis est transtulisse.

3.3. De Centrale Catalogus van Rooklooster en Willem van Affligem

Merkwaardig is nu wel dat de attributie van een *De uita sanctae Lutgardis* aan Willem van Affligem bevestigd wordt door dat "onschatbaar document voor de cultuurgeschiedenis der Nederlanden",[52] de Centrale Catalogus van Rookloosier, nu in Wenen bewaard: Österreichische Nationalbibliothek, Series nova 12694. Deze catalogus heeft op f. 369v de volgende informatie:

49. Uitgave Quentell, Keulen 1494, f. 70v.

50. De woorden "quibus nomen... deducit" ontbreken in het L.S.E.-afschrift Parijs, Bibliothèque de l'Arsenal, 507 (531 T.L.), derde deel, f. 2r-89v, dat hieronder zal besproken worden.

51. VAN DER VET W.A., *Het Biënboec van Thomas...*, p. 35 "... overscrivet den eerweerdigen vader in Christo, brueder Hubert, die een meyster is vander Prediker oirde".

52. Tentoonstellingscatalogus *De nationale bibliotheek van Oostenrijk. Handschriften en gedrukte werken over de geschiedenis van de Nederlanden. 1475-1600.* Brussel 1962. (*Koninklijke Bibliotheek catalogus* 9); p. 73-74 nr 130; p. 74.

> Wilhelmus monachus haffligemensis ordinis sancti benedicti, natione teutonicus et aliquamdiu in eodem monasterio prior in utrisque litteris satis peritus, carmine valens et prosa scripsit
> . Sermones non inutiles
> V . Vita sanctae Lutgardis
> . Visiones cuiusdam monialis.

Links naast *Vita sanctae Lutgardis* staat een "letter of letterachtig teken"[53] waarover nog zal gehandeld worden.
Aangenomen wordt dat de samensteller van deze na 1532 begonnen en in 1538-1540 voltooide Centrale Catalogus van handschriften en drukken in bibliotheken van de Nederlanden het L.S.E. van Trithemius gecopieerd heeft. In de proloog f. 4r zegt hij trouwens

> Congessi ergo hoc registrum universale quod ideo universale dici potest tum primo quia ex multis libris illustrium virorum collatum est videlicet Jheronimj, Ysidori, Gennadij, Johannis Trithemij et aliorum et principaliter ex registro monasterii sancti Martini in Lovanio.[54]

Van Mierlo meende dat de samensteller alleen de druk van 1494 of 1531 van Trithemius' L.S.E. kon gekend hebben.[55] W. Lourdaux[56] schreef dat de opsteller zonder twijfel het L.S.E. van Trithemius gebruikt heeft en vermeldde hierbij in voetnoot de drukken van 1494, 1512, 1531 en 1546. Welnu: in niet een van de drukken - van Joh. Amerbach Basel 1494 tot P. Quentell, Keulen 1546 - noch in handschrift 67-67d van de Universiteitsbibliotheek Gent komt de aangehaalde tekst over Willem van Affligem in deze vorm voor. Aangezien de formulering in enerzijds de Centrale Catalogus en anderzijds de drukken en het Gentse handschrift van het L.S.E. overeenkomst vertonen, moet een ontbrekende schakel verondersteld worden.
Aangetoond[57] kan worden dat Rooklooster vrij spoedig in het bezit gekomen is van het L.S.E. Een Latijnse inventaris van de bibliotheek

53. *De Nationale Bibliotheek...*, p. 74.
54. Geciteerd naar VAN MIERLO J., *Een katalogus van handschriften in Nederlandsche bibliotheken uit 1487* in *O.G.E.* 2, 1928, p. 275-303; p. 282.
55. VAN MIERLO J., *Een katalogus...*, p. 293.
56. LOURDAUX W., *Moderne Devotie en christelijk humanisme. De geschiedenis van Sint-Maarten in Leuven van 1433 tot het einde der XVIe eeuw.* Leuven 1967 (*Werken op het gebied van de geschiedenis en de filologie*, 5e reeks, 1); p. 13 en noot 28.
57. Ons onderzoek gebeurde vóór de publicatie van LOURDAUX W. & PERSOONS E., *Het boekenbezit en het boekengebruik bij de Moderne Devoten* in *Studies over het boekenbezit en boekengebruik in de Nederlanden voor 1600.* Brussel 1974 (*Archief- en Bibliotheekwezen in België*, extranummer 11), p. 247-325.

van Rooklooster[58] vermeldt op f. 26v immers "Johannes Trithemius abbas de ecclesiasticis scriptoribus". Wanneer dit geregistreerd werd kan wel niet exact uitgemaakt worden. Evenmin kan uitsluitsel gegeven worden omtrent de vraag of deze post op een handschrift dan wel op een druk betrekking heeft. Zeker is dat Rooklooster in het bezit van beide is geweest: druk[59] en handschrift zijn bewaard.
Handschrift 507 van de Bibliothèque de l'Arsenal te Parijs is in Rooklooster ontstaan en in het bezit ervan geweest.[60] In het derde deel[61] ervan komt over de f. 2r-89v een "afschrift" van het L.S.E. voor, met op f. 90r-95v *Annotatio Scriptorum in hoc opere commentatorum*. Op f. 55v:

> Guilhelmus monachus haffligemensis ordinis sancti benedicti natione theutonicus et aliquamdiu in eodem monasterio prior vir in utrisque litteris satis peritus carmine valens et prosa scripsit
> Sermones non inutiles 1
> De vita sanctae Lutgardis 1
> Visiones cuiusdam monialis 1
> Alia que composuit ad notitiam meam adhuc minime venerunt.

Dit is niet langer de tekst van het L.S.E., doch nog niet de formulering van het Weense handschrift, de Centrale Catalogus. De tekst van Trithemius is tot het wezenlijke herleid.

58. Handschrift Brussel, Koninklijke Bibliotheek Albert I, II 152. Zie Bijlage 2: *Oorsprong en herkomst van de handschriften van de Catalogus virorum illustrium.*

59. De Provinciale Bibliotheek Hasselt bezit het exemplaar van de eerste druk – P. Quentell, Keulen 1531 – dat blijkens het eigendomsmerk op de titelpagina – *Bibliothecae Rubeevallis* – aan Rooklooster heeft toebehoord. Blijkens de aantekening op het schutblad vooraan werd het door Anthonius Gheens geschonken: "Liber hunc donavit nobis venerabilis Frater noster Anthonius Gheens rector et confessor quondam...".

60. Oorsprong en herkomst zijn gemakkelijk vast te stellen. Fol. C van het voorwerk: *Liber monasterii Rubeevallis canonicorum regularium*; f. A van het voorwerk: *Liber iste pertinet librarie monasterii sancti pauli iuxta bruxellam in zonia quod rubeavallis dicitur teutonice Roodenclooster*; f. 116v, na het explicit van de zesde tekst van het tweede deel: *Frater Anthonius gheens*. Deze Gheens schreef ook de inhoudstafel op f. B van het voorwerk en vermeldde op f. 99r een jaartal: *Explicit expositio beati Eustatii Bonaventure super Ecclesiasten. 1504*. Toch kreeg dit handschrift slechts een summiere notitie bij SAMARAN C. & MARICHAL R., *Catalogue des manuscrits en écriture latine portant des indications de date, de lieu ou de copiste*. Tome I: *Musée Condé et bibliothèques parisiennes*. Notices établies par Monique GARAND et Josette METMAN. Parijs 1959; deel 1, tekst, p. 398 nr 71. Dit lokte van de zijde van R. Lievens een critische vraag uit (LIEVENS R., *Les manuscrits datés* in *Leuvense Bijdragen* 52, 1963, p. 1-11; p. 8).

61. Het nummer bestaat uit drie delen in een band met doorlopende foliëring voor het eerste en tweede deel. Zie MARTIN H., *Catalogue des manuscrits de la Bibliothèque de l'Arsenal*, deel 1, Parijs 1885, p. 358-360.

In het Parijse handschrift is een druk of een handschrift van Trithemius' L.S.E. samengevat. Zo werd een tekst verkregen die als *pseudo*-Trithemius een plaats inneemt in de ontwikkeling van Trithemius tot de Centrale Catalogus van Rooklooster zoals bewaard in het Weense handschrift.
In dit Weense handschrift valt de tekst over Willem van Affligem in drie delen uiteen. Vooreerst het alfabetische trefwoord Wilhelmus monachus, in een grote gevormde letter. Hierop volgt het "biografische deel" in een veel kleinere letter, compacter geschreven en blijkbaar pas opgenomen nadat het alfabetische trefwoord en de titels, waarover hieronder, geschreven waren. Bij de woorden "in utrisque litteris satis peritus" tekende Van Mierlo aan "... nl. in het Latijn en in de moedertaal, omdat hij werken heeft in beide talen; of beteekent het hetzelfde als: in proza en poëzie?"[62] Aan de hand van de geschetste evolutie in nu duidelijk dat "utrisque" staat voor "in divinis... atque in saecularibus litteris...": geestelijke en wereldlijke literatuur.
Ten slotte volgen wat met betrekking tot Trithemius genoemd werden "Originaltitel von Einzelwerken":

. Sermones non inutiles
V . Vita sanctae Lutgardis
. Visiones cuiusdam monialis[63].

Van Mierlo[64] heeft het links naast *Vita sanctae Lutgardis*[65] aangebrachte teken gelezen als een V die dan, volgens het Weense handschrift f. 21v, staat voor "viridisvallis monasterium in zonia prope bruxellam". Zelf zijn we geneigd er de V in te zien die volgens hetzelfde f. 21v staat voor "Vlierbakum benedicti prope lovanium".[66] Welke V nu eigenlijk bedoeld is, heeft voor het onderhavige onderzoek minder belang, immers...

62. VAN MIERLO J., *Willem van Afflighem...*, p. 831.
63. De woorden "Alia vero quae composuit ad noticiam meam adhuc minime venerunt" waarmee Trithemius zich tegen het verwijt van onvolledigheid had willen beschermen (STEFFEN C., *Untersuchungen...*, kol. 1316) en die door de "auteur" van het Parijse "afschrift" wellicht om dezelfde reden werden overgenomen, zijn hier weggelaten: de Centrale Catalogus van Rooklooster beoogde immers concrete informatie te brengen.
64. VAN MIERLO J., *Willem van Afflighem...*, p. 831.
65. Bij de overige twee "titels" in de "Werkliste" zijn geen vindplaatsen vermeld.
66. Het paleografische verschil tussen beide tekens blijkt niet uit de door Van Mierlo uitgegeven "Tabulae diversorum locorum per sillabas... per litteras", p. 87-92 in VAN MIERLO J., *De anonymi uit den katalogus van handschriften van Rooklooster* in *O.G.E.* 4, 1930, p. 84-102 en 316-357, en moest dus op het handschrift vastgesteld worden.

In het oudere register van de Rooklooosterbibliotheek, het reeds vermelde handschrift II 152 van de Koninklijke Bibliotheek Albert I te Brussel, is geen *Vita Lutgardis* vermeld. Blijkens de *Tabula alphabetica omnium voluminum librarie nostre*[67] bezat Rooklooster dertig, veertig jaar later evenmin een *Vita Lugardis*. De lijst *Sanctorum vite sive legende*[68] vermeldt op f. 395v *sub voce* Lutgardis: "Lutgardis pie de aquiria vita. 3 li. pro. Dom. rever.", waarmee duidelijk Cantimprés *Vita Lutgardis* in drie boeken, met het incipit van de proloog "Dominae reverendae et in Christi" bedoeld is. Vier vindplaatsen zijn meegedeeld: Korssendonck regulares; antverpiae apud carthusienses; predicatorum fratrum monasterium in lovanio, en dan weer V = Groenendael of Vlierbeek.

Op f. 348r komt Thomas de Cantiprato aan de beurt. De vermelding "Vita sancte Lutgardis ab eo scripta" is nieuw. Ze komt inderdaad niet voor in het L.S.E. van Trithemius en evenmin in handschrift 507 van de Bibliothèque de l'Arsenal, de pseudo-Trithemius.[69] Er worden echter helemaal geen vindplaatsen meegedeeld, wat betekent dat de samensteller van de Centrale Catalogus geen verband heeft gezien tussen Thomas van Cantimpré en de op f. 395v vermelde *Vita Lutgardis*. Aangezien de op f. 369v s.v. Wilhelmus haffligemensis vermelde vindplaats V en de op f. 395v vermelde vindplaats V identiek zijn, heeft hij blijkbaar verband gezien tussen de *Vita Lutgardis* en Willem van Affligem. Ten nadele van Thomas beschouwt hij Willem van Affligem als Lutgarthagiograaf. Net zoals Trithemius het een halve eeuw voor hem had gedaan.

Bezat Rooklooster dus zelf geen *Vita Lutgardis*[70] dan kan de samen-

67. F. 26r-41v van het Weense handschrift.

68. F. 383-405 en 407-409.

69. Op f. 51v worden s.v. Thomas brabantinus aan werken vermeld: *Bonum universale ii - de rerum natura i - Vita sanctae Christinae i - Alia scripsit nondum vidi.*

70. Zodat de vraag rijst welk handschrift van de *Vita Lutgardis* Joh. Gielemans benutte voor de *Vita piae Lutgardis* in zijn *Hagiologium Brabantinorum* (tussen 1476 en 1484). Met LIEVENS R., *De lijst der Dietse boeken van Rooklooster. Een identifikatie en een interpretatie* in *T.N.T.L.* 86, 1970, p. 234-239, p. 236, kan men stellen dat Gielemans een handschrift van Groenendaal gebruikte: de kanunniken van Rooklooster zullen wel geweten hebben welke boeken in Groenendaal, een naburige en bevriende kloostergemeenschap van dezelfde Orde, werden geschreven of er aanwezig waren. Bezat Rooklooster zelf geen handschriften met de *Vita Lutgardis* en was de tekst ervan anderzijds via Gielemans' *Hagiologium* toegankelijk, dan is het toch weer vreemd dat de *Vita Lutgardis* niet opgenomen is in de *Tomus tertius complectens sanctos mensium maij, junij, julij et augusti... Joseph. Ghentii* (kerkelijk feest van Lutgart: 16 juni), handschrift Brussel, Koninklijke Bibliotheek Albert I, 982; VAN DEN GHEYN J., *Catalogue...*, deel 5, Brussel 1905, p. 229-241 nr 3243. "Joseph. Ghentii" is Antonius Geens ([PONCELET A.], *De*

steller van de Centrale Catalogus langs twee wegen ertoe gekomen zijn *sub voce* Wilhelmus monachus naast *Vita sanctae Lutgardis* een vindplaats V te vermelden.

Of hij raadpleegde catalogi van andere bibliotheken,[71] vond daarin vermeld *Vita sanctae Lutgardis* en noteerde in zijn werk "V". In dit geval is de V aangebracht *fide* zijn collega-bibliothecaris die *de visu* in zijn catalogus genoteerd had. Had hij de V gevonden in de *Catalogus librorum manuscriptorum in diversis Belgii bibliothecis exstantium* - een door Gerardus Roelants omstreeks 1485 opgestelde "centrale catalogus" die in 1532 door bemiddeling van Nicolaus van Winghe, toenmalig bibliothecaris van Sint-Maarten, ter beschikking van de samensteller in Rooklooster kwam[72] - dan kan ze door Roelants op zijn beurt aan bronnen-catalogen ontleend zijn. Een eventuele V was echter steeds *de visu* aangebracht.

Of de samensteller ging op queste. Gerardus Roelants[73] vanuit Sint-Maarten naar het nabijgelegen Vlierbeek en naar Viridisvallis; de samensteller van het Weense handschrift naar Viridisvallis (waar blijkens f. 395v van dit handschrift een *Vita Lutgardis* aanwezig was,

Antonio Gentio in Rubea Valle canonico regulari hagiographo in *Analecta bollandiana* 6, 1887, p. 31-34).

71. GRUIJS A., *Fragment d'un catalogue ancien de Groenendael ayant servi à la composition du répertoire collectif de Rougecloître (Paris, Mazarine, Ms. 4095 A et Vienne, Ö.N.B., Ms. 9373)* in *Varia Codicologica. Essays presented to G.I. Lieftinck*. Amsterdam 1972, p. 75-86 (*Litterae textuales*, 1), heeft gepoogd het gebruik van vreemde catalogi voor Groenendaal aan te tonen. Zie evenwel de kritiek van LOURDAUX W., *Het boekenbezit...*, p. 317-318. Of in het "registro monasterij sancti martini in Lovanio" een *Vita Lutgardis* vermeld werd, kan niet uitgemaakt worden: het register is niet bewaard. In twee zeventiende-eeuwse, door Petrus Trudonis samengestelde catalogi van Sint-Maarten (Brussel, Koninklijke Bibliotheek Albert I, 21874: *Index bibliothecae martinianae manuscriptae*, en II 1164) komt geen *Vita Lutgardis* voor. In hs. K.B. Brussel 21874 op f. 35r bij Thomas Cantipratanus: *Bonum universale de apibus. F 1. De vita s. Christinae de S. Trudone. T.18.12.* - hetzelfde bezit als in 1639 (zie SANDERUS A., *Bibliotheca Belgica Manuscripta* deel 2, Rijsel 1643, p. 224; anastatische heruitgaven: Londen 1969, Brussel 1972 - *Archief- en Bibliotheekwezen in België*, extranr 7).

72. LOURDAUX W., *Moderne Devotie...*, p. 12-13.

73. Ten aanzien van de Martinist Gerardus Roelants moet ermee rekening gehouden worden dat hij zeker, aldus W. Lourdaux, "door de *clausura* gebonden was en dat het hem bijgevolg niet vrij stond te reizen. Zijn inlichtingen heeft hij waarschijnlijk langs andere wegen moeten bereiken, zoals per brief of aan de hand van reeds vermelde bestaande catalogen. Deze laatste veronderstelling biedt wel een zekere grond van waarschijnlijkheid, daar men weet dat in Sint-Maarten de catalogen van de kloosters Marienhagen bij Eindhoven en Mariahorn bij Nijmegen aanwezig waren"; LOURDAUX W., *Inleiding tot de studie van de handschriften van Sint-Maarten te Leuven* in *Bronnen voor de religieuze geschiedenis van België. Middeleeuwen en Moderne Tijden*. Leuven 1968 (*Bibliothèque de la Revue d'histoire ecclésiastique*, 47), p. 142-180; p. 157.

indien V = Viridisvallis), of naar Vlierbeek (indien V = Vlierbakum). Wie van beiden ook de V noteerde, het gebeurde op grond van persoonlijke vaststellingen.
Hoe het ook zij - enderzijds *fide* andermans *de visu*, anderzijds persoonlijk *de visu* - onder het trefwoord Wilhelmus monachus staat in de Centrale Catalogus van Rooklooster *Vita sanctae Lutgardis*. Vorsers die het Weense handschrift bestudeerd hebben[74] beschouwen het als de catalogus van de Latijnse boeken (van Rooklooster en andere bibliotheken), waarin dus uitsluitend - tenzij uitdrukkelijk anders gezegd[75] - Latijnse werken vermeld zijn, zoals in de catalogus van Dietse boeken, die omstreeks het einde van de 14e eeuw in Rooklooster voorhanden waren,[76] uitsluitend Dietse werken opgenomen zijn.
Zo bevestigt de Centrale Catalogus wat Trithemius ongeveer een halve eeuw vroeger aan de hand van een onbekend gebleven, doch door hem als gezaghebbend beschouwde bron schreef: "Guilhelmus monachus Haffligemensis [scripsit] *De vita sanctae Lutgardis* li. j".
Het is duidelijk dat men, om aan Willem van Affligem een Middelnederlands Leven van Lutgart toe te schrijven, geen beroep kan doen op een bron die hem een *Vita Lutgardis* toeschrijft.

De uiterste consequentie van dit onderzoek is intussen dat twijfel rijst of alle handschriften met de *Vita Lutgardis*, die haast automatisch - dit wil zeggen: indien incipit en/of explicit van proloog en/of tekst niet al te zeer afweken - een verwijzing naar de *Acta Sanctorum* of naar de *Bibliotheca Hagiographica Latina* kregen, wel inderdaad de tekst van Thomas Cantipratanus brengen.

74. Zonder volledigheid te beogen vermelden we VAN MIERLO J., *Een katalogus...* en *De anonymi uit den katalogus...*; LEHMANN P., *Alte Vorläufer des Gesamtkatalogs* in *Festschrift Georg Leyh*. Leipzig 1937, p. 67-81; eveneens in LEHMANN P., *Erforschung des Mittelalters* ... Stuttgart 1961; deel 4, p. 172-183 en *Quellen zur Feststellung und Geschichte mittelalterlicher Bibliotheken, Handschriften und Schriftsteller* in *Historisches Jahrbuch* 40, 1920, p. 44-105; eveneens in LEHMANN P., *Erforschung des Mittelalters* ... Stuttgart 1959; deel 1, p. 306-358; SILVESTRE H., *A propos d'anciens catalogues collectifs de manuscrits* in *Scriptorium* 15, 1961, p. 323-327; VERMEEREN P.J.H., *Op zoek naar de librije van Rooklooster* in *Het Boek* 35, 1961-1962, p. 134-173.

75. F. 156v: *Hadewigis de antverpia... Z: Epistolae, proverbia, rithmata eius in theutonico;* f. 31 (bibliotheek van Rooklooster) *L 22. Le premier liver (sic) des croniques messir Iehan froissart, L 23. Le second liver des croniques messir iehan froissart, L 24. Le tiers et quart liver des croniques messir iehan froissart.* Commentaar bij deze twee plaatsen door VAN MIERLO J., *Een katalogus...*, resp. p. 295 en 297.

76. DE VREESE W., *De Dietsche boeken van 't Rooklooster omstreeks het jaar 1400* in *Album Kern*, Leiden 1903, p. 397-403; eveneens in VERMEEREN P.J.H., *Willem de Vreese...*, p. 61-68. Bedoeld is handschrift Brussel, Koninklijke Bibliotheek Albert I, 1351.

Een *Vita Lutgardis* die dermate van de *Acta Sanctorum* afwijkt dat ze aan een andere auteur dan Thomas van Cantimpré moet toegeschreven worden, hebben we niet ontdekt.

3.4. Een eerste, tweede en derde Willem, monnik van Affligem

Na de vaststelling dat Affligemse kroniekschrijvers als Johannes Amerius (1500-1556),[77] Hubertus Phalesius (1585-1636)[78] en Odo Cambier (1614-1651)[79] Willem van Affligem niet eens vermelden en in de hoop iets meer over Willem van Affligem te vernemen, raadpleegden we de zevendelige autograaf *Haffligbemum illustratum* van de Affligemse annalist Proost Beda Regaus (1718-1808).[80] Hoewel Van Mierlo dit werk gekend heeft, heeft hij uit de duizenden, in een vlot leesbare hand geschreven kolommen niet gehaald wat erin te vinden was.
Hierboven hebben we, in de samenvatting van de standpunten van Bormans, Serrure en Van Veerdeghem, geschreven "Willem van Affligem is de dichter van het Kopenhaagse Leven van Lutgart. Tertium non datum! Tertius non datus!" Hiermee bedoelden we dat enerzijds niet overwogen werd of Willem van Affligem een ander Leven van Lutgart zou geschreven hebben, en dat anderzijds niet de vraag rees of Willem van Affligem wel met Willem Berthout van Mechelen mocht vereenzelvigd worden. Bij Beda Regaus vinden we elementen die erop wijzen dat er één Willem Berthout van Mechelen, monnik van Affligem, is geweest; dat er twee Willems van Mechelen, monniken van Affligem, zijn geweest; dat er een derde Willem is geweest die, zo schrijft Beda Regaus, "vitam dominae Lutgardis... convertit in teutonicum rijtmice".

77. AMERIUS J., *Chronicon Abbatiae Haffligiensis*, Brussel, Koninklijke Bibliotheek Albert I, 16586-16588; papier, 1e helft 16e eeuw.

78. PHALESIUS H., *Chronicon monasterii Sti Petri et Pauli Affligensis*; kroniek uit eerste helft 17e eeuw.

79. CAMBIER O., *Haffligemium sive ducalis in Brabantia Abbatiae Haffligeniensis...*, Abdijarchief Affligem, z.nr; kroniek van ca 1650, papier, 387 f.

80. COOSEMANS V., *Das Leben und die Werke von Beda Regaus, letzten Probstes von Affligbem (1718-1808)* in *Studien und Mittheilungen zur Geschichte aus dem Benediktiner und Cistercienser-Orden* 31, 1910, p. 151-181. - VERLEYEN W., *Proost Beda Regaus, geschiedschrijver van de abdij Affligem, 1718-1808*. [Hekelgem], Abdij Affligem, 1972.

3.4.1. Over een eerste Willem

Over een eerste Willem lezen we bij Beda Regaus op verschillende plaatsen.

Eerste plaats:

> Qui reputatur filius naturalis Walterus Bertholdi, advocati Mechliniensis, et hinc cognominatus de Mechlinia, intrauit monasterium Haffighemense circa annum 1247...[81]

Van Mierlo vroeg zich af "Zou het niet in 1243 zijn geweest?"[82]

Tweede plaats:

> professus auxit et pietatem et poenitentiam, et non neglexit studium litterarum, ita ut in eis optime versatus fuerit...[83]

Derde plaats:

> ... creavit eum Abbas Priorem Wavriensem initio anni 1276...[84]

Regaus zegt niets over een prioraat van Willem te Affligem zelf, dat Van Mierlo via gissingen in diens biografie wilde inlassen.[85]

Vierde plaats:

> ... iste abbas fuit vir precipuae devotionis, zelator religionis, humilis et prudens, saecularibus atque divinis personis gratus, cum fratribus solatiosus, in sacra scriptura fuit valde studiosus, metricus insignis, sacris regulis eruditus...

Dit is onmiskenbaar ontleend aan de Sint-Truidense kroniek *De gestis Wilhelmi secundi abbatis.*

Vijfde plaats:

> Scripsit vitam S. Beatricis Priorissae in Nazareth.

Het enige werk dat Regaus – ten onrechte – aan Willem van Affligem toeschrijft, is de *Vita Beatricis*! Hij steunde daartoe op de aantekening

81. REGAUS B., *Haffighemum illustratum* deel VI, kol. 649.
82. VAN MIERLO J., *Willem van Afflighem...*, p. 843 noot 1.
83. REGAUS B., *Haffighemum illustratum* deel VI, kol. 650.
84. REGAUS B., *Haffighemum illustratum* deel VI, kol. 651.
85. VAN MIERLO J., *Willem van Afflighem...*, p. 844-845.

Hanc vitam conscripsit domnus Willelmus de Mechlinia, die voorkomt in het Beatrijshandschrift B.[86]

3.4.2. Over een tweede Willem

Over een tweede Willem deelt Regaus mee dat hij "cognomento van Mechline honoratis parentibus natus...".[87] Deze tweede Willem van Mechelen, monnik van Affligem, kan misschien wel tot de verwarring hebben bijgedragen, doch wegens het vermelde jaartal - factus est pitantiarius quo in munere anno 1326 accepit censum[88] - kan hij de Lutgartdichter niet zijn.
De Simon monachus Haffligeniensis (C.V.I. cap. 56) komt voor in deel VI, kol. 668. Na Regaus' monastieke appreciatie volgt een parafrase van wat de C.V.I. over de auteur Simon meedeelt. Henricus van Brussel - volgens Pelster, Van Mierlo en Häring de samensteller van de C.V.I. - komt voor in de kolommen VI, 690-691. De bibliografische tekst is ontleend aan caput 58 van de C.V.I. Regaus zegt geen woord over Hendrik van Brussel als samensteller van de C.V.I.

3.4.3. En dan is er De Derde Man

> Applicatus litteris cum multo ingenio polleret, magnum fructum fecit, et laus creatus inde recessit, ut acquireret sibi locum honoris... hinc direxit oculum ad monachismum, in quo receptus fuit circa a. 1262... tandem circa an. 1295 promotus fuerit in Priorem... cum vero circa an. 1298 vacaret Prioratus Fraxinensis... Henricus Abbas... creavit Willelmum nostrum in Priorem illius loci... inter adversitates fassus est se invenisse non modicum solatium per litterarum studium, cui immorans obliviscebatur adversitatum; nec illud sterile fuit: reliquit enim nobis quaedam sui ingenui monumenta; quippe vitam Dominae Lutgardis a Thoma Cantipratano latine scriptam, convertit in teutonicum rijtmice, duobus sibi semper rijthmis consonantibus: dictavit etiam latine quandam materiam statis elegantem, seu sermones et visiones de quadam moniali Cisterciensis Ordinis, quae teutonice satis mirabilia scripserat de seipsa, ut referunt quidam auctores. Tandem post multos labores patienter toleratos, et vitam religiose peractam in multa pietate et zelo circa divinum officium

86. Brussel, Koninklijke Bibliotheek Albert I, 4459-70.
87. REGAUS B., *Haffligbemum illustratum* deel VI, kol. 737.
88. REGAUS B., *Haffligbemum illustratum* deel VI, kol. 738.

obdormivit in domino XI kalendas septembris. scripsit etiam librum de observantia Regulae S. Benedicti.[89]

Bij deze plaats[90] horen enkele aantekeningen.
Zoals in het *Haffligemum illustratum* blijkt uit de verschillende inktkleur en het (om nog net binnen de afschrijving te kunnen blijven) gedrongen geschrift is de laatste zin "scripsit etiam librum de observantia Regulae S. Benedicti" later door B. Regaus zelf toegevoegd. Vermoedelijk onder invloed van Fabricius' *Bibliotheca* heeft Regaus zich hier vergist: het *Liber de modo Ordinis observandi* is een werk van abt Willem III van Affligem, genaamd Loef en in 1311 overleden.[91]
De formulering "convertit in teutonicum... dictavit etiam latine..." is haast ongewijzigd uit de C.V.I. overgenomen. De vermelding van "Sermones" is aan Trithemius ontleend. Aangezien de "quandam materiam" niet meer kon slaan op de *Vita Beatricis*, die hij in kolom 651 reeds aan Willem van Affligem toegeschreven had, en hij geen andere werken kende, zocht Regaus een elegante oplossing: hij laste het woordje *seu* in (= *sive* = of), zodat zowel de "materiam elegantem" als de "sermones" en de "visiones" werken zijn van de cistercienzerin "quae teutonice satis mirabilia scripserat de seipsa".
B. Regaus is dus afhankelijk van de C.V.I. In deze omstandigheden heeft zijn mededeling niet meer gezag dan de C.V.I. zelf.
Het is duidelijk dat Regaus "gevoeld" heeft dat de Willem uit cap. 57 van de C.V.I. een tijdgenoot moet geweest zijn van Simon (cap. 56) en van Henricus (cap. 58) die tot in de 14e eeuw leefde. Daarom zocht hij een Willem die hun tijdgenoot was en vermoedelijk nog wel tot in de 14e eeuw leefde: immers "receptus fuit circa a. 1262"", prior van Affligem in 1295, prior van Frasnes in 1298, doch overleden in... Vreemd is wel dat deze Willem in het *Obituarium Fraxinense* niet voorkomt.[92]

89. REGAUS B., *Haffligbemum illustratum* deel VI, kol. 669.

90. Door ons in het *Haffligbemum illustratum* ontdekt en vervolgens in druk meegedeeld door COPPENS C., *Wie is volgens proost Beda Regaus († 1808) de dichter van het Leven van Sinte Lutgart?* in C.C.C. 24, 1973, p. 70.

91. Zie de mededeling van de Affligemse historicus Dom V. Coosemans aan Van Mierlo (VAN MIERLO J., *Willem van Afflighem...*, p. 849 noot 3). Het *Liber de modo Ordinis observandi seu vetus rituale Affligemense abbatis Willelmi Loef* wordt in de benedictijnenabdij van Dendermonde bewaard, Archief hs. 18.

92. VERLEYEN W., *Obituarium Fraxinense (XIV-XV s.)*. Ingeleid door –. Hekelgem 1967 (*Fontes Affligemenses. Bouwstoffen voor de geschiedenis van de Abdij Affligem*, 3).

Het is vervolgens onwaarschijnlijk dat een omstreeks 1262 ingetreden monnik zich dadelijk aan het bewerken van de *Vita Lutgardis* zou kunnen en mogen zetten, zodat zijn handschrift reeds vóór of in 1274 kon klaarkomen. Er is immers de aantekening op f. 356v van het Kopenhaagse Leven van Lutgart: "[Obiit?] Lutgardis xvi kl' julii. Et sunt elapsi anni xxviii". Alleszins zou de door Van Mierlo opgebouwde datering "1250-1263/1264" niet houdbaar zijn. Het is bovendien hoogst onwaarschijnlijk dat een zo jonge monnik de taalvaardigheid en de compositorische behendigheid zou bezitten die uit het Leven van Lutgart blijken. Ten hoogste zou zijn op jeugdige leeftijd *in theologicis* zeker nog geringe ervaring kunnen verklaren dat hij een aantal - naar het woord van D.A. Stracke - "mystieke en ascetische bemerkingen" gewoon niet gezien heeft.[93]

93. Hierover Hoofdstuk 4, afdeling 4.

HOOFDSTUK 4

INTERNE KRITIEK, EEN ECHTERNACHSE WETENSCHAP

Met betrekking tot Willem van Affligem mogen een beperkt aantal feiten als historisch vaststaand worden beschouwd: hij is een geboren Brabander, is benedictijn van Affligem geweest, werd abt van de benedictijnenabdij te Sint-Truiden en is in 1297 overleden. Deze feiten zouden impliceren dat hij bekend is met personen die in zijn respectieve leefregio's actief waren. Men verwacht dan dat er congruentie is tussen wat hij als vermeende Lutgartdichter meedeelt en wat met betrekking tot anderen als historisch vaststaand kan worden beschouwd.

Houden we Willem van Affligem vanuit deze diverse invalshoeken tegen het licht dat Leven van Lutgart heet, dan komen een aantal onprecieze voorstellingen aan de dag. Elk op zich wegen ze wellicht niet zwaar, samen vormen ze een onomstotelijk bewijs.

4.1. Over Thimere, Brabantse én Vlaamse baljuw

4.1.1. Thimere in de Vita Lutgardis

In II.24 verhaalt Thomas van Cantimpré in vrij vage bewoordingen de lotgevallen van een "Miles quidam, genere et divitiis pollens, filiam in Aquiria habuit monialem".[1] Het verhaal zelf heeft voor ons onderzoek geen belang en hoeft hier dan ook niet samengevat te worden. Belangrijk is wél dat Thomas van Cantimpré de naam van de betrokkene meedeelt:

> Hunc ergo in Affligemio, omnium illius Ordinis ordinatissimo coenobio, monachum vidimus: et pro mirabili conversatione in tali aetate et patientia, ab omnibus venerari.

1. Deze woorden worden aangehaald door MENS A., *De "Kleine Armen van Christus" in de Brabants-Luikse gewesten (einde 12e, begin 13e eeuw)*, 3e deel in *O.G.E.* 37, 1963, p. 353-401; p. 389 noot 94.

Bij de pogingen om de ridder-monnik te identificeren is nogmaals het *Haffligbemum illustratum. Tom. VI continens seriem seu cathalogum monachorum Haffligemensium* van Beda Regaus nuttig gebleken. In de drie kolommen die Beda Regaus aan Thimere gewijd heeft, lezen we onder meer

> Nobilibus parentibus natus, et multis possessionibus dives in Genapia aliisque locis Romanduae... militiae saeculari adscriptus, et simul imbutus spiritu hujusmodi hominum, cujus finis est gloria mundi, deinde laxans habenas omnibus suis concupiscentiis, etiam uxorem duxerat, sed piam patronam, ex qua genuerat filiam similem matri, in virtutibus educatam, quae etiam optimam partem elegerat, et secesserat in monasterium Acquirense, ubi Deo sub regula famulabatur; ipse autem sequebatur impetum corruptae naturae, et longo tempore serviebat mundo et magistro ejus diabolo, quando brevi tempore divenditis bonis ad extremam pauperiem devenit, ex qua aperuit oculos, ut simul interiorem pauperiem animae suae agnosceret, et ad Deum convertiretur...[2]

Tot de door Beda Regaus geraadpleegde bronnen behoren ook de *Acta Sanctorum*. Hij verwijst ernaar met de woorden "cujus causam narrat cantipratanus" waarna hij een deel van *Vita Lutgardis* II.24 in zijn kolommen 625-626 overneemt. Hij vervolgt dan:

> cum autem diu cognovisset abbatiam Haffligemensem, tam ex approximatione bonorum, quorum pars contigua Sijlvae Genapiae vendita erat ab anno 1234, tam ex frequentatione Religiosorum, illuc mentem direxit, et fecit se monachum circa annum 1237 (forte citius) et inter conversos admirabilem vitam duxit...[3]

En tot besluit

> duravit longo tempore ejus poenitentia... inter manus Abbatis feliciter expiravit V nonam maij.[4]

Het sterfjaar van Thimere kan op grond van deze gegevens niet precies bepaald worden. De optelling *fecit se monachum circa annum 1237 (forte citius)* + *duravit longo tempore ejus poenitentia* maakt niettemin mogelijk te besluiten dat Thimere en Willem van Afflighem, die naar de berekeningen van J. Van Mierlo in 1243 te Affligem zou ingetreden zijn,[5] naar alle waarschijnlijkheid kloostergenoten geweest zijn.

2. REGAUS B., *Haffligbemum...*, deel VI, kol. 625.
3. REGAUS B., *Haffligbemum...*, deel VI, kol. 626.
4. REGAUS B., *Haffligbemum...*, deel VI, kol. 627.
5. VAN MIERLO J., *Willem van Afflighem...*, sprak op p. 843 het vermoeden uit, dat

Is dit inderdaad het geval, dan mag verwacht worden dat Willem van Affligem, zo hij de auteur van Leven van Lutgart zou zijn, de vrij vage bewoordingen van Thomas wel scherper zou gezet hebben. Voorlopig beperken we ons tot één door de bewerker ingelaste bijzonderheid, Leven van Lutgart II.8535: die rike man, hi was bailliu... Verbinden we dit vers met de door Beda Regaus gegeven plaatsaanduiding *multis possessionibus dives in Genapia aliisque locis Romanduae*, dan is het aangewezen in Waals-Brabant naar de ridder-baljuw te speuren.

In een studie over het baljuwschap in Nijvel-Genappe en Jodoigne-Hannuit in de 13e eeuw deelt R. Hanon de Louvet[6] over "le plus ancien bailli connu de Nivelles" het volgende mee:

> (a) ... avant 1221.
> T(h)imer de Rogemer (Rou-; -meis; més); alias de le Haye, chevalier, homme du duc Henri.
> Henricus dux... quod dominus Thymerus, miles de Roge[mer] quondam bajulus noster: 1221 (Aywières, A: actes 45 et 46, f°s 25v-26; B, p. 110).
> Ce personage est mentionné dans une vingtaine de diplômes de 1212 à 1235. Timer intervient soit en qualité de témoin, d'arbitre, d'homme du duc, de vassal du châtelain de Bruxelles, etc. soit comme seigneur et bienfaiteur disposant de ses biens, en faveur notamment de la cathédrale Notre-Dame de Cambrai, des abbayes d'Afflighem et d'Aywières, etc. Il fut le seul à s'appeler de Rogemer, n'ayant pas eu de fils pour lui succéder.[7]

Het lijkt ons zeer waarschijnlijk dat de oudste baljuw van Nijvel mag vereenzelvigd worden met de *militem Tymerum* die Thomas van Cantimpré op het oog had.[8]

Willem van Affligem op ongeveer vijfentwintigjarige leefdtijd zou ingetreden zijn, in 1240-1245; in voetnoot preciseerde hij dit als 1243.

6. HANON DE LOUVET R., *Les Bailliages de Nivelles-Genappe et de Jodoigne-Hannut au XIIIe siècle* in *Annales de la Société archéologique et folklorique de Nivelles & du Brabant wallon* 17, 1957, p. 145-177.

7. HANON DE LOUVET R., *Les Bailliages...*, p. 156. Bij deze plaats hebben we in *Filologische studie...*, p. 246 noot 1 gepoogd aan te tonen dat Thimere toch een zoon had en dat zijn dochters Lucie en Elisabeth resp. in Maagdendal / Oplinter en te Aywières verbleven; hierover ontstond een polemiekje met J. Aerts.

8. Meteen een kleine aanvulling bij COPPENS C., *Een lijst van Affligemse monniken uit de Catalogus monachorum van Dom Beda Regaus* in *Affligemensia*, afl. 6, maart 1949, p. 135-148.

4.1.2. Thimere in Leven van Lutgart

Vergelijken we nu de tekst van *Vita Lutgardis* II.24 met de tekst in Leven van Lutgart, dan valt allereerst de grote uitbreiding op. Aan de dertig regeltjes *Vita Lutgardis* beantwoorden niet minder dan 603 verzen, II.25: *Van din dat si bekirde heren Thimere met haren beden*, verzen 8529-9132. Vervolgens stellen we vast dat de inleidende verzen een toevoeging zijn van de dichter die de ridder-monnik beter schijnt gekend te hebben dan Thomas van Cantimpré, wat in de hypothese dat Willem van Affligem de bewerker is, niet zou verwonderen, aangezien Thimere en Willem naar alle waarschijnlijkheid kloostergenoten waren, maar wat alleen nog niet bewijst dat Willem de dichter is. Leven van Lutgart II.8529:

> Oc was tin tide en riddre goet,
> Rike ende wert, wijs ende vroet,
> Die was vermart ende oc bekant
> In Vlaendren beide ende in Brabant.
> Mijn her Thimeer die riddere hit.
> Wat hem oc sider es geschit
> Wildijt verstaen, dat seggi u:
> Di rike man, hi was baillu
> Van beiden landen ende wale
> Voldede in beiden altemale
> Dat hem bevolen was te doene.
> Want hi was vromech ende koene,
> Oc was hi hovesch ende melde.
> Beide over Senne ende over Schelde
> Was hi bailliu in beiden landen,
> Alse ons noch seggen diene kanden...

De talrijke lovende adjectieven kunnen buiten beschouwing blijven. Des te meer willen we de afgeleverde identiteitskaart onderzoeken. Onafhankelijk van *Vita Lutgardis* vermeldt de dichter dat Thimere *baillu van beiden landen* was, d.w.z. *In Vlaendren beide ende in Brabant.* Aangezien beide betekent "zowel (in)... als (in)..., niet alleen (in)... maar ook (in)...",[9] zou Thimere in het hertogdom Brabant en in het graafschap Vlaanderen baljuw geweest zijn. Aangezien - dachten wij - zulk dubbel baljuwschap uitgesloten is, moet de dichter erop los gerijmd hebben. Indien Brabant echter opgevat wordt als een aanduiding voor de oude *pagus Bracbantinse*,[10] dan kan Thimere bal-

9. *Middelnederlandsch woordenboek*, s.v. *beide*.
10. BONENFANT P., *Le pagus de Brabant* in *Bulletin de la société belge d'études géograp-*

juw geweest zijn *in Vlaendren beide ende in Brabant*, d.w.z. in Vlaanderen. Maar in vers 8542 beweert de dichter dat Thimere baljuw was *beide over Senne ende over Schelde*. De Senne nu lag in het hertogdom Brabant, dus buiten het ambtsgebied van een grafelijke baljuw; omgekeerd had een hertogelijke baljuw niets met de Schelde te maken. Schreef de dichter dan toch *Senne ende Schelde*, dan kon dit alleen te verklaren zijn uit zijn nood aan een tweelettergrepig, met Schelde alliterend woord.[11] Zo greep hij naar *Senne*, al was dit niet juist.

In oorkonden van het graafschap Vlaanderen vonden we vanaf 1201 tot april 1219 een ridder Thimere, alleen of met anderen, als *bailivus Gandensis* of als *officialis comitis* vermeld.[12]

Het is uitgesloten - dachten wij - dat de ridder Thimere van Thomas van Cantimpré, Beda Regaus en R. Hanon de Louvet aan de ene kant, en de ridder Thimere van de dichter aan de andere kant, één en dezelfde persoon zouden zijn. De oorkonden zijn immers duidelijk wat het onderscheid *baillivus ducis: baillivus comitis* betreft. Ook kan het niet zijn - dachten wij - dat dezelfde Thimere aanvankelijk (namelijk vanaf 1201) grafelijk baljuw geweest is en later (vóór 1221) hertogelijke baljuw geworden is, aangezien de ambtsperioden in een verschillend gebied elkaar ten dele dekken: 1201-1219 voor de grafelijke baljuw en 1213-1235 voor de hertogelijke beambte.

Omdat de ambtsperioden elkaar ten dele dekken konden voor de Brabander Thimere netelige situaties ontstaan. Spanningen of botsingen tussen de uitoefening van zijn dubbel baljuwsambt in Vlaanderen en Brabant, zijn brabantse origine en de verplichtingen die voortvloeiden uit zijn Brabantse leenrechtelijke verhoudingen waren niet onmogelijk. Als leenman diende hij de verbintenissen tegenover zijn leenheer na te komen, hij moest zijn leenheer trouw zijn wat onder meer inhield dat hij zijn leenheer niet mocht bevechten, in tegendeel: hij moest hem helpen en bijstand verlenen in de oorlog.

hiques 5, 1935, p. 25-78. Zo kon de Sint-Baafsabdij te Gent omschreven worden als "ex monasterio quod dicitur Ganda, quod est situm in pago Bracbantinse". Zie GYSSELING M. & KOCH A., *Diplomata belgica ante annum millesimum centesimum scripta*. Ediderunt - . Tongeren 1950 (*Bouwstoffen voor de geschiedenis en lexicographie van het Nederlands*, I); deel 1, p. 222.

11. Karel de Gheldere, de dichter der Rozen, schreef zes eeuwen later "Ten landdag jaarlijks klinkt, op Senne- en Scheldeboord, van man- en jonglingschap het rechteneischend woord..."; of het artikel van REYPENS L., *Ruusbroec als Zenne- en Zonnekind* in *Eigen schoon en de Brabander*.

12. NOWÉ H., *Les baillis comtaux de Flandre, des origines à la fin du XIVe siècle*. Brussel 1929; p. 39, 45 en 55. Voor de vindplaats dd. april 1219, zie DE MARNEFFE E., *Cartulaire...*, p. 385 nr CCXIX.

Van de Brabantse Thimere heeft de bewerker een Vlaamse Thimere gemaakt. Is deze vaststelling juist, dan wordt in verband met het auteurschap van Leven van Lutgart een belangrijke gevolgtrekking mogelijk. Willem van Affligem moet als Brabander en tijdgenoot de ridder-baljuw-hertogelijke ambtenaar zeker met naam en wellicht ook *de visu* gekend hebben. Als monnik van Affligem moet Willem de monnik of conveers Thimere persoonlijk gekend hebben, althans - wat zeer waarschijnlijk is - zo Thimere lang genoeg (d.w.z. tot in 1243) geleefd heeft. Zeker was Willem, zo hij als bewerker de naam van Thimere in *Vita Lutgardis* vond, als monnik van Affligem genoegzaam op de hoogte om hem in geen geval te verwarren met een Vlaamse Thimere die reeds geruime tijd overleden was toen de Middelnederlandse bewerking tot stand kwam. Het feit dat de bewerker van de Vita zich hier vergist, bewijst dat Willem van Affligem niet de dichter is. Om dezelfde reden komt hoogst waarschijnlijk ook geen andere monnik van Affligem voor het auteurschap in aanmerking.
Het vers 8545 *Alse ons noch seggen diene kanden* bevreemdt uit de pen van Willem van Affligem in zo hoge mate, dat Van Mierlo het heeft willen verklaren uit de dichterlijke fictie die hij in het werk vermoedde.[13] Een andere verklaring dringt zich op. De Middelnederlandse bewerking van de Vita kwam na 1272 tot stand. Toen was de Vlaamse Thimere, die reeds in 1201 als baljuw fungeerde, wellicht al tientallen jaren overleden.[14] Toen de dichter in *Vita Lutgardis* de woorden *militem Tymerum* las, zei de naam hem helemaal niets. Daarom ging hij in zijn omgeving op inlichtingen uit, zoals hij in Leven van Lutgart II.8545 zelf erkent: *Alse ons noch seggen diene kanden*. Bij het horen van de woorden *militem Tymerum* gaven de zegslieden inlichtingen over de grafelijke baljuw Thimere. Niet beter wetende maakte de dichter van deze Thimere de hoofdpersoon van zijn 25e hoofdstuk. In verhouding tot Thimere's ambt en stand voegde hij hem een aantal lovende adjectieven toe en naar het voorbeeld van *Vita Lutgardis* liet hij hem te Affligem intreden.
Het feit dat de zegslieden inlichtingen gaven over de Vlaamse Thimere kan bewijzen dat zij Vlamingen waren. Het feit dat de dichter zich tot

13. VAN MIERLO J., *Willem van Afflighem...*, p. 814-817.

14. De dichter heeft dit handig gesuggereerd. Hoofdstuk II.27 van de Latijnse tekst bracht hij naar voor: Leven van Lutgart II. 24; *Vita Lutgardis* II.24 vertaalde hij onder II.25. Dit heeft tot gevolg dat de tijdsaanduiding in vers II.8155 *wilen daer tevoren* in II.8529 kon overgenomen worden: *Oc wat tin tide...*, nl. vóór 1235; in *Vita Lutgardis* II.27 kwam geen tijdsbepaling voor.

Vlaamse zegslui wendde, kan bewijzen dat hij onder hen verbleef en dus wellicht zelf Vlaming was.

Toen we het bovenstaande in 1965 aan L. Reypens van het Ruusbroec Genootschap lieten lezen, deelde hij onze mening dat het hier om een enigmatische, doch belangrijke plaats in *Vita Lutgardis* én Leven van Lutgart ging. Wij zijn in 1965 ingegaan op zijn suggestie de tekst als mededeling in *Ons geestelijk erf* 1966 te publiceren,[15] in de hoop dat er reacties zouden loskomen.

Eén reactie is er gekomen van de Limburgse historicus Jozef Aerts.[16] Hij bevestigde dat de *miles Tymerus* van de Vita en de Thimerus van Rogenier een en dezelfde persoon zijn. Hij benutte daartoe andere archivalia dan de door ons geraadpleegde auteurs: wat wij over de Vlaamse baljuw Thimere meedeelden, steunde op het werk van H. Nowé die zelf uit historici als Warnkönig, Fris en De Marneffe putte. Aerts verstrekte aanvullende genealogische gegevens zodat het beeld van Thimere's herkomst en familie duidelijker werd. Hij schetste opeenvolgende transacties door Thimere en anderen: een grote schenking door Thimere in 1221 aan Aywières, verkoop van gronden aan Affligem, in maart 1227 een tweede donatie aan de monialen van Aywières. In 1230 verkocht hij nog een van zijn eigendommen. Thimere moet toen al op hoge leeftijd geweest zijn. Aerts bevestigde met andere woorden het verhaal van de Vita.
Aerts citeerde twee charters van hertog Hendrik I van Brabant van 1221 waarin Thimere wordt bestempeld wordt als *quondam bajulus noster*, namelijk in Brabant. Vóór 1221 heeft Thimeer zijn ambt van baljuw neergelegd. Bedoeld wordt, aldus Aerts, "het baljuwschap over het district Nijvel of Waals Brabant, dat het enige van de zes districten van Brabant was, dat de naam 'baljuwschap' droeg".[17]

15. HENDRIX G., *Willem van Affligems auteurschap van het Leven van Lutgart getoetst aan het hoofdstuk-Thimere* in *O.G.E.* 40, 1966, p. 343-349.

16. AERTS J., *Ridder Thimerus van Rogenier...*

17. AERTS J., *Ridder Thimerus van Rogenier...*, p. 321. Het polemiekje dat wij (*Naschrift bij de mededeling van J. Aerts* in *O.G.E.* 43, 1969, p. 323-325) gevoerd hebben naar aanleiding van de vraag of Thimere's dochter Lucia in het klooster Maagdendaal te Oplinter verbleef (zoals meegedeeld door PLOEGAERTS Th., *Les moniales cisterciennes...*, doch door Aerts afgewezen omdat de geschriften van Ploegaerts volgens Aerts "krioelen van historische onnauwkeurigheden" (AERTS J., *Ridder Thimerus... Opmerking bij het naschrift van G. Hendrix*, p. 325-326) en of zijn tweede dochter Elisabeth moniale te Aywières was (door J. Aerts bestreden, p. 325) hoeft hier niet overgedaan te worden.

In enige mate gerustgesteld namen we ons betoog ten aanzien van ridder Thimere over in onze doctorale dissertatie van 1975.[18]

4.1.3. Nieuw licht vanuit institutionele hoek

In 1982 kon de Leuvense institutionalist D. Van den Auweele onze "even boeiende als goed gedocumenteerde studie"[19] appreciëren:

> in geen enkele studie over baljuws of baljuwschappen wordt de Thimere-passus uit het Leven van Sinte Lutgart aan de orde gesteld. Het baljuwschap van Thimere wordt in de voor Vlaanderen en Brabant opgestelde baljuwslijsten nooit gestaafd met een verwijzing naar deze verhalende bron....[20]

Vervolgens corrigeerde hij ons door voor te houden dat men zich "de landsgrens... eerder als een grenszone dan als een grenslijn" moet voorstellen[21] en de opmerking

> de mythe van de nauwkeurig afpalende, zekerheid biedende en uitsluitsel brengende instellingengeschiedenis is erg taai, vooral bij niet-institutionalisten.[22]

Hij kon onze uiteenzetting ook bijsturen: de dubbele baljuwsloopbaan van Thimere de Rogemez is, voor zover bekend, met geen enkele deontologische regel in tegenspraak[23], voor Vlaanderen noch voor Brabant zijn er cumulatieverboden bekend, niet binnen de landsgrenzen en, a fortiori, niet over de landsgrenzen heen.[24] De conclusie is evident: ridder Thimeer bekleedt eerst (1201-1213) een dubbele baljuwsfunctie in Vlaanderen (Gent, Aalst-Geraardsbergen) en pas daarna (vóór 1221 en waarschijnlijk na 1216) wordt hij baljuw in Brabant (Nijvel).[25]

> Dat een Brabander baljuw wordt in Vlaanderen, zijn ambt neerlegt en naar zijn land van herkomst terugkeert om er dezelfde

18. HENDRIX G., *Filologische studie...*, p. 243-252.
19. VAN DEN AUWEELE D., *Willem van Affligem en het dubbele baljuwschap van Thimere de Rogemez* in *Album amicorum Niolas-N. Huyghebaert O.S.B.* Brussel 1982 (*Sacris erudiri* 25, 1982); p. 99-112; p. 99.
20. VAN DEN AUWEELE D., *Willem van Affligem...*, p. 103.
21. VAN DEN AUWEELE D., *Willem van Affligem...*, p. 107.
22. VAN DEN AUWEELE D., *Willem van Affligem...*, p. 100.
23. VAN DEN AUWEELE D., *Willem van Affligem...*, p. 110.
24. VAN DEN AUWEELE D., *Willem van Affligem...*, p. 111.
25. VAN DEN AUWEELE D., *Willem van Affligem...*, p. 106.

> functie uit te oefenen blijft, hoe dan ook, een intrigerend gegeven waarvoor in de huidige stand van het onderzoek geen sluitende verklaring te vinden is. Rekening houdend met de schaarste van het bronnenmateriaal uit de beginnende 13de eeuw lijkt het eerder onwaarschijnlijk dat men in het concrete geval van Thimere de Rogemez ooit het waarom van zijn optie ter zake weet te achterhalen.[26]

Van den Auweele gist dat Thimere ontslag indiende als baljuw van Gent en Aalst-Geraardsbergen. Of wellicht heeft Ferrand van Portugal baljuw Thimere ontslagen. Nadien is Thimere naar Brabant teruggekeerd.[27]

Het onderzoek door Van den Auweele is er gekomen nadat de naam Thimere opgedoken was in de bijdrage van C. Wyffels voor het in 1981 verschenen *Liber amicorum Jan Buntinx*[28] en nadat de Leuvense medioneerlandicus R. Lievens[29] naar aanleiding van deze bijdrage aan D. Van Den Auweele gevraagd had het Thimeredossier te onderzoeken, "in de stille doch vaste en, zoals blijken zal, verre van ijdele hoop op Willems rehabilitatie".[30] Van den Auweele heeft hier het besluit van het eerste deel van zijn artikel op het oog:

> Het is onjuist en volkomen overbodig twee Tymeri, een Vlaamse en een Brabantse, in het leven te roepen om die vermeende onverenigbaarheid te omzeilen. De auteur van het *Leven van Sinte Lutgart* weet derhalve zeer goed wat en waarover hij schrijft. Zelfs zijn kronologie - eerst Vlaanderen en dan Brabant - klopt precies. Op grond van de Thimere-passus kan men Willem van Affligems auteurschap van het *Leven van Sinte Lutgart* niet in vraag stellen. Men kan er, op grond van de nauwkeurige informatie van de dichter, enkel een indicatie - het woord argument lijkt te sterk - uit puren om dit auteurschap te schragen.[31]

26. VAN DEN AUWEELE D., *Willem van Affligem...*, p. 106.
27. VAN DEN AUWEELE D., *Willem van Affligem...*, p. 109.
28. WYFFELS C., *Gerechtelijk optreden van de baljuw van Geraardsbergen in Henegouwen in de 13de eeuw* in *Recht en instellingen in de oude Nederlanden tijdens de middeleeuwen en de Nieuwe Tijd. Liber amicorum Jan Buntinx*. Leuven 1981 (*Symbolae Facultatis Litterarum et Philosophiae Lovaniensis* A/10).
29. R. Lievens - opponent bij de promotie in 1975 - moet bij Van den Auweele een somber beeld hebben opgehangen. Deze schrijft immers p. 100: "De berusting van de neerlandici hangt ongetwijfeld samen met de institutionele dimensie van de door Hendrix ontwikkelde argumentatie die als dusdanig nog steeds bijzonder respectvol behandeld zo niet overgewaardeerd wordt".
30. VAN DEN AUWEELE D., *Willem van Affligem...*, p. 101.
31. VAN DEN AUWEELE D., *Willem van Affligem...*, p. 106.

4.1.4. Het blijvende belang van Thimere

Toegegeven: in 1966 en in 1975 wisten wij niet dat een baljuw zowel in Vlaanderen als in Brabant kón fungeren. Van den Auweele heeft aangetoond dat zulks in de 13e eeuw wél mogelijk was. Er is géén aanleiding om dit verdiepende inzicht vanuit institutionele hoek te betwijfelen.
De conclusie dringt zich dan echter op dat de Lutgartdichter, onafhankelijk van de *Vita Lutgardis*, over Thimere iets meedeelt dat in Vlaanderen en Brabant algemeen bekend moet geweest zijn: baljuw was immers geen gering openbaar ambt. Zijn mededeling wijst dus niet op bijzondere vertrouwdheid met het *curriculum vitae* van Thimere. Maar omdat Thimere, toen de Lutgartdichter schreef, reeds lang overleden was, moest de dichter informatie inwinnen. Het dubbel baljuwschap vernam hij van zegspersonen bij wie hij naar Thimere informeerde: *Alse ons noch seggen diene kanden.*
Precies het feit dat hij informatie moest inwinnen geeft niet alleen aan dat er tussen hem en Thimere geen relatie van tijdgenoot was, doch ook en vooral geen relatie van medemonnik te Affligem. Uit eigen kennis of nabijheid in tijd en ruimte kende hij Thimere niet. Ons argument blijft overeind en convergeert met andere argumenten.

In deze samenhang moet in hetzelfde hoofdstuk gewezen worden op de verzen Leven van Lutgart II.9102:

> Mar nadat ikker af vernam
> Sent van dengenen diene sagen
> Aldaer die zwarte cleder dragen
> So seggic u...

Op het eerste gezicht zou hier kunnen staan dat de benedictijn Willem van Affligem - die Thimere niet persoonlijk gekend heeft - van zijn medebenedictijnen informatie kreeg of van buitenstaanders die Thimere in de zwarte benedictijnenpij hebben gezien. Thomas van Cantimpré heeft op deze plaats de tekst "Hunc ergo in Affligemio, omnium illius Ordinis ordinatissimo coenobio, monachum vidimus". De passus II.9102 heeft als getrouwe vertaling het plurale van Thomas behouden, doch uit rijmnood het *sag*, dat uitsluitend op Thomas betrekking had, vervangen door *sagen*.

4.2. De benedictijn Willem van Affligem over de schouder gekeken

Is de vermeende Lutgartdichter een benedictijn - van Affligem of van Sint-Truiden - dan vallen in Leven van Lutgart enkele vergissingen met betrekking tot personen en plaatsen of vreemde handelwijzen op. Zware fouten met betrekking tot abt Jan van Affligem worden onder 4.3.1 besproken.

4.2.1. Lutgart van Milen

In zijn *Ridder Thimerus van Rogenier* heeft J. Aerts ook aandacht gewijd aan *Een andere passus uit 'Het Leven van Sinte Lutgart', die pleit tegen het auteurschap van Willem van Affligem.*[32]
Lutgart verbleef in het benedictinessenklooster Sint-Catharina te Sint-Truiden. Het is in Sint-Catharina dat zij priorin was. Dit staat ondubbelzinnig op verscheidene plaats van Thomas van Cantimprés *Vita Lutgardis.* Zij was, naar een frappante formulering van J. Goossens, "een huisheilige van het Sint-Truidense benedictinessenklooster".[33]
Het is pas in 1231 dat de monialen van dit klooster zich te Nonnemielen vestigden, op ongeveer drie kilometer ten noorden van de stad.[34]
Lutgart is niet "Lutgart van Milen, maar "Lutgart van Sint-Catharina".

In het Tweede Boek van Leven van Lutgart verschijnt Lutgart op verscheidene plaatsen als moniale van Milen (Nonnemielen):

15: Oc hebbic v wel doen bekinnen
Hoe si te milen wart begeuen
228: Te milen dar si lange gnoch
Geweset hadde in eren groet
313: Wat holpe dan dat ic te milen
Om dat gemac van mire silen
Gelaten hadde
341: ... dan ochtic ware
Te milen bleuen...
411: ... daer gi wilen eer
Te milen wart uerladen mede.

32. AERTS J., *Ridder Thimerus van Rogenier*..., p. 322.

33. GOOSSENS J., *Literairhistorische vragen rond Middelnederlandse heiligenlevens* in V.M.K.V.A.N.T.L. 1984, p. 273-303; p. 293.

34. Aerts plaatst deze overgang in 1206. AERTS J., *Het eerste Aquiria in het leven van de Heilige Lutgart* in *Het Oude Land van Loon* 19, 1964, p. 23-33.

F. Van Veerdeghem heeft hierbij aangetekend:

> De schuld dezer onnauwkeurigheid ligt aan den Latijnschen tekst, dien Willem van Afflighem vóór zijn verblijf te Sint-Truiden moet gevolgd hebben, zoo hij wezenlijk de schrijver van dit gedicht is.[35]

J. Aerts merkt op dat hij Van Veerdeghems opmerking "zoo hij" - dit is Willem van Affligem, die in 1277 abt van de benedictijnenabdij van Sint-Truiden was geworden - "wezenlijk de schrijver van dit gedicht is" begrijpt:

> Het lijkt me overduidelijk, dat de abt van een convent van dezelfde orde in dezelfde stad toch moest weten, dat Lutgart nooit in Milen verbleef: hij behoefde slechts de kroniek van zijn voorganger, abt Libertus, te lezen, waarin dit uitdrukkelijk vermeld wordt. Deze grove historische onnauwkeurigheid pleit alleszins niet voor het auteurschap van Willem van Affligem.[36]

We willen dit preciseren: indien er bij de Lutgartdichter twijfel zou rijzen naar aanleiding van het Sint-Catharina dat hij in de *Vita Lutgardis* bij herhaling vond, had hij als abt van Sint-Truiden de *Kroniek van Sint-Truiden* bij de hand en kon hij zich vergewissen.

4.2.2. Godfried, slotvoogd van Brussel

Aan J. Aerts danken we voorts nog een aantekening[37] bij de passus *Sed et idem accidit de viro nobili Domino Godefrido, filio Domini Godefridi, Castellani Bruxellensis* in *Vita Lutgardis* II.36. Aerts heeft aangetoond dat deze passus genealogisch volkomen juist is. In Leven van Lutgart is dit echter geworden II.12912:

> Dat was van Brussele de borchgrave
> Die edele mijn her Godevert...

en II, 12926:

> Dos wiste van din riddre koene,
> Din kastelain, dat hi was doet,

35. VAN VEERDEGHEM F., *Leven van Sinte Lutgart...*, p. 5 noot 1.

36. AERTS J., *Ridder Thimerus van Rogenier...*, p. 322.

37. AERTS J., *De schenkingen van Godefridus, kasteelheer van Brussel, en van zijn zoon Godefridus, heer van Seneffe, aan de abdij van Aywières* in *O.G.E.* 42, 1960, p. 298-303; eveneens in *S.L.S.V.* 12, 1969, p. 7-11.

> Die maget eer ment hare ontboet...

Aerts tekende hierbij aan "Het is maar een detail, doch het pleit alleszins voor de betrouwbaarheid van het relaas van Cantimpré". Het is en blijft een detail, ook in Leven van Lutgart, doch het feit dat de Lutgartdichter - indien hij Willem van Affligem is - zich met betrekking tot een streek- of tijdgenoot vergist, pleit weer niet voor het auteurschap van Willem van Affligem.

4.2.3. Beatrijs van Dendermonde en Beatrix de Roavia

Vita Lutgardis II.35:

> Quaedam erat in Parco Dominarum, juxta Lovanium, devota monialis, quae fratrem carnalem, de Ordine Fratrum minorum duodecim annos apostatam, inconsolabiliter deplangebat.

Het is duidelijk dat Thomas van Cantimpré de anonimiteit van broer en zuster, resp. moniaal te Vrouwenpark bij Leuven en minderbroeder, wenste te handhaven. De Lutgartdichter daarentegen brengt alles in de publiciteit. Onder de titel *Uan dit dat si vorseide van enen di vt der ordinen geronnen was. dat hi weder comen soude*, localiseert hij de handeling II.12155:

> Bi Denremonde in Vlaenderlant
> So staet en closter wel bekant
> Ende een uermart. die Suiueke es
> Genamet. alsic ben gewes
> Bi horen seggene. oc es mi
> Don te uerstane dat het si
> Van grawen nonnen ene abdije...

Hij identificeert de moniaal in II.12167 en 12180 expliciet als *Ver Beatrijs van Denremonde*.

L. Reypens heeft voor deze tekst bijzondere aandacht gehad. Hij zag immers overeenkomsten met de lotgevallen van een anonieme cisterciënzerin wier levensbericht hij had ontdekt.[38] In een tweede artikel vergeleek hij *Vita Lutgardis*, Leven van Lutgart en het vermelde levensbericht. Hij besloot:

> Zo het dan niet zonder waarschijnlijkheid is dat èn Thomas èn Willem in de hem toegeschreven vertaling één en dezelfde

38. REYPENS L., *Nog een dertiendeeuwse mystieke cisterciensernon* in *O.G.E.* 23, 1949, p. 225-246.

> gebeurtenis verhalen, dan is het ten slotte best mogelijk dat Willem ons de ware naam gaf van de schrijfster van de door ons gepubliceerde autobiografie, en dat deze dan een derde Beatrijs moet genoemd worden in onze dertiendeeuwse letteren.[39]

Het is dus niet absoluut zeker dat de Lutgartdichter de *Vita Lutgardis* met correcte informatie heeft aangevuld. Het zou dan ook voortvarend zijn uit deze aanvulling te besluiten dat Willem van Affligem de dichter moet zijn omdat hij als monnik van Affligem het voordeel van zijn geografische nabijheid had - Zwijveke bij Dendermonde en Affligem bij Hekelgem liggen dicht bij elkaar - om de juiste toedracht te kennen. Dat hij vanuit zijn dichterschap zwaar de door Thomas van Cantimpré nagestreefde anonimiteit en discretie schond, is een vaststelling die moeilijk te rijmen valt met de karaktereigenschappen, onder meer *prudens / bedachtzaam*, die de *Kroniek van Sint-Truiden* hem toeschrijft.

Nog een andere ingreep van de Lutgartdichter moet vermeld worden. In de beperkte reeks mirakelen die zich onmiddellijk na Lutgarts dood binnen de abdijmuren hebben voorgedaan, treedt ook een Beatrix de Roavia op. *Vita Lutgardis* III.23:

> Nobilissima autem puella Beatrix de Roavia, quae patrimonio suo monasterium Aquiriae copiosissime a pauperie relevavit, anthracem, quem carbunculum physici dicunt...

In aanvulling bij de *Vita Lutgardis* deelt de Lutgartdichter in III.25 onder de titel *Van din dat beatrijs van ravia genas...*, mee III.5374:

> Want ons die vrowen daer verlien
> Dat sise in hare ijoncsten dagen
> Taiwires sent abdesse sagen...

In het licht van het vermelde mecenaat zou een latere verkiezing tot abdis niet hoeven te verwonderen. Deze autonome toevoeging is evenwel fout: Beatrix van Rèves is nooit abdis van Aywières geweest. De Lutgartdichter heeft haar verward met Beatrix de Lateau, de abdis die in augustus 1263 stierf.[40]

Het valt op dat beide ingrepen betrekking hebben op naamgenoten. Heeft de Lutgartdichter de verworven informatie door elkaar

39. REYPENS L., *Een derde Beatrijs in onze dertiendeeuwse letteren? Beatrijs van Dendermonde* in *O.G.E.* 37, 1963, p. 419-422.

40. AERTS J., *Ywanus van Rèves, proost van Nijvel (voor 1231 - c. 1241). Zijn aandeel en dat van zijn familie in de vroomheid van de dertiende eeuw* in *O.G.E.* 42, 1968, p. 422-432; p. 423.

gehaspeld? Wat voor het attributieprobleem al niet erg relevant is, verliest door deze mogelijkheid nog aan kracht.

4.2.4. Guiardus van Laon, bisschop van Kamerijk

In II.40 deelt Thomas van Cantimpré mee dat zijn Ordegenoot pauselijk penitentier Bernardus zegt dat hij Lutgart en bisschop Guiardus van Laon in gesprek heeft gezien en dat zij elkaar verstonden:

> Refert Pater Bernardus, quod vidit eam et virum venerabilem ac Deo dignum Magistrum Guiardum Cameracensem Episcopum, qui penitus linguam Teutonicam, sicut et ipsa Gallicam, ignorabat, mutuo colloquentes, et invicem intelligentes.

Over Guiardus van Laon schreef de Nederlandse historicus P.C. Boeren een gedetailleerde monografie.[41] Guiardus is omstreeks 1170 geboren, doceerde circa 1230 theologie aan de universiteit van Parijs, was in 1237-1238 regent van deze universiteit en werd in 1238 bisschop van Kamerijk.[42] Tussen 23 juni en 16 september 1248 nam hij zijn intrek in de benediktijnenabij Affligem. Dit gebeurde toen hij op weg was naar Antwerpen, waar hij de ketters wou bestrijden. In Affligem is hij op 16 september 1248 overleden:

> Venerabilis et dei dignus Guiardus, Cameracensis episcopus (sicut a fratribus ordinis praedicatorum audivi), cum in via contra Antwerpienses hereticos aput Affligemense monasterium Brabantiae in regulari observantia strictissima vitam suam beatissimo terminasset.[43]

Alvorens te antwoorden op de vraag wat de Lutgartdichter hiervan gemaakt heeft, stellen we vast dat hij een *Vita Lutgardis*-handschrift heeft gebruikt waarin Bernardus optreedt. Zo bijvoorbeeld vertaalt hij in III.1498:

> Dis pauss penitentijr
> Die bruder was ende hit Bernart

41. BOEREN P.C., *La vie et les oeuvres de Guiard de Laon. 1170 env. - 1248.* Den Haag 1956.

42. BOEREN P.C., *La vie...*, p. 50 "Avant le 13 février déjà, Guiard fut élu au siège de Cambrai. Il s'intitule encore élu dans des actes du 18 mars, d'avril et de mai 1238, et porte le titre d'évêque pour la première fois en juillet".

43. BOEREN P.C., *La vie....*, citeert p. 53-54 Thomas van Cantimpré, *Bonum universale de apibus* I.4.

Vervolgens stellen we vast dat Leven van Lutgart II.41 geen woord heeft over Bernardus' toevoeging en de ontmoeting tussen Guiardus en Lutgart. Een passus die te maken heeft met een in Affligem overleden bisschop is onvertaald gebleven door een uit Affligem afkomstige dichter...

4.2.5. Marie de France

In contrast met deze vaststelling staat het volgende detail.
Hoofdstuk II.37, *Van din dat si der hertoginnen vorseide dat si sterven soude*, verzen 12509-12932, brengt qua inhoud nagenoeg hetzelfde als *Vita Lutgardis* II.36. De dichter heeft autonoom één bijzonderheid toegevoegd: hij vermeldt dat Marie de France in Affligem begraven ligt (verzen 12888-12890).
Deze Marie de France, hertogin van Brabant, dochter van Filip August van Frankrijk en tweede gemalin van Hendrik I van Brabant, is inderdaad in Affligem begraven.[44] Zij stierf in 1224. Een halve eeuw later ontstond het Leven van Lutgart. Zonder ooit in Affligem geweest te zijn, zonder ooit onderdaan van Marie de France geweest te zijn, kon toch iedereen wel weten dat zij in Affligem begraven ligt. Affligem was immers "het Saint-Denis van Brabant".[45] Godfried I met de Baard vond er in 1140 zijn laatste rustplaats evenals zijn zoon Hendrik in 1142 en zijn dochter, de op 24 maart 1159 overleden koningin Aleidis. In 1254 werd er Godfried van Leuven, heer van Gaasbeek, begraven.
Dit lijstje kan uitgebreid worden. Zal men in het kader van een auteursprobleem een funerair wissewasje overtrekken?

4.3. Lof op Affligem

> ... de maker van ons gedicht was een Benedictijner-monnik; allerlei bijzonderheden die hij *alleen* meedeelt nopen er ons toe in hem een man te erkennen die in Brabant kort na Sinte Lutgart's dood geleefd, ja tot de abdij van Afflighem behoord heeft.

44. Zie bijvoorbeeld VAN ROY A., *Affligem, roem van ...*, p. 85-86 en VERLEYEN W., *Het Affligemse Jaargetijdenboek en het hertogelijk geslacht van Brabant* in *Affligem* 3, 1965, p. 94-96.

45. VAN ROY A., *Affligem, roem van...*, p. 85-87.

Deze opvatting van Van Veerdeghem[46] neemt ook in Van Mierlo's betoog ten gunste van Willem van Affligems auteurschap van het Leven van Lutgart een zeer belangrijke plaats in. Samenvattend noemen we het "de lof op Affligem" waaronder we dan verstaan: lovende uitlatingen of toevoegingen aan het adres van de Brabantse abdij en een bijzonderheid die de dichter in verband met Jan I, abt van Affligem, meedeelt.
Indien de Lutgartdichter inderdaad "allerlei bijzonderheden *alleen* meedeelt" (Van Veerdeghem), indien ten tweede "alleen" betekent dat hij die mededelingen onafhankelijk van de *Vita Lutgardis* doet en, ten derde, indien die mededelingen juist zijn én Affligem blijken te loven, dan maakt het auteurschap van Willem een kans. Het onderzoek van de teksten zal derhalve niet alleen slaan "op hetgeen er te lezen is, maar nog meer op wat er te vertalen was".[47]

4.3.1. Abt Jan I van Affligem

In hoofdstuk II.24 over ridder Thimere[48] komen de woorden "Hunc ergo in Affligemio, omnium ordinis ordinatissimo coenobio, monachum vidimus" voor. Hieraan beantwoorden in Leven van Lutgart II.25 de verzen 8529-9132. De lof *in optima forma* uit de pen van Thomas van Cantimpré is er niet vertaald. Voor deze vaststelling, die ernstig tegen Willems auteurschap zou pleiten, geeft de dichter evenwel zelf een verklaring in II.9085:

> In een godshus, daer ic u af
> En lettel eer te horne gaf,
> Dat es dat hus van Haffelghem...

Omdat hij "en lettel eer" reeds over Affligem had gesproken en hij evident niet in herhaling wenste te vallen, althans niet in twee op elkaar volgende hoofdstukken, is deze lofprijzing weggelaten. Deze compositorische ingreep bewijst niets met betrekking tot de attributie. "En lettel eer" slaat op het onmiddellijk voorafgaande hoofdstuk II.24: *Van din dat si en bruder van Haffelghem die in hoevetsonden was, en conste nit angesin*, verzen 8057-8528. We stellen een aanzienlijke amplificatie vast: het corresponderende hoofdstuk *Vita Lutgardis* II.27 telt 11 regeltjes in de *Acta sanctorum* tegen 471 verzen.

46. VAN VEERDEGHEM F., *Leven van Sinte Lutgart...*, p. xxxii.
47. STRACKE D.A., *Over den berijmer...*, p. 55.
48. Zie 4.1.1.

De gehele inleiding, verzen 8057-8108 is één lofprijzing op Affligem: *die gelike niwer en staet in ere stede.*
De dichter van Leven van Lutgart openbaart zich als iemand die de *ars rhetorica* beheerst. Daarom mag *hyperoche*[49] vermoed worden in verzen als II. 8057:

En closter wert ende wel bekant
Staet op die marche van Brabant,
Die Haffelghem genamet es.
Ic dart mi wel vermeten des
Al over waer dat die gelike
In Brabant noch in Vrankerike
Nirwen en staet in ere stede
Noch in dat Vlaenderlant almede.

Is dit *Überbietung*[50] dan relativeert deze *color rhetoricus* het bewuste loven van Affligem.
De lof onder II.25 is eigenlijk de lof die de dichter in het voorafgaande hoofdstuk van de Latijnse tekst had aangetroffen, doch in een compositorische ingreep niet had vertaald. We hebben hier niet met een lovende toevoeging uit de veder van de dichter te doen, doch wel met een vertaling-uitbreiding van wat de dichter voorafgaand in de *Vita Lutgardis* had gevonden. Pro of contra de attributie is deze handelwijze en haar textueel resultaat van geringe relevantie.

Vervolgens is er, wel geïnspireerd door *Venerabilis Joannes Abbas Affligemiensis*, een uitweiding over abt Jan I (8109-8154) die Lutgart placht te bezoeken (8155-8190).
Onafhankelijk van de *Vita Lutgardis* deelt de dichter over de abt – indien Willem van Affligem de dichter is, dan over *zijn* abt – een bijzonderheid mee: wel tweeëntwintig jaar lang nam hij zijn ambt waar; daarna legde hij wegens te hoge leeftijd de staf neer.
Leven van Lutgart II.8140-8150:

Want ic vernam dat hi volstoet
Daerbinnen metter Godes krachte
Wel twintech ijar in din ambachte
Ende oc twee ander ijar darna.
Daerbinnen dede, alsic versta

49. ARBUSOW L., *Colores rhetorici. Eine Auswahl rhetorischer Figuren und Gemeinplätze als Hilfsmittel für akademische Übungen an mittelalterlichen Texten*. Göttingen 1963 (2. Auflage herausgegeben von Helmut PETER); p. 89.
50. ARBUSOW L., *Colores rhetorici...*, p. 89.

Die resingnatie ende gaf
Die here op weder sinen staf,
Dat es die croche, die hi lit;
Want hem die langer dragen nit
Die ouderdom en wilde laten,
Dat schade was groet utermaten.

Wat hier meegedeeld wordt over de op 16 april 1262 overleden abt van Affligem kan eigenlijk elke dertiende-eeuwse schrijver bekend geweest zijn. Het behoort tot die actualiteit waarvoor elke dertiende-eeuwse *litteratus* - seculier, regulier of leek - wel belangstelling had. Blijkens de woorden *Want ic vernam* moest de dichter zich tot informanten richten, maar dat zou versvullerij kunnen zijn.
Kortom: het zou een neutrale toevoeging zijn die op haar beurt voor het attributieprobleem niet relevant is.
Deze opvatting moet evenwel gewijzigd worden wanneer blijkt dat de toevoeging "wel twintech ijar in din ambachte / Ende oc twee ander ijar darna" alsook de toegevoegde woorden "dede die resingnatie" fout blijken te zijn.
De gissingen van Van Mierlo ten spijt[51] staat tegenwoordig vast dat abt Jan I van Affligem in 1242 tot die waardigheid verkozen werd en op op 16 april 1262 - twintig, niet tweeëntwintig jaar later - overleden is.[52] Hij heeft vrijwillig noch gedwongen geresigneerd en komt bijgevolg niet voor in de overzichten van abten die wel geresigneerd hebben.[53]
Deze autonome, doch foutieve toevoegingen zijn ernstige bezwaren tegen het auteurschap van Willem van Affligem, te meer daar die, indien bij hem om de ene of de andere reden twijfel omtrent abt Jan I zou zijn gerezen, hij steeds diverse dodendocumenten[54] of monastieke kronieken had kunnen raadplegen.

51. VAN MIERLO J., *Willem van Afflighem...*, p. 821-822 noot 1.

52. BROUETTE E., *Les abbés de Gembloux au XIIIe siècle* in *Revue bénédictine* 81, 1971, p. 101-108, vooral p. 104, en de biografie van abt Jan I bij DESPY-MEYER A. & GÉRARD C., *Abbaye d'Affligem, à Hekelgem* in *Monasticon belge* deel 4: *Province de Brabant*, Luik 1964; p. 17-80.

53. BERLIÈRE U., *Les élections abbatiales au Moyen Age*. Brussel 1927 (*Académie royale de Belgique. Classe des lettres et des sciences morales et politiques. Mémoires, deuxième série*, XX); de paragrafen 9 *Résignations d'abbés* en 10 *Dépositions d'abbés*.

54. *Over necrologium, obituarium, rotulus mortuorum*, gebedsverbroederingen HUYGHEBAERT N., *Les documents nécrologiques*. Turnhout 1972 (*Typologie des sources du moyen âge occidental*, fasc. IV - VI 21).

De vaststelling dat hij zich met betrekking tot zijn eigen abt op tweeërlei vlak – het biografische én het ambtelijke – vergist, bewijst dat Willem van Affligem niet de dichter van dit Leven van Lutgart is. Aangezien de opgesomde informatie- of controlemiddelen alle benedictijnen[55] ter beschikking stonden, is bovendien een benedictijn als auteur uitgesloten.

4.3.2. De tucht te Affligem

Na de localisering in 8057-8059 worden twee eigenschappen van Affligem met nadruk vermeld: de Orderegel wordt er nageleefd (8065-8088) en de gastvrijheid wordt er beoefend (8089-8108).
Als Bijlage 4, *Uit de cartularia van Affligem*, delen we *in extenso* teksten mee die op de ambtsjaren 1242-1262 van abt Jan I betrekking hebben. Zij bewijzen dat het met het naleven van de Orderegel wel wat anders gesteld was dan de Lutgartdichter voorspiegelt. Die teksten handelen immers over "denegata obedientia" en "gravis et enormis excessus" zodat de betrokkenen "mittantur ad sedem apostolicam absolvendi". Elders blijkt dat de observantie door de monniken als "rigidis, difficilis, atque gravis" ervaren werd, zodat de Paus om dispensatie gevraagd werd, doch "dispensatio interdicta".[56] In andere gevallen werd toelating verleend, de excommunicatie op te heffen die tegen sommige kloosterlingen was uitgesproken

> omdat ze tegen hun overste waren opgestaan en de orderegel hadden overtreden door er o.m. een eigen spaarpot op na te houden. Sommigen waren, steeds volgens dezelfde tekst, onder mekaar aan het vechten gegaan en enkelen hadden zelfs de mis opgedragen of wijdingen ontvangen zonder van de banvloek ontheven te zijn. Een dergelijke chaotische toestand verwondert ons wel van de Brabantse abdij, waarvan de kloostertucht zo sterk geprezen wordt in deze periode door mannen als Jacques de Vitry, Thomas van Cantimpré...[57]

55. Met name de derde Willem van Beda Regaus, zie Hoofdstuk 3, afdeling 4.
56. Talrijke abdijen, vooral van de benedictijnen, hadden met zware financiële en economische moeilijkheden te kampen die veelal met een spiritueel-religieuze crisis gepaard gingen. – BRAECKMAN W., *De moeilijkheden van de Benedictijnerabdijen in de late Middeleeuwen: de Sint Pietersabdij te Gent (ca. 1150 - ca. 1281)* in *Handelingen der Maatschappij voor geschiedenis en oudheidkunde te Gent* N.R. 17, 1963, p. 37-103.
57. HOUTMAN E., *Affligem. Stichting – ontwikkeling van het domein. 1083 - ca 1250.* (onuitgegeven licentiaatsverhandeling Wijsbegeerte en Letteren, afdeling Geschiedenis / Moderne tijden). Leuven 1970; p. 73.

Indien in Leven van Lutgart, onafhankelijk van de *Vita Lutgardis*, "lof op Affligem" zou voorkomen wegens het naleven van de Orderegel, dan is deze lof niet in overeenstemming met de historische werkelijkheid. Willem van Affligem heeft de waarheid geweld aangedaan of een en ander komt uit de pen van een dichter die met de reële toestand in de abdij niet vertrouwd was, een toevallige bezoeker die vooral getroffen werd door de aldaar beoefende gastvrijheid, waarover nu meer.

Aan de vertaling van *Vita Lutgardis* II.33 tweede deel, namelijk "Simili modo cum quidam monachus Affligemii in parochiam dissolutissimam mitteretur...", heeft de dichter een volledig hoofdstuk gewijd, Leven van Lutgart II.34 verzen 11405-11760, of 355 verzen ter vertaling van 7 regeltjes druk in de *Acta Sanctorum*. Het hoofdstuk bestaat uit twee wel afgebakende delen: eerst lof op Affligem, verzen 11405-11493, vervolgens de bewerking van de *Vita Lutgardis*-tekst, verzen 11496-11760. Beide delen zijn verbonden door het vers *Aldos geschide oc teenen tide* = *Simili modo cum...*

Anders dan bij *Vita Lutgardis* II.24 = Leven van Lutgart II.25, hierboven onder 4.1.2 besproken, bood de *Vita Lutgardis* niet onmiddellijk aanleiding tot het loven van Affligem. Het valt echter op dat de dichter de passus inleidt met de verzen II.11405:

Van enen clostre haddic tale
Dis noch gedinkt u somen wale,
Die Haffelghem genamet es...

De aanvang van II.25 ligt intussen al 3.448 verzen achter de rug. Daarom herhaalt de dichter gewoon de lof die hij naar aanleiding van de *Vita Lutgardis* ingelast had. Dit is geen autonome toevoeging van lof, wel een autonome compositorische ingreep: vroeger, niet-autonoom gezongen lof wordt herhaald. Waarom dan wel? De Lutgartdichter is een man bij wie één woord Latijn tot tientallen verzen leidt. Vond hij de woorden *parochiam dissolutissimam* in *Vita Lutgardis* II.33 dat over *quidam Monachus Affligemii* handelt, dan was dit voor hem voldoende om eerst Affligem als "van allen clostern spiegel" (II.11454) op te hemelen en om vervolgens een sombere *Der Kerken klaghe* te geven in de verzen 11494-11522. Dit verklaart de tweedelige compositie van dit hoofdstuk. De lof op Affligem is niet de vrucht van het bewuste verlangen Affligem autonoom te prijzen, doch wel het resultaat van des dichters zin voor contrastschildering die ook elders kan vastgesteld worden.[58]

4.3.3. De gastvrijheid te Affligem

De lof op de Affligemse gastvrijheid noopt tot nadere analyse. De twee hieronder volgende teksten zijn parallel opgebouwd:

(1) Oc... 8089 = 11414,
Want... 8093 = 11418,
(2) Noch... 8097 = 11422.

Leven van Lutgart II.8089-8108:

(1) Oc hebbikker meer af vernomen
Dat men dengene die daer comen
In allen tiden wel gereet
Met groter eeren daer ontfeet
Want igewelc, si clerk, si pape,
Riddere, seriant, of knecht of knape,
Comt hi alleene of met geverde,
Daer werdt ontfaen na sine werde.

(2) Noch es en ander daer men moet
Omme eeren desen cloester goet
Dor recht; dat es die karitate,
Die men daer ufent boven mate
Gedaeds an alle Godes arme,
Die gedren daer gelic den swarme
Van al omtrent om har beijach,
Alse igewelc daer schowen mach.
Bi desen pointen provic dat
Dat dese closter vele bat
Te rechte in minen prisen steet
Dan enech ander din ic weet.

Leven van Lutgart II.11414-11440:

(1) En wildt oc uwer nimen andren
Noch dis verwassen laten hem
So soudic prisen Haffelghem
Vor alle clostre die ic kinne;
Want mi dis dunkt in minen sinne

58. Onafhankelijk van *Vita Lutgardis* in II.13, verzen 3782-3796, kritiek op abdij en prelaten, vervolgens in 3811-3839 lof op klooster. Zo ook in II.4, de verzen 753-758 tegenover "predicationis officium segniter omittebat".

Dat nie ne wart gesticht abdië
Daer men so schone ghasterië
Of houden wilde, of houden conste,
Noch daer men met so groter onste
Gemeenlic alle ghaste ontfinc.

(2) Noch seggic u en ander dinc:
Dat men aldaer wel menech goet
Din armen alle dage doet,
Dats oppenbare wale in schijn;
Want wie of wanen dat si sijn,
Met lichten mogen si gewinnen
Die karitate van daerbinnen
Die al der werelt es gemeene;
Want sijn si groet of sijn si clene,
Of sijn si wijf, of sijn si man
Daer ghichte es wel bestadet an,
Of sijn si ijonc, of sijn si out,
Der melder karitaten schout
Werdt hen vergouden sonder sparen.
Dos werdet menech moederbaren
Verlichtet daer van sire noet,
Dat ere es ende vrome groet.

De dichter heeft in deze teksten twee totaal verschillende sociale groepen op het oog. De door (2) voorafgegane teksten handelen over *die karitate*, de als christelijke deugd te beoefenen naastenliefde: hongerigen spijzen, dorstigen laven. Armenzorg dus ten behoeve van mensen die *om har beijach* of om een *ghichte* daar *gedren gelic den swarme*. Door (1) voorafgegane teksten daarentegen hebben betrekking op *clerk, pape, riddere, seriant, knecht, knape*, leden van enig beroep of stand die niet zo onmiddellijk op een aalmoes uit zijn, doch *alleene of met geverde... na sine werde* binnen de kloostermuren worden ontvangen.

Deze voorstelling én de woorden *so schone ghasterie* in vers 11420 suggereren gastvrijheid die beoefend werd in het kader van de herbergings-, logies-, gasterij- en meuterechten die door de kloosters eeuwenlang ervaren werden als door koning, hertog, of graaf gepleegde inbreuken op de *libertas ecclesiastica* en *immunitas*.[59]

59. PREVENIER W., *De verhouding van de Clerus tot de locale en regionale Overheid in het Graafschap Vlaanderen in de Late Middeleeuwen* in *Bronnen voor de religieuze geschiedenis van België. Middeleeuwen en Moderne Tijden*. Leuven 1968 (*Bibliothèque de la Revue d'histoire ecclésiastique*, 47); p. 9-46. - VAN UYTVEN R., *Wereldlijke overheid en reguliere geestelijkheid in Brabant tijdens de Late Middeleeuwen* in *Bronnen voor de religieuze geschiedenis...*, p. 48-134.

Werden deze inbreuken tegen heug en meug aanvaard, tegen de misbruiken en de excessen - onder meer de delegatie van het gasterijrecht[60] aan *riddere, seriant, of knecht of knape* - is verzet gerezen, aanvankelijk door individuele abten met het oog op de beperking van het herbergingsrecht, vervolgens door de abdijen collectief om de afschaffing ervan te bekomen.
Ook Affligem ging gebukt onder gasterijrechten die er tot excessen leidden waartegen abt Jan I bij bisschop en Paus verzet aantekende en waartegen de bisschop pas iets durfde ondernemen wanneer hij zich door de Paus gesteund wist. Tegenover de hertog van Brabant stond hij immers even machteloos als de abt van Affligem tegenover zijn opgedrongen gasten.
Affligem loven om de aldaar beoefende *ghasterie* is in wezen een bespotting van de moeilijkheden waarmee abt Jan I op economisch en disciplinair vlak af te rekenen had.[61] Uit de veder van dichter Willem van Affligem zou het nog een stuk cynischer klinken - de hieronder bedoelde Berthout is immers zijn vader of een oom! - wanneer men leest over de onvermoeide ijver waarmee de vorige abt, Willem (1227-1242),

> zich heeft ingespannen om de hangende konflikten met lekeheren en kerkelijke instellingen op te lossen. Dat deze energieke man hierin geslaagd is, bewijst het geval van de heer van Grimbergen-Asse, die de abdij had lastig gevallen. Willem brengt de zaak voor de kerkelijke rechtbank en verkrijgt dat de machtige Berthout veroordeeld wordt om blootsvoets, met ontbloot hoofd, in zijn hemd en onderbroek, aan de abt vergiffenis te vragen in aanwezigheid van het ganse kapittel. De man heeft deze bittere vernedering,

60. SMOLART-MEYNART A., *Le droit de gîte dans les abbayes brabançonnes au bas-moyen âge* in *Hommage au Professeur Paul Bonenfant (1899-1965).* Brussel 1965; p. 365-382; p. 370 "Le droit de gîte n'aurait pas tant mécontenté les prélats, s'il n'avait inclu un droit de procuration".

61. VAN ROY A., *Affligem, roem...*, p. 88-89: "De Benedictijnse gastvrijheid bevorderde Johannes oprecht, maar hij duldde niet langer dat op die manier de wereld in de abdij binnendrong. Sommige jongemannen die op bezoek kwamen, maakten lawaai in de gangen en elders waar de regel stilte gebood. Abt Johannes deed daarover zijn beklag bij de bisschop van Kamerijk, maar deze wilde liever geen van de "groten" tegen het hoofd stoten en zweeg. Toen ging de abt in hoger beroep en schreef naar de paus zelf. De remedie was radicaal. Van uit Lyon liet Paus Innocentius aan de bisschop van Kamerijk weten dat hij op straf van excommunicatie moest verbieden dat leken, zonder uitdrukkelijke toelating van abt en convent, het klooster zouden betreden om er te praten. Zo konden allen weer ingetogen leven".

zoals de oorkonde het aantoont, ook werkelijk moeten doorstaan.[62]

4.3.4. *Dis heft hi sider ons beghit*

Affligem en twee van zijn bewoners komen een laatste keer ter sprake in *Vita Lutgardis* III.16, waarvan de tekst naar de *Acta Sanctorum* hieronder volgt:

> Secunda feria sequenti quidam Conversus Affligemensis, Wilhelmus nomine (praecipue enim illius monasterii Fratres, propter religionis observantiam, diligebat) intravit ad eam visitationis gratia, et inter verba alia dixit: Utinam dominus noster Abbas sciret vos adeo graviter infirmari. Et illa: Cras, inquit, veniet ille carissimus meus, et videbit me.

Het bezoek van de *conversus Affligemensis* had plaats op maandag 11 juni 1246. De conveers Willem van Affligem en "dichter" Willem van Affligem waren dus kloostergenoten. Het is derhalve op het eerste gezicht vreemd dat de Lutgartdichter een beroep moet doen op de Latijnse tekst om de naam van de conveers te kunnen meedelen, blijkens III.3440:

> So quam van Haffelghem en here,
> En broeder, daer die vrowe lach.
> Wildi sijns namen een gewach?
> Die vite ons seget dat Willem
> Sijn name was; van Haffelghem
> Was hi conveers...

In de Latijnse tekst vond hij niet alleen de naam van de conveers, doch ook de woorden "praecipue enim illius monasterii Fratres, propter religionis observantiam, diligebat". Had de dichter voor Affligem meer dan gewone belangstelling, dan vond hij hier stof en reden om te amplifiëren. We stellen evenwel vast dat in Leven van Lutgart van deze lovende woorden geen spoor te vinden is.

Tweeduizend vierhonderd negentien verzen voor het einde van zijn opus, zesduizend driehonderd achtentachtig verzen na de aanvang van de vorige, niet-autonome lofrede op Affligem, heeft Willem van Affligem deze door Thomas van Cantimpré geboden ultieme kans om zijn klooster te prijzen, niet te baat genomen. Dit pleit tegen de

62. HOUTMAN E., *Affligem. Stichting...*, p. 69.

theorie dat Willem van Affligem de dichter van dit Leven van Lutgart zou zijn, omdat hij de abdij Affligem zou loven.
En toch is het juist in dit hoofdstuk, in één enkel vers, ja in één enkel woordje ervan dat Van Mierlo het bewijs ten gunste van Willems dichterschap gevonden heeft.

> Ik moet bekennen, dat dit éene, in de duizenden verzen van het gedicht lang overziene, vers een einde aan al mijn twijfel omtrent Willems' auteurschap heeft gesteld. De bezwaren die wij er tegen hebben ingebracht moeten opgelost worden uit de veronderstelling van een poëtische fictie, die we toch reeds eenigszins hadden vermoed.[63]

Het gaat hier over vers III.3750: Dis heft hi sider ons beghit. Dit "ons", aldus Van Mierlo,[64] "zijn de monniken, die toen te Affligem waren; onder wier getal Willem zich hier rekent". Om tot dit besluit te komen had Van Mierlo uit Leven van Lutgart teksten verzameld[65] waaruit blijken moet dat de dichter "ons" schrijft "voor mededelingen, die hem en anderen werden gedaan", verder teksten waar de dichter "mi" schrijft "waar het een persoonlijke mededeling betreft", en een plaats waarvan men mag "aannemen dat *ons* staat voor *mi*, zooals reeds tweemaal te voren was gezegd". En alsof dit nog niet genoeg is, vervolgde de auteur:

> Maar in het vers *Dis heft hi sider ONS beghit* kan *ons* niet opgevat worden in een algemeenen zin: ons, tijdgenooten b.v. De persoon zelf die de mededeeling doet en de zaak waarover het gaat beperken dit ons tot een bepaalde kring: *Dis heft hi sider ons*, zijn onderdanen, zijn medemonniken, *beghit*. Bij zijn terugkeer te Affligem heeft abt Jan zijn monniken verhaald over zijn bezoek bij Lutgardis en over de geheime zaken die zij hem had meegedeeld, doch die hij niet openbaren mocht.[66] Dit is de gansch natuurlijke, onontwijkbare verklaring van dit vers aan het einde van deze episode. De dichter behoorde tot die *ons*: tot de

63. VAN MIERLO J., *Willem van Afflighem...*, p. 816.
64. VAN MIERLO J., *Willem van Afflighem...*, p. 843.
65. VAN MIERLO J., *Willem van Afflighem...*, p. 814-815.
66. Van Mierlo laat zich meeslepen. Hij beweert dingen die niet in de *Vita Lutgardis* staan: Venit ergo in Aquiriam: et cum intrasset ad eam, illa sincerissime gratulata, et de lectulo relevata, resedit; tenensque manum ejus dixit: Jam recedo, Carissime, et nihil sub coelo carius te relinquo: de te autem a Domino me noveris consolatam. Hoc dicto in alia distractus Abbas discessit et illa usque in feriam quintam magna spiritus alacritate remansit.

> monniken van Affligem. Hij heeft hier een enkel oogenblik zijn fictie vergeten.[67]

Leent dit zich tot weerlegging of bespreking? Is het niet al te veeg dat een attributie steunen moet op één woord uit één vers, en dat de "gansch natuurlijke, onontwijkbare verklaring" ervan moet steunen op de veronderstelling dat het *ons* hier nu eens niet moet opgevat worden in de betekenis die de dichter er elders aan geeft, dat hij bovendien een enkel ogenblik zijn fictie vergeten heeft, en dat het desnoods natuurlijk nog kan opgevat worden "als een pluralis majestatis voor *mi*, wat de gegevens der verklaring slechts bevestigt".[68]
Als dit "het licht in den nacht"[69] moet zijn, dan zal het auteursprobleem met betrekking tot Leven van Lutgart nog lang in het duister blijven!

4.4. Kritiek door D.A. Stracke

Reeds Van Veerdeghem heeft gewezen op "het achterwege laten van zekere mystieke beschouwingen en uitweidingen, wat bij den dichter niet veel zin voor dergelijke bespiegelingen verraadt".[70] Deze vaststelling kan niet anders dan bevreemden met betrekking tot een man die in de *Kroniek van Sint-Truiden* geprezen werd als uitzonderlijk vroom en ijverend voor de godsdienst, zeer vlijtig in de studie van de H. Schrift, op de hoogte van de canonieke voorschriften, een begaafd dichter.[71]
D.A. Stracke S.J. heeft Van Veerdeghems vaststelling getoetst en het weglaten van "ascetische en mystieke bemerkingen" bevestigd.[72] Uit de *Vita Lutgardis* verzamelde hij teksten en op grond ervan schreef hij

> Mag ik dan na deze 25 opsommingen niet beweren: de Kopenhaagsche Lutgart heeft den oertekst[73] systematisch-opzettelijk,

67. VAN MIERLO J., *Willem van Afflighem...*, p. 815-816.
68. VAN MIERLO J., *Willem van Afflighem...*, p. 816 noot 1.
69. VAN MIERLO J., *Willem van Afflighem...*, p. 814.
70. VAN VEERDEGHEM F., *Leven van Sinte Lutgart...*, p. xli.
71. Zie hierboven Hoofdstuk 3, afdeling 1.
72. STRACKE D.A., *Over den berijmer...*, p. 55-63. De woorden "ascetische en mystieke bemerkingen" plaatsen we tussen aanhalingstekens wanneer we wensen aan te geven "zoals Stracke ze opgevat heeft".
73. D.A. Stracke bedoelde met "oertekst" de tekst in de *Acta Sanctorum* als bron voor de vertaling-bewerking. Uit zijn artikel *Over den berijmer...* blijkt niet dat hij de

gezuiverd van verreweg de meeste zijner ascetische en mystieke bemerkingen, en is dus wel niet door 'n deugdzamen kloosterling, eerlijk en gestreng, in het dietsche overgezet. Wat hoofdzakelijk voor kloosterlingen bestemd was op beiderlei terrein der ascese en mystiek geeft juist aan de Vita, tegenover andere, 'n kenmerkende en lofwaardige hoedanigheid; hoe heeft 'n vertaler-kloosterling, en waarom, dat alles geweerd?[74]

4.4.1. Bespreking van "ascetische en mystieke bemerkingen"

De teksten die naar zijn mening door de Lutgartdichter uit de *Vita Lutgardis* weggewerkt werden, heeft D.A. Stracke per hoofdstuk samengebracht onder vijfentwintig nummers. Een aantal nummers bestrijken teksten die eigenlijk als afzonderlijke teksten moeten beschouwd worden met de onderverdeling a, b, c..., zodat Stracke's inventaris betrekking heeft op drieëndertig teksten.[75]
Boden historische personen en datums hierboven nog enig houvast, dan bevinden we ons bij de beoordeling van deze "ascetische en mystieke bemerkingen" in het grensland van de subjectiviteit: wanneer is een bemerking ascetisch of mystiek, wanneer heeft de vertalende dichter ze inhoud- en/of woordgetrouw vertaald? Niet alle drieëndertig, door Stracke besproken plaatsen behoeven bespreking. Bij nader toezien zijn ze niet geweerd, doch komen ze wel degelijk in Leven van Lutgart voor. Andere teksten mochten wegblijven zonder dat ze aan de zijde van de Lutgartdichter gebrek aan belangstelling voor ascetische en mystieke aangelegenheden verraden. Uiteindelijk achten we slechts bij een beperkt aantal van de vijfentwintig of drieëndertig door Stracke samengebrachte teksten een aantekening nodig.

Tekst 3: "Cum Augustinus... viguisse".[76] Stracke zelf heeft opgemerkt "Deze woorden gaven echter den bewerker aanleiding tot een triade over de discretie in de minne".[77] De dichter heeft de passus dus wel degelijk vertaald, zij het dan niet op het peil van

Vita antiqua heeft gekend die wij hebben uitgegeven: HENDRIX G., *Primitive versions...* en *Oude redacties...*

74. STRACKE D.A., *Over den berijmer...*, p. 62-63.

75. In een aantal gevallen is zijn verwijzing naar de *Vita Lutgardis* fout; stilzwijgend voeren we correcties in naar *Acta Sanctorum*, Tomus IV Junii, uitgave Parijs 1867, bladzijde gevolgd door a of b, resp. linker- of rechterkolom.

76. STRACKE D.A., *Over den berijmer...*, p. 56.

77. STRACKE D.A., *Over den berijmer...*, p. 56 noot 10.

Thomas van Cantimpré die Augustinus, "doctorum omnium maximus", aanhaalt; de naam Augustinus is in Leven van Lutgart niet overgekomen.

Tekst 6a: "Frequenter accidit, ut dum Psalmodiam ruminaret et Spiritus Sanctus virtutem et intelligentiam versuum revelaret".[78] Uit de hieronder afgedrukte verzen blijkt dat de Lutgartdichter de passus wel degelijk verwerkt heeft in II.10997:

Die coninc van den hoge trone
Hi gaf te sonderlinge lone
Der maget edel ende goet
Dat si dat versekijn verstoet
Die dar tevoren noit eer
En plach studeren min no meer
Op dat bedit van din latine.
Idoch van desen versekine

en II.11011

Was hare ontploken dat bedit.

Revelaret is dus zeker vertaald. *En plach studeren* vloeit voort uit het feit dat Lutgart in de *Vita Lutgardis* als een *laica monialis* voorgesteld wordt die helemaal geen Latijn kende en zich voor beter begrip van de psalmen steeds tot Sybille van Gages moest wenden. Het is duidelijk dat de termen *virtus* en *intelligentia* - toch wel meer dan gewone woorden - niet in de vertaling overgekomen zijn.

Tekst 6b: "Hoc mihi ergo ipsamet sicut filio dilecto revelans, admonuit ut quoties versum istum dicerem me toto corpore ad laudem gloriosae Virginis inclinarem. Quod et diu feci et facio et ad idem faciendum cunctos legentes admoneo",[79] waarbij Stracke aantekende "'n Les voor alle brevierbidders, en toch door den "monnik" veronachtzaamd".[80] Het ligt, menen wij, voor de hand dat de woorden "mihi ipsamet sicut filio dilecto revelans" niet in Leven van Lutgart overgenomen zijn: wat Thomas over zichzelf meedeelt, kan de dichter niet over zichzelf meedelen. Het *admonuit* van Lutgart naar Thomas van Cantimpré toe en het *admoneo* van Thomas van

78. STRACKE D.A., *Over den berijmer...*, p. 57.
79. STRACKE D.A., *Over den berijmer...*, p. 57.
80. STRACKE D.A., *Over den berijmer...*, p. 57 noot 11.

Cantimpré naar zijn publiek toe zitten in de passus II.11153-11177 met onder meer
11154: ... dat es min raet
en 11160:

> So radic u, meere ende minder,
> Met goeder trowen alse en man
> Die uwer baten u wel an,
> Dat gi der hogster coninginnen
> Met ere sonderlinger minnen
> U pijnt te wesene onderdaen.

Het *idem faciendum*, dit is *inclinare*, wordt zelfs geëxpliciteerd, II.11166:

> Want die te haren wille staen
> Met vriër herte blidelike,
> Of sijn si arm, of sijn si rike;
> Die gerne singen ochte lesen
> Dat hare plegt gename wesen,
> Ochte anders volgen haren wille,
> Si oppenbarlic ochte stille
> In welke wise dat het si,
> Si sal se, wel geloevets mi,
> Op haren ijoncsten dach verdingen
> Ende oc te goeden inde bringen.

Hier willen we Stracke niet bijtreden: de tekst is voor ons wel degelijk in Leven van Lutgart aanwezig.

Tekst 13: "Heel het lang kapittel van Cantimpré, dat een verklaring is op Lutgart toegepast van: Tres lectuli in Canticis Canticorum".[81] Hoofdstuk II.43 is volledig opgebouwd rond verzen uit het Hooglied en uit het Boek der Psalmen.[82] Geen van deze verzen is vertaald; op geen van deze verzen komen in de vertaling toespelingen voor. Met deze evidente vaststelling scoort Stracke vanzelfsprekend zwaar tegen Willem van Affligem en tegen de monastieke oorsprong überhaupt van Leven van Lutgart.

81. STRACKE D.A., *Over den berijmer...*, p. 59.

82. Zie de aantekeningen 64-77 m.b.t. II.43 bij HENDRIX G., *Ontmoetingen met Lutgart...*, Deel 3: *Thomas van Cantimprés Vita Lutgardis. Nederlandse vertaling van de tweede versie naar handschrift Brussel, Koninklijke Bibliotheek Albert I, 8609-8620*. Leuven 1997 (Bibliotheek van de Faculteit Godgeleerdheid. *Documenta libraria*, 17. – *Bibliotheca auctorum traductorum et scriptorum Ordinis cisterciensis*, 4).

Tekst 14a. "Het gedicht (Acta SS. 204,b) wordt overgeslagen, iets wat licht te begrijpen valt...".[83]

In de *Vita Lutgardis* komen enkele strofen voor van een gedicht dat ingeleid wordt met de woorden "De his quidam ex nostris in prosa, quae continet gesta ejus, inter cetera plane descripsit, dicens".[84] Thomas herhaalt met andere woorden in verzen (Latijn: *in prosa*)[85] wat hij zoëven in proza (dit is: in doorlopende tekst) verhaald heeft. De Lutgartdichter kon zuiver technisch gezien dit procédé onmogelijk volgen. Tot zo ver heeft Stracke gelijk met zijn "wat licht te begrijpen valt...". De dichter heeft de verzen echter niet overgeslagen zoals Stracke meent, doch eruit gebruikt wat bruikbaar was, namelijk de verzen die in de prozatekst geen tegenhanger hadden, te weten III.317:

Ende hi di broedre die hi vant
Begeven in dat Heilege Lant
Gevisiteert hadde allegader...

als vertaling van

Hic terram sanctam adiit
Illic fratres invisere...

waarmee in *Vita Lutgardis* de sequentie begint en de tekst van de *Vita Lutgardis* nogmaals meegedeeld wordt: Cum diu visitandi Terram sanctam desiderium habuisset..., wat III.274 aanwezig is als

Die wille hi was dat hem te gane
Int heilge Lant van Over Zee
Gelustte...

De tekst – is dit overigens een "ascetische en mystieke bemerking"? – is dus wel degelijk in Leven van Lutgart overgekomen.

Tekst 14b. "...en verder: Haec per fratres Domus Teutonicae, qui ea oculis videre meruerunt audivimus. Sed et litteris Prioris Fratrum

83. STRACKE D.A., *Over den berijmer...*, p. 59.

84. CHEVALIER U., *Repertorium hymnologicum. Catalogue des chants, hymnes, proses, séquences, tropes en usage dans l'église latine depuis les origines jusqu'à nos jours.* Leuven 1892 (*Subsidia hagiographica*, 4); deel 1 p. 407.

85. DU CANGE C., *Glossarium ad scriptores mediae et infimae latinitatis.* Oorspronkelijke uitgave Parijs 1678; zesde heruitgave Graz 1954; s.v. *prosa.* Zie ook VAN HERK A., *Mnl. prose(n)* in *T.N.T.L.* 37, 1918, p. 26.

Praedicatorum, apud Venetias, haec eadem testata perlegimus".[86] De bronvermeldingen of het beroep op getuigen, die Thomas van Cantimpré als hagiograaf vanzelfsprekend inlast, zijn geen "ascetische en mystieke opmerkingen".

Teksten 15a, 15b en 15c. Deze nummers handelen over dominikanen of over de Orde der predikheren. "Dat Thomas er aan hield dit alles te vermelden, is vanzelfsprekend; dat onze Lutgartdichter, die hoog opgeeft van zijn bewondering voor Thomas, dit alles stilzwijgend voorbijgaat, is zeer opvallend. Toch geen naijver van O.S.B. tegen O.P.?"[87] Naijver hoefde dit niet te zijn. Gewoon de vaststelling dat een en ander weinig, ja niets met de Lutgart van Leven van Lutgart te maken had, kon voor de dichter volstaan om die plaatsen weg te laten. Bovendien zijn dit toch wel geen "ascetische en mystieke bemerkingen".

Tekst 18. Volgens Stracke zouden twintig regels van *Vita Lutgardis* niet vertaald zijn.[88] De passus handelt over "In creatione enim caeli et terrae... per peccatum Adae...". Dit is wel degelijk in de verzen III.2102-2294 vertaald. Correct is de vaststeling dat Thomas' beroep op Augustinus, "Paradisum paradisorum contemplativorum maximus", inderdaad niet is overgenomen. Dit hoefde ook niet. De passus handelt immers over schepping, zondeval en passie en daarvoor had de dichter andere bronnen, waarvoor Thomas als bron moest wijken: Dats al verclart in din scrifturen / Bat dan ict u verclaren mochte (III.2210) en Oc seggen ons dewangelisten (III.2237).
Het tweede deel van tekst 18, "Quod Lutgardem fecisse...", waarbij Stracke aantekende "Voor elken kloosterling, die Lutgart liefheeft, 'n onovertrefbaar getuigenis toch verzwegen",[89] is in de verzen III.2270-2294 weergegeven, weliswaar op het peil van de dichter, dit wil zeggen: zonder belangstelling voor de ascetische of mystieke inhoud en strekking.
Tekst 21. De sterfdatum van Lutgart[90] is géén "ascetische en mystieke bemerking". Het weglaten ervan bewijst niets voor of tegen de dichter die de plaats "Paschali tempore proximo ante mortem

86. STRACKE D.A., *Over den berijmer...*, p. 59.
87. STRACKE D.A., *Over den berijmer...*, p. 59-60.
88. STRACKE D.A., *Over den berijmer...*, p. 60-61.
89. STRACKE D.A., *Over den berijmer...*, p. 61 noot 16.
90. STRACKE D.A., *Over den berijmer...*, p. 61.

suam" toch gekend moet hebben blijkens III.2535:

> ...want dat si ne bleef
> Mar IX weken ochte min
> Te live sent, dat screef hire in.

Pasen viel in het jaar 1246 op 13 april. Tellen we daar negen weken bij, dan verkrijgen we exact 16 juni 1246, Lutgarts sterfdag.
Althans in de heden bewaarde handschriften met de *Vita Lutgardis* blijkt met betrekking tot de sterfdatum grote verwarring.[91] Wellicht zag de dichter zich in zijn legger met een onduidelijk chronologisch gegeven geconfronteerd en heeft hij het wijselijk weggelaten.

Tekst 23 heeft betrekking op het door Sybille van Gages gedichte, rijmende grafschrift dat door Anton Van Wilderode als volgt vertaald werd:

> Lutgardis straalt als licht, zelfs onder deze steen.
> Zij leefde zonder smet en voor de Heer alleen.
> Had hevig dorst en honger naar wat niet vergaat.
> Een klare dag geleek haar bruidelijk gelaat.
> Exempel voor eenelk, bloem van de zusterschaar
> én kostelijk juweel. Voorbeeldig blijven haar
> vroomheid, en eergevoel, en heilige ascese![92]

De inhoud en de gebruikte beeldspraak - *speculum vitae, flos claustri, gemma sororum* - maken dit gedicht tot een ascetische tekst die niet in Leven van Lutgart is overgekomen.

Tekst 24, de beruchte pinkaffaire![93] "Nec me in hoc invidus aliquis mordeat aut iudicet arguendum si piae Lutgardis, nondum adhuc canonizatae, digitum tanto amore complector... ", waarop nog vijftien lijnen volgen waarin Thomas met het aanhalen van precedenten zijn apologie opbouwt: "... nullus in me quasi factum stultum et impium, nisi planus stultus et impius indicabit".[94] Zelfs als men zou eisen dat

91. Zo komen voor: 16 juni 1246, 16 juli 1246 en 6 juni 1266. HENDRIX G., *Een nieuw element om het Leven van Lutgart te dateren* in *O.G.E.* 56, 1982, p. 25-28.

92. Vertaling van Lutgarts grafschrift door A. Van Wilderode, geciteerd door DEPAUW V., *De uiterste hoeksteen*. Definitieve versie. Leuven 1985; p. 395.

93. Commentaar bij VAN BUUREN A.M.J., *Lutgart van Tongeren* in STUIP R.E.V. & VELLEKOOP C. (Eds), *Andere structuren, andere heiligen. Het veranderende beeld van de heilige in de Middeleeuwen.* Utrecht 1983 (*Utrechtse bijdragen tot de mediëvistiek*, 2); p. 115-132 met noten op p. 260-261.

94. STRACKE D.A., *Over den berijmer...*, p. 62.

de dichter als vertaler deze passus zou meedelen, dan nog is dit geen "ascetische en mystieke bemerking" die tegen een monastiek dichter zou pleiten.

Tekst 25: "Raptim unaquaeque Monialium quidquid de cingulis, de peplis, velis ac rebus aliis habere potuerunt, quasi pro reliquiis et revera maximis Reliquiis distraxerunt."[95] In Leven van Lutgart is deze verklaring over de spoedig na Lutgarts dood begonnen reliekencultus niet letterlijk vertaald. De inhoud ervan wordt in de hoofdstukken III.25-26-27 meegedeeld. Overigens is dit geen "ascetische en mystieke bemerking".

4.4.2. "ascetische en mystieke bemerkingen" als argument

Wij menen dat D.A. Stracke over de Lutgartdichter al te streng geoordeeld heeft en voor diens vertel- en vertaalsituatie te weinig oog heeft geacht. Bovendien is zijn criterium "acetische en mystieke bemerkingen" tegelijkertijd te ruim en te eng. Stracke heeft, menen wij, te veel willen bewijzen. Het adagium *Qui nimis probat nihil probat* ten spijt heeft hij uiteindelijk toch gelijk.
Van twee door Stracke geselecteerde teksten mag men met stelligheid verwachten dat ze in Leven van Lutgart zouden overgenomen zijn: het grafschrift door Sybille van Gages (tekst 23) en de passus over de *Tres lectuli* (tekst 13).
Er kan inderdaad geen verklaring aangevoerd worden voor de vaststelling dat de theologisch geschoolde Willem van Affligem déze teksten heeft weggelaten.
De vaststelling met betrekking tot de *legersteden* wordt erg pregnant. Het slot van II.43, de woorden "At quoniam secundae... pausationis modicae interstitio respiremus", werd door de dichter namelijk wél benut om zijn werk te structureren. Dit bewijst meteen dat de Lutgartdichter als legger een handschrift gebruikte waarin *Vita Lutgardis* II.43 aanwezig was. Voor Willem van Affligem zit er dus ook geen heil in de suggestie dat II.43 in zijn legger wellicht niet voorkwam.

Aan de twee "ascetische en mystieke bemerkingen" die we uit het onderzoek door D.A. Stracke handhaven, kan één belangrijke tekst worden toegevoegd. Ook het voorlaatste hoofdstuk van *Vita Lutgardis*

95. STRACKE D.A., *Over den berijmer...*, p. 62.

II is gedeeltelijk onvertaald gebleven. Het bestaat uit twee delen. Het eerste deel verhaalt over de bezoekers die Lutgart in haar laatste levensdagen in de geest ziet. Dit deel eindigt met de woorden

> et tamen in omnibus his perfectam spiritui suo requiem *non invenit*, donec ipsum solum Sanctorum Sanctum ineffabiliter omnibus dulciorem, utpote sanctificatorem omnium *inveniret*.

Met de woorden *Et quid miri? quid novi?* leidt Thomas een tekst in waarin Lutgart vergeleken wordt met de Bruid van het Hooglied: *Afficitur pia Lutgardis cum sponsa in Canticis, cujus anima liquefacta est...* Thomas' tekst is een toepassing van plaatsen over de drievoudige *inquisitio* bij Aelred van Rievaulx: *Tenet illum nec dimittit,*[96] *Tenuit illum sed dimisit*[97] en *Tunc perfecte inuenit quem modo diligit perfecte anima eius. Inuenit et tenuit. Tenui, inquit, illum nec dimittam. Tenuit et tenet et numquam dimittet.*[98]

Ook deze passus is weggelaten. Het ascetische en het mystieke liggen niet binnen de bijzondere interesse van de Lutgartdichter. Dat is voor Willem van Affligem een fatale vaststelling.

96. *Aelredi Rievallensis Sermones I-XLVI*. Collectio claraevallensis prima et secunda. Recensuit Gaetano RACITI. Turnhout 1989 (*Corpus Christianorum. Continuatio mediaevalis*, IIA), *Sermo XX in assumptione Sanctae Mariae* 5,61.
97. AELRED VAN RIEVAULX, *Sermo XX*... 6,64.
98. AELRED VAN RIEVAULX, *Sermo XX*... 35,335-338.

BESLUIT

De attributie van Leven van Lutgart aan Willem van Affligem alsook, subsidiair, van Leven van Jezus en van de of enkele Limburgse Sermoenen aan dezelfde auteur steunt op een redenering die qua genese en structuur als volgt gereconstrueerd moet worden.

Op gezag van de in het oudste handschrift van de *Vita Beatricis* voorkomende aantekening *Hanc vitam conscripsit domnus Willelmus de Mechlinia* werd Willem van Affligem als de vertaler ervan beschouwd. Gemeend werd dat met de in caput 57 van de *Catalogus virorum illustrium* voorkomende woorden *quandam materiam* de *Vita Beatricis* bedoeld was. De tekst van de *Catalogus virorum illustrium* werd dan gelezen als *Dictavit etiam Latine vitam Beatricis.* Aangezien *Willelmus monachus haffligeniensis* volgens caput 57 van de *Catalogus virorum illustrium* de *Vita Beatricis* schreef en deze Willem, volgens het oudste handschrift van de *Vita Beatricis*, "Willelmus de Mechlinia" heette, werd caput 57 geïnterpreteerd als handelende over Willem Berthout van Mechelen, monnik van Affligem, later abt van Sint-Truiden, uit het *Chronicon trudonense* welbekend.

Toen een Middelnederlands Leven van Lutgart werd ontdekt, werd dit aan Willem van Affligem - die men kende sedert 1828 in de entoesiaste beginperiode van de geschiedschrijving van de Middelnederlandse letterkunde - toegeschreven. Tot de ware auteur ervan, Broeder Geraert, hem verdrong. In 1897 kwam een tweede Leven van Lutgart aan het licht. Na enige aarzeling werd het op naam van Willem van Affligem gezet. Caput 57 zegt immers over 'n Willem *convertit in Theutonicum vitam Lutgardis a fratre Thoma latine scriptam.* In de woorden *ritmice duobus sibi semper ritmis consonantibus* - waarvan niemand kon noch kan zeggen wat ze precies betekenen, indien ze althans iets anders betekenen dan gewoon "paarsgewijs rijmende" - zag men een omschrijving voor het in Leven van Lutgart gebruikte vers.
Zo was voor alles een fraaie attributie gevonden die des te gereder aanvaard werd daar intussen gebleken was dat de *Catalogus virorum illustrium* het werk van Hendrik van Brussel, monnik van Affligem, zou zijn. Hendrik werd als tijd- en kloostergenoot van dichter Willem voorgesteld. Die kon het dus wel weten. Daarom werd zonder kritiek

aanvaard wat Pelster aan "Einschiebsel"-theorie en aan "Beziehungen" uitgekiend had.
Omdat Hendrik van Brussel het kon weten en Trithemius op hem steunde, moest ook belang gehecht worden aan het *studiosus* en *eruditus* bij Trithemius en aan de *sermones* in diens tekst. Zo werden Willem van Affligem ook het Leven van Jezus en, op een vraagteken na, de Limburgse Sermoenen toegeschreven.

Tegen de toeschrijving van Leven van Lutgart aan Willem van Affligem moeten de volgende resultaten van de bronnenstudie ingebracht worden.
De *Catalogus virorum illustrium* stemt naar inhoud, structuur, oorsprong, overlevering en datering niet overeen met wat, nagenoeg steeds zonder enig critisch onderzoek, erover geschreven werd. Hij bezit bijgevolg niet het gezag dat eraan toegekend werd: hij is niet het werk van een klooster- en tijdgenoot van Willem van Affligem. Overigens is er geen enkel gegeven om 'n *Willelmus monachus* te vereenzelvigen met Willem Berthout van Mechelen, monnik van Affligem, later abt van Sint-Truiden.
Als énige getuige is de *Catalogus virorum illustrium* in de middeleeuwse juridische opvattingen géén getuige of slechts een "halve waarheid". De helft van deze "halve waarheid" is bovendien fout: Willem van Affligem is niet de auteur van de *Vita Beatricis*.

In Hoofdstuk 2 hebben we onderzocht of het getuigenis van de *Catalogus virorum illustrium* door andere bronnen kan worden onderbouwd. Het resultaat is negatief. De *Kroniek van Sint-Truiden* kent de Sint-Truidense abt Willem van Affligem niet als dichter van Leven van Lutgart, noch als de vertaler van het Leven van Jezus, noch als de auteur of de verzamelaar van de Limburgse Sermoenen.
Bij dit argument *e silentio* komt dat Johannes Trithemius in zijn *Liber de scriptoribus ecclesiasticis* aan Willem van Affligem een oorspronkelijk, slechts één boek tellend werk *De uita sanctae Lutgardis* toeschrijft.
Deze verrassende informatie wordt door de Centrale Catalogus van Rooklooster bevestigd. Of deze bewering juist is of niet – een *De uita sanctae Lutgardis* die in zulke mate van de *Vita Lutgardis cantimpratensis* afwijkt dat ze als een tweede levensbeschrijving mag beschouwd worden, is (nog) niet aan het licht gekomen – de passus in het *Liber de scriptoribus ecclesiasticis* kan niet ingeroepen worden om Willem van Affligem het in het Kopenhaagse handschrift bewaarde, Middelne-

derlandse Leven van Lutgart toe te schrijven. Bovenop dit alles komt nog de door Beda Regaus verzamelde informatie over een, twee, drie Willems.

De in Hoofdstuk 4 beoefende interne kritiek heeft uiteenlopende vaststellingen opgeleverd. De dichter vult de *Vita Lutgardis* aan met informatie die als *courant* mag bestempeld worden. Men hoefde geen monnik van de Brabantse abdij Affligem te zijn om te weten dat Thimere de Rogemer baljuw in Vlaanderen én in Brabant was geweest of dat Marie de France in de genoemde abdij begraven ligt. *Foutieve* informatie last de Lutgartdichter in met betrekking tot Godevert, slotvoogd van Brussel, en Beatrix van Rèves, moniaal van Aywiers. Ten aanzien van een in de *Vita Lutgardis* anoniem gebleven cisterciënzerin vult de dichter de Vita aan met informatie over Beatrijs, een cisterciënzerin van Zwijveke bij Dendermonde. Of deze informatie juist is kan niet uitgemaakt worden.
Foutieve informatie brengt "Willem van Affligem" nogmaals wanneer hij – abt van de benedictijnenabdij in Sint-Truiden – de benedictinessenabdij Sint-Katharina te Milen localiseert. Opvallende fouten komen voor in zijn toevoegingen over abt Jan I van Affligem: aan diens abbatiaat zou door resignatie een einde zijn gekomen; bovendien laat de dichter hem twee jaar te lang de staf voeren.

In Leven van Lutgart komt geen lof op Affligem voor die niet reeds in de *Vita Lutgardis* aanwezig was. De "lofredenen op Affigem" mogen in het licht van de reële toestanden in de abdij als argumenten tegen Willem van Affligem of tegen elke monnik van Affligem als dichter van Leven van Lutgart gezien worden. Uit eigen ervaring kan de dichter niet alleen niets dat op Affligem betrekking heeft, aan de *Vita Lutgardis* toevoegen, voor Affligem heeft hij zo weinig belangstelling dat hij één keer de lof op deze abdij uit de veder van Thomas van Cantimpré gewoon niet overneemt en één keer een gebeurtenis niet verhaalt waarbij Guiardus van Laon, de in Affligem als monnik van Affligem gestorven bisschop van Kamerijk, betrokken is geweest.
Willem van Affligem, die in het *Chronicon trudonense* geprezen wordt als *vir precipue devotionis, zelator religionis,* moet zwaar aangerekend worden dat hij drie onbetwistbaar als "ascetische en mystieke bemerkingen" te bestempelen teksten niet overgenomen heeft: het grafschrift door Sybille van Gages, de parafrase op het *invenit eum* en *tenuit eum* van Aelred van Rievaulx in *Vita Lutgardis* II.42 en het lange hoofdstuk II.43 over de *Tres lectuli.*

Het vrij vele dat door velen vanuit disciplines als literatuurgeschiedenis, geschiedenis van de spiritualiteit, historische dialect- en woordgeografie over Leven van Lutgart en Willem van Affligem geschreven is, mist wetenschappelijke stringentie. Het literatuuroverzicht in Hoofdstuk 1 heeft geen beklijvende argumenten voor Willems dichterschap opgeleverd. De resultaten van de bronnenstudie slaan de laatste stutten weg. Willem van Affligem is niet de dichter van Leven van Lutgart. Aangezien de overige attributies op vergelijkbare wijze opgebouwd zijn en op dezelfde premisse steunen, is er voor Willem van Affligem in de geschiedenis van de Middelnederlandse literatuur geen plaats.

Bijlagen

Bijlage 1

Johannes Trithemius, Filip Foresta en hun onderlinge afhankelijkheid

Trithemius heeft werken Filip Foresta[1] benut, ook al zegt hij in zijn *De viris illustribus ordinis sancti Benedicti* van hem slechts een "volumen super Ethicam Catonis" gekend te hebben.[2] Trithemius vermeldt dus niet het *Supplementum chronicarum*, Venetië 1483, van Filip Foresta

> der mit Fortschreiten unseres Werkes[3] zunehmend an Bedeutung gewinnt. An das "Supplementum chronicarum" hat sich der Abt ziemlich eng angelehnt und unter den circa 150 Entlehnungen sogar einige Fehler mitübernommen.[4]

Om de onderlinge afhankelijkheid van Trithemius en Filip Foresta aan te tonen en om het door Pelster geleverde voorbeeld van foutieve bronnenstudie recht te zetten, moeten we naar hun voorganger teruggrijpen.

Tussen 1439 en 1549 stelde de dominikaan Antonio Pierozzi (1378-1459), later bisschop van Florence, zijn *Chronica* samen.[5] De C.V.I. behoort niet tot de door hem benutte bronnen.[6] Ook al moet de

1 Ook Jacobus Philippus Foresta Bergamensis genoemd. Om onduidelijke formuleringen als "de afhankelijkheid van Filip van Bergamo van Antoninus van Florence" te vermijden, schrijven wij uitsluitend Filip Foresta. Over hem en de hierna nog te vermelden Antoninus van Florence JOACHIMSEN P. *Geschichtsauffassung und Geschichtschreibung in Deutschland unter dem Einfluß des Humanismus.* Leipzig 1910 (*Beiträge zur Kulturgeschichte des Mittelalters und der Renaissance*, 6), deel 1, p. 80-86.

2. *Ioannis Trithemii Spanhemensis... opera pia et spiritualia*, uitgave door Joh. BUSAEUS, 1604, caput CXXIX p. 27: Philippus de Bergamo, Prior coenobii sanctae Mariae de Avantia de Padua, vir in divinis scripturis eruditus, & in saecularibus literis nobiliter ductus, eloquio dulcis, apertus & compositus, edidit non contemnandae lectionis opuscula, de quibus ego tantum vidi volumen magnum & insigne, quod scripsit super Ethicam Catonis, lib. 1. De caeteris quae cudisse dicitur nihil vidi.

3. Versta: *Liber de scriptoribus ecclesiasticis.*

4. ARNOLD K., *Johannes Trithemius...*, p. 127.

5. MORÇAY R., *Saint Antonin, archevêque de Florence (1389-1479).* Parijs 1914.

6. MORÇAY R., *Chroniques de Saint Antonin. Fragments originaux du titre XXII (1378-1459).* Parijs 1913; p. viii o.a. Sigibertus, Helinandus, Vincentius van Beauvais. In 1475 verscheen bij drukker Lucas Brandis in Lübeck *Chronicorum et historiarum epitome rudimentum novitiorum nuncupata.* De onbekende auteur van dit werk benutte de *Libri*

afhankelijkheid van Filip Foresta van Antoninus Florentinus nader onderzocht worden,[7] duidelijk is toch meteen dat de eventuele vermelding van het Affligemse trio in het door Filip Foresta bij Antoninus' werk geleverde *Supplementum chronicarum* niet op Antoninus kan teruggaan. In het *Supplementum* zijn echter gebruik van de C.V.I. noch de Affligemse drie te bespeuren.[8]
Trithemius kon ze dus hieraan niet ontlenen voor zijn L.S.E. Hij nam ze over uit de C.V.I., inclusief de 35e ontlening: Hendrik van Brussel. Toen echter Filip Foresta in 1513 zijn *Supplementum supplementi chronicarum* in het licht gaf, had hij zijn *Supplementum chronicarum* aangevuld met ontleningen aan Trithemius' L.S.E., o.a. Hendrik van Brussel, echter niets over Simon en Willem van Affligem.[9]
Het is dus inderdaad, zoals K. Arnold schrijft, zo dat Trithemius uit het *Supplementum* geput heeft, doch het is tevens zo dat Filip Foresta aan Trithemius ontleend heeft voor zijn *Supplementum supplementi*. Filip Foresta deed dus, wat Hendrik van Brussel betreft, net als zijn en Trithemius' tijdgenoot Andreas von Michelsberg die uit Trithemius de Affligemse monniken opnam in zijn *Catalogus sanctorum ordinis sancti Benedicti*.[10]

de viris illustribus van Hiëronymus, Gennadius en Helinandus, doch kende evenmin als Antoninus Florentinus en Filip Foresta de C.V.I. Zie SCHWARZ T., *Über den Verfasser und die Quellen des Rudimentum novitiorum*, Rostock 1888, p. 28-36. De C.V.I. schijnt in de 14e en 15e eeuw nagenoeg onbekend gebleven te zijn: naast Trithemius is Arnoldus Geilloven (zie Bijlage 3) de enige van wie aangetoond kan worden dat hij de C.V.I. gekend en benut heeft.

7. ARNOLD K., *Johannes Trithemius...*, p. 127 noot 64.

8. We raadpleegden: Brussel, Koninklijke Bibliotheek Albert I, B 1040 (Inc. 945). Titelpagina ontbreekt; luidens colofon gedrukt 23.8.1483; op de rug: *Jac. Ph. Bergamensis Supplementum Chronicarum*. Venetiis Bern. de Benaliis 1483. De monniken Hendrik, Simon en Willem van Affligem komen in deze druk niet voor. Voorts: Brussel, Koninklijke Bibliotheek Albert I, B 1057 (II 25282), *Supplementum chronicarum*, Venetië [15.2.] 1492, Bernardinus de Novaria. Niets over Willem, Hendrik en Simon van Affligem.

9. *Supplementum supplementi chronica*, Venetië 1513, Rusconibus (exemplaar Brussel, Koninklijke Bibliotheek Albert I, 15189); op schutblad: Liber monasterii viridisvallis in zonia ordinis canonicorum regularium domini augustini. Niets over Simon van Affligem; de Guilhelmus monachus op p. 230 is niet Willem van Affligem. Op p. 244 onder het jaar 1313: *Henricus de Bruxellis monachus per hoc tempus floruit: qui cum in divinis scripturis studiosus & continua exercitatione philosophus magnus computista haberetur: & ipse monumentis mandavit nonnulla commendanda quibus suo tempore longe innotuit: & inter caetera librum unum de ratione computi: & alium de incensionibus: & quaedam alia* - C.V.I.! In de Italiaanse uitgave, *Supplementum supplementi delle croniche del Venerando Padre Fr. Jacobo Philippo*, z.pl. 1552, zijn "gulielmo monacho" en "henrico monacho", volgens het register resp. op p. 296 en 218, niet terug te vinden.

10. FAßBINDER J., *Der Catalogus sanctorum ordinis sancti Benedicti des Abtes Andreas*

Aan de hand van rechtstreeks benutte bronnen bracht Trithemius dus een werk tot stand waaruit navolgers op hun beurt rechtstreeks geput hebben. We vatten dit samen:

	Hieronymus Gennadius Isidorus (Honorius) Sigebertus C.V.I.	Trithemius L.S.E.	Andreas von Michelsberg
Antoninus Florentinus *Chronica*	Bostius Filip Foresta *Supplementum chronicarum* 1483, 1492		Filip Foresta *Supplementum supplementi chronicarum*, 1513

Bij Honorius moet wellicht rekening worden gehouden met secundaire overlevering via Hiëronymus, Isidorus en Sigebertus.[11]

von Michelsberg. Bonn 1910.

11. ARNOLD K., *Johannes Trithemius...*, p. 127 noot 60.

Bijlage 2

Oorsprong en herkomst van de handschriften met de *Catalogus virorum illustrium*

In de bewijsvoering ten aanzien van de Affligemse oorsprong van de *Catalogus virorum illustrium* nemen de bewaarde afschriften een belangrijke plaats in. F. Pelster en N. Häring hebben echter de elementaire fout gemaakt dat zij de in de handschriften voorkomende eigendomsmerken (die iets over de herkomst kunnen meedelen) geïnterpreteerd hebben als aanduidingen van de oorsprong van het origineel. Een zestiende-eeuws eigendomsmerk in een vijftiende-eeuws afschrift van een in de veertiende eeuw ontstane tekst zegt evenwel niets over de oorsprong van deze tekst. Een eigendomsmerk op een folio van een katern in een verzamelhandschrift leert niets over de herkomst van het handschrift indien niet vaststaat dat het handschrift steeds één geheel heeft gevormd, wanneer met andere woorden niet uitgesloten is dat de katern of het onderdeel waarvan zij een deel is ooit autonoom bestaan heeft. Het eigendomsmerk op een stempelband en in het handschrift zelf voorkomende eigendomsmerken kunnen elkaar best tegenspreken, gewoon omdat zij in diverse tijden aangebracht werden.[12]
Uit de hierna volgende aantekeningen blijkt dat drie van de vijf bewaarde C.V.I.-handschriften bezittersformules of bezittersmerken vertonen die erop wijzen dat ze ooit in het bezit van personen of kloosters uit onze gewesten geweest zijn. De oorsprong van deze handschriften blijft volledig in het duister. Het vierde handschrift verraadt niets over oorsprong of herkomst. Bij het vijfde handschrift vermoeden we herkomst uit Rooklooster, vandaar het sigel R; de oorsprong blijft onbekend.
De bij de overige handschriften als sigel gebruikte hoofdletters zijn aan Häring ontleend.[13] Häring heeft R benut toen hij het *Auctuarium* of de *Appendix* uitgaf,[14] doch niet bij de editie van de

12. Beschouwingen over de betrekkelijke waarde van een ex-libris, een schenkingsbetuiging, een stempelband, enz. bij AXTERS St., *Nederlandse mystieken...*, p. 178-179.
13. HÄRING N., *Der Literaturkatalog...*, p. 75.
14. HÄRING N., *Two catalogues...*

C.V.I.[15] Naar Pelster[16] en Häring[17] wordt verwezen door vermelding van de auteursnaam, gevolgd door de bladzijde.

2.1. *Handschrift A*

Brussel, Koninklijk Bibliotheek Albert I, 18716-18719; perkament; 14e eeuw. F. 45r-49r: volledige tekst van de C.V.I.; caput 57 over Willem van Affligem op f. 49v.
Pelster 256 "Die Heimat ist die Abtei Parc in Belgien"; Häring 66 "Diese Pergamenthandschrift... stammt aus der Prämonstratenserabtei Park in Belgien" = VAN DEN GHEYN J., *Catalogue...* deel 2, Brussel 1902, p. 102 nr 1137 "Ce volume provient de l'abbaye de Parc...".
Eigen vaststellingen:
a. Op de 49 tekstfolio's geen enkel eigendomsmerk (afgezien van het stempeltje "Bibliothèque royale").
b. Enig teken van herkomst (provenance, Van den Gheyn "provient de..."): geradeerde stempel (± 110 x 85 mm) op de achttiende-eeuwse band voor- en achteraan; een op het binnenbord gekleefde aantekening van baron de Reiffenberg deelt mee "Ce manuscrit a appartenu à l'abbaye de Parc dont les armes ont été effacés, lorsqu'on vendit à Louvain en 1829 les débris de la bibliothèque de cette maison religieuse".[18]
Samengevat: niets om de oorsprong van het handschrift te bepalen.

2.2. *Handschrift B*

Brussel, Koninklijke Bibliotheek Albert I, 14042-14052; papier, tweede helft 15e eeuw. Volledige tekst van de C.V.I., f. 109v-115v; caput 57 op f. 115r.
Pelster 256 vermeldt het eigendomsmerk van Bethleem op f. 172v. Häring 67 "dieser Papierkodex... stammt aus dem Au gustinerchorherrenstift Bethlehem bei Löwen... Die Handschrift war das Geschenk eines Priesters aus Löwen namens Henricus de puteo" = VAN DEN GHEYN J., *Catalogue...* deel 2, Brussel 1902, p. 171.
Eigen vaststellingen:

15. HÄRING N., *Der Literaturkatalog...*
16. PELSTER F., *Der Heinrich von Gent...*
17. HÄRING N., *Der Literaturkatalog...*
18. Over deze verkoop VAN BALSBERGHE E., *Sylvain Van de Weyer et la vente des manuscrits de Parc en 1829* in *Archief- en bibliotheekwezen in België* 43, 1972, p. 108-130.

a. Volledig in overeenstemming met de gebruiken van de bibliothecarissen van Bethlehem,[19] diverse eigendomsmerken: op recto van perkamenten schutblad: *In bethleem prope louanium* (gesticht in 1407); "oud" papieren schutblad (jonger papieren schutblad in voorwerk met datum 1871): *Restituatur bibliothecae in bethlehem extra Lovanium*; tekst f. 1 bovenaan: *Bethleem*; onderaan: *Pertinet monasterio canonicorum regularium in Betleem prope louanium*; f. 172v (laatste blad van laatste tekst): *Liber monasterii de bethleem prope louanium quem contulit eidem monasterio dominus heynricus de puteo presbiter louaniensis cuius usum sibi retinuit ad uitam.*[20]
b. De stempelband heeft niets specifieks en niets localiseerbaars.
c. Verzamelhandschrift met bestanddelen (van diverse oorsprong?): f. 59-117, de *Catalogi virorum illustrium* van Hiëronymus, Gennadius, Isidorus, Sigebertus en de C.V.I., door andere, oudere hand geschreven dan de voorafgaande en volgende teksten. – f. 1-29 volgens VAN DEN GHEYN J., *Catalogue...*, deel 2, Brussel 1902, p. 172 nr 1139 "au filigrane de l'ancre", doch f. 59-117 watermerk Briquet nr 7546: Briquet deel 1 p. 412: pape dans sa chaire, portant la tiare et la clef de St. Pierre"; oudste type (Troyes 1451-1484) "la clef a son panneton formé de quatre dents nettement dessinées" en tiara zonder kruisje, doch met bolletje.
Samengevat: niets om de oorsprong van het handschrift vast te stellen.

2.3. Handschrift C

Brussel, Koninklijke Bibliotheek Albert 1, 1770-1777; perkament, 14e eeuw. F. 121r-125r: C.V.I., expl. *quem grecismum voc[ant gramaticis non ignotum]*: onderste helft van f. weggesneden met tekstverlies. Geen index.
Pelster 256 en Häring 67 "Sie stammt aus dem Jesuitenkolleg zu Brügge, das sie von Pamelius zum Geschenk erhielt" = VAN DEN GHEYN J., *Catalogue* deel 2, Brussel 1902, p. 396 nr 1501.
Eigen vaststellingen:
a. Afgezien van de tekst op f. 1r is het gehele handschrift over twee kolommen geschreven, behalve f. 121r-125r: precies de C.V.I.

19. PERSOONS E., *Het intellectuele leven in het klooster Bethlehem in de 15de eeuw* in *Archief- en bibliotheekwezen in België* 43, 1972, p. 47-84; 44, 1973, p. 85-143; bedoelde plaats 43, 1972, p. 82-83.

20. Over Henricus de puteo PERSOONS E., *Het intellectuele leven...*, 1e deel p. 52; 2e deel p. 140.

b. De C.V.I. vormt een afzonderlijke katern met voor- en achteraan een blad weggesneden.
c. In de C.V.I. in margine representant voor rubricator; komt elders in het handschrift niet voor.
Samenvattend: was de C.V.I. oorspronkelijk een autonome katern die in het verzamelhandschrift werd opgenomen? Niets om de oorsprong van het onderdeel of van het geheel vast te stellen.

2.4. Handschrift L

Londen, British Museum, Harl. 3155; papier; laatste kwart 15e eeuw. Tekst van de C.V.I. f. 158r-162v waaraan alfabetische lijst (60 auteurs) voorafgaat op f. 157v-158r. De Affligemse drie: in de lijst op f. 158r, in de tekst op f. 162v.
Over oorsprong en herkomst niets bij Pelster noch bij Häring, afgezien van Häring 68 "die Vermutung liegt nahe, daß auch sie belgischer Herkunft ist".
Handschrift vermeld in *A Catalogue of the Harleian manuscripts in the British Museum. With Indexes of persons, places and matters*:[21] geen beschrijving, wel inhoudsopgave, echter zonder vermelding van het *Auctuarium*, f. 156v-157r.
Eigen vaststellingen:
a. In het handschrift of op de band geen enkel eigendomsmerk.
b. Watermerk "Armoiries. Trois fleurs de lis + lettre initiale". Bovenste deel Briquet nr 1680 (Briquet I, p. 127: origine troyenne, 1453-); onderste deel: Briquet 1741 (Troyes, 1470-).
Samenvatting: niets om over oorsprong of herkomst van het handschrift te beslissen.

2.5. Een C.V.I. uit het bezit van Rooklooster?

Parijs, Bibliothèque Nationale, Nouv. acq. lat. 314 (sigel R).
Is de voor de C.V.I. voorgestelde datering "ná 1305-1310" juist, dan wint R aan belang: het is het oudste bewaarde afschrift. Hauréau noemde het "... un beau volume et de quelque autorité puisqu'il paraît être des premières années du XIVe siècle...".[22] Het kan zeer kort na het origineel tot stand gekomen zijn. Toen reeds werd de C.V.I. als een anoniem werk gecopieerd: in de bovenrand van de tekstfolio's 74-

21. Londen 1808, deel 3 p. 6 nr 3155.
22. HAURÉAU B., *Mémoire sur le Liber...*, p. 352-353.

80 wordt telkens herhaald *Liber cuiusdam de viris illustribus*. Op het eerste perkamenten schutblad schreef een jongere hand:
Contenta hoc libro
De viris illustribus sive scriptoribus ecclesiasticis libri diversorum
Hieronimi 4
Gennadii 32
Isidori 49
Sigeberti 55
Cuiusdam anonymi 74.

De capita 56-58 over de Affligemse monniken komen voor op f. 80r. De tekst is, afgezien van een gering verschil in spelling, dezelfde als in de door Häring bezorgde uitgave.[23] Het feit dat Simon monachus en Wilhelmus monachus opgenomen zijn in de *Index alphabeticus et generalis omnium scriptorum seu virorum illustrium in hoc libro conscriptorum*, die aan *De viris illustribus* voorafgaat, bewijst dat de capita 56-58 geen interpolaties zijn. Cap. 58 is door dezelfde hand geschreven en mag dus eveneens als niet-geïnterpoleerd beschouwd worden, ook al ontbreekt Hendrik van Brussel in de *Index*.[24]
Evenmin als A, B, C en L brengt het oudste, ons bekende afschrift van de C.V.I. codicologische aanwijzingen dat de C.V.I. in onze gewesten zou ontstaan zijn. Het feit dat waarschijnlijk kan gemaakt worden dat het Parijse handschrift in het bezit van Rooklooster is geweest, verandert hieraan niets. Er is immers het fundamentele onderscheid tussen oorsprong en herkomst dat door Pelster en Häring ten aanzien van de overige handschriften verwaarloosd werd.
Met betrekking tot de herkomst van R kan gewezen worden op het papieren handschrift Brussel, Koninklijke Bibliotheek Albert I, II 152. Dit is een inventaris van de bibliotheek van Rooklooster. Op f. 77r – wellicht[25] geschreven vóór het op f. 82r beginnende deel *Sequuntur libri atque volumina librarie nostre anno domini 1502°* – vinden we vermeld:

23. Er moet echter gewezen worden op een verschil dat niet aan de cap. 56-58 eigen is: de aanduidingen *Frater... magister... dominus...*, die Häring aan de hand van de handschriften A, B, C en L in zijn tekstuitgave opgenomen heeft, ontbreken hier; elk caput begint met de naam van de behandelde auteur.

24. De vraag of de capita 56-58 toch interpolaties zijn wordt nogmaals onderzocht in Bijlage 3: *Arnoldus Geilloven van Rotterdam en de Catalogus virorum illustrium.*

25. Enige reserve is hier vereist omdat het handschrift tal van toevoegingen kent. Watermerken: Briquet 4326: 1495-1520; 1808: 1479-1489; 11424: 1502-1512; 9198-9200: 1462-1478.

Libri de viris illustribus videlicet
Iheronimus
Gennadius
Ysidorus yspalensis
Cuiusdam anonymi
Sygibertus gemblacensis monachus.[26]

Dit gebeurt met verwijzing naar *Lit. L.* en vermelding van de nummers 7 en 106. Accoladen herinneren aan die van de inhoudstafel van R. Ook de formulering *Cuiusdam anonymi* hebben beide handschriften gemeen.
Is in de Rookloosterinventaris C.V.I.-handschrift R bedoeld, dan kan de aanwezigheid ervan in Rooklooster verklaren dat de hand van Aubertus Miraeus erin aangetroffen wordt. Naar aanleiding van de woorden *Cuiusdam anonymi* op het eerste schutblad met de inhoudstafel schreef hij *Est Henrici Gandavensis: quod attestor ego Aubertus Miraeus. 28 oct. 1639.*[27] Verder op f. 73v onderaan: *Incipit prologus Henrici Gandavensis in librum sequentem de viris illustribus* waarin de woorden *Henrici Gandavensis* door Miraeus met een inlassingsteken (omgekeerde V) toegevoegd zijn, en op f. 74r: *Hic liber subsequens est Henrici Gandavensis quod attestor ego Aubertus Miraeus, 28 Oct. 1639.*
Duidelijk is dat de C.V.I. ook voor de opsteller van de inventaris van de Rookloosterbibliotheek omstreeks het einde van de vijftiende en het begin van de zestiende eeuw een anoniem overgeleverd werk is beweest.[28]

26. Op f. 35r nogmaals *Sigebertus gemblacensis monachus de viris illustribus.*

27. B. Hauréau heeft deze attributie weerlegt. In zijn *Mémoire sur le Liber...*, p. 353 vermeldde hij dat de aantekening op f. 71 voorkomt; de overige aantekeningen van Miraeus heeft hij niet meegedeeld.

28. Hij is wellicht een van de *aliorum* die vermeld zijn in de Centrale Cataloog van Rooklooster.

Bijlage 3

Arnoldus Geilloven van Rotterdam en de *Catalogus virorum illustrium*

Staat dus vast dat de capita 56-58 voorkomen in het oudste afschrift van de C.V.I.-handschrift Parijs, Bibliothèque Nationale, Nouv. acq. lat. 314 - en hierin niet geïnterpoleerd werden, dan is het toch vreemd dat de in 1442 overleden Arnoldus Geilloven van Rotterdam, kanunnik van Groenendaal,[29] onder meer deze drie, dan nog wel over landgenoten handelende capita niet overgenomen heeft. Geilloven is bij ons weten in onze gewesten immers de enige van wie kan aangetoond worden dat hij bij het samenstellen van eigen werk de C.V.I. rechtstreeks[30] benut heeft.[31]
In zijn *Vaticanus* komt inderdaad en onderdeel voor, *De viris illustribus omnium temporum*, dat niet alleen naar de titel bij de C.V.I. aansluit, doch waarin de volgorde van de C.V.I. gedeeltelijk gehandhaafd bleef en waarin teksten voorkomen die letterlijk uit de C.V.I. werden overgenomen, terwijl uit andere plaatsen blijkt dat de C.V.I. geraadpleegd werd.

Van de *Vaticanus* zijn twee handschriften bewaard:
1. Wenen, Österreichische Nationalbibliothek, Ser. nova 12.703, uit Rooklooster;[32]
2a: *Prima pars Vaticani*, Parijs, Bibliothèque Mazarine, 1563 (577);[33]

29. Biobibliografische informatie over Arnoldus Geilloven bij LOURDAUX W. & PERSOONS E., *Petri Trudonensis catalogus scriptorum Windeshemensium*. Leuven 1968. (*Universiteit te Leuven. Publicaties op het gebied van de geschiedenis en de filologie*. 5e Reeks, 3), p. 27-31 nr 15.

30. Rechtstreeks, in tegenstelling tot latere gebruikers die uit de C.V.I. geput hebben via Joh. Trithemius' L.S.E. of via de in 1580 door Petri Suffridus bezorgde uitgave.

31. Een andere vijftiende-eeuwse *Literaturkunde*-beoefenaar, Arnoldus Bostius, uit wiens werk Joh. Trithemius geput heeft, kende de C.V.I. niet zoals blijkt uit de *Praefatio in Librum de viris illustribus sacri Cartusiensis ordinis*: "Hinc Divus presbyter Hieronymus, hinc sanctus praesul Isidorus, hinc Genadius Massiliensis, hinc et Sigebertus Gemblacensis... mundo senescenti quam notissimos reddere curaverunt"; *Opusculum Arnoldi Bostii, carmelitae Gandensis, de praecipuis aliquot cartusianae familiae patribus*... Studio ac labore F. Theodori PETREI, Keulen 1609; p. (A 6r).

32. PERSOONS E., *Handschriften uit kloosters in de Nederlanden in Wenen* in *Archief- en Bibliotheekwezen in België* 38, 1967, p. 59-107; p. 76 nr 103.

33. MOLINIER A., *Catalogue des manuscrits de la Bibliothèque Mazarine*. Parijs 1885-1892; deel 2, p. 120.

2b: *Secunda pars Vaticani*, Brussel, Koninklijke Bibliotheek Albert I, 1169.[34]
Voor ons onderzoek is alleen het Parijse handschrift van belang. Het werd, naar de auteur zelf meedeelt, in juli 1424 voltooid. In hoofdzaak steunende op het Weense handschrift heeft P. Lehmann de door Geilloven benutte bronnen geïdentificeerd.[35] Zelf hebben we de voorkeur gegeven aan de Parijse *Vaticanus* die Geillovens autograaf is en waarin door hemzelf aanvullingen werden aangebracht. In het Parijse handschrift kunnen dus nog de twee lagen onderscheiden worden die in het Weense handschrift geïntegreerd zijn.[36]
Geillovens verzameling *De viris illustribus omnium temporum* brengt, naast ruim tweehonderdvijftig Griekse en Latijnse auteurs uit oudheid en middeleeuwen, nog gegevens over achtendertig na 1100 overleden schrijvers, van wie er 21 ook in de C.V.I. voorkomen.
De werkwijze van Geilloven is duidelijk. Voor auteurs uit de twaalfde eeuw (nrs 258-264) kon hij het *Speculum historiale* óf de C.V.I. benutten. Hij gaf systematisch de voorkeur aan het werk van Vincentius. De biografisch summiere en bibliografisch onvolledige notities in de C.V.I. schonken hem blijkbaar geen voldoening. Zodra het *Speculum historiale* hem in de steek liet, dit is: vanaf 1254, deed hij een beroep op de C.V.I. én op het *Liber de apibus* van Thomas van Cantimpré. Dit blijkt bijvoorbeeld uit cap. 269 over Albertus Magnus. Bij de cap. 284-286 tekent Lehmann aan: "...vornehmlich mit den Worten des Katalogs...". Ze zijn er woordelijk aan ontleend. Bij Alanus van Rijsel vermeldt Geilloven echter nog een *Liber de proverbiis* en een grafschrift. Ook de teksten over Raymundus de Peñaforte en Gerard van Rijsel zijn woordelijk uit de C.V.I. overgenomen.
Opvallend is dat Geilloven het C.V.I.-caput 51 over Thomas van Cantimpré niet overgenomen heeft terwijl hij toch het *Liber de apibus* als bron benutte. Kende hij de auteur van het *Biënboek* niet? Ook Willem, Simon en Hendrik, monniken van Affligem, werden niet uit de C.V.I. in de *Vaticanus* overgeheveld. Had Geilloven geen belang-

34. MASAI F. & WITTEK M., *Manuscrits datés conservés en Belgique*. Tome II: *1401-1440. Manuscrits conservés à la Bibliothèque Royale Albert Ier*. Brussel 1972; p. 35.

35. LEHMANN P., *Der Schriftstellerkatalog des Arnold Gheylhoven von Rotterdam* in *Historisches Jahrbuch* 58, 1938, p. 34-54; eveneens in LEHMANN P., *Erforschung des Mittelalters...* Stuttgart 1961; deel 4, p. 216-236. Hiernavolgende verwijzingen naar het tijdschriftartikel. P. 36: "Ich kenne davon, außer den Beschreibungen in den gedruckten Katalogen, einige Seiten des Parisinus in Photographie...".

36. Van deze tweede laag is niets te merken op plaat LXXXVI bij SAMARAN C. & MARICHAL R., *Catalogue des manuscrits...*, deel 1, deel *Planches*.

stelling voor de hagiografisch-mystieke werken die in cap. 57 van de C.V.I. vermeld worden? Dit is weinig waarschijnlijk wanneer men vaststelt dat hij anderzijds de aan de C.V.I. woordelijk ontleende tekst over Jakob van Vitry met de woorden "Item scripsit vitam beate marie de oegines" aanvult. Dat Willem van Affligem luidens de C.V.I. de *Vita Lutgardis* in de volkstaal vertaalde, kan voor Geilloven geen reden geweest zijn om cap. 57 niet over te nemen. Over Dante, een andere "poeta vulgaris", schreef hij immers waarderend: "... Multos ac notabiles libros iste Dante et cantilenas in vulgari Ytalie compilavit, que cotidie leguntur in scolis et a magnis theologis exponuntur cum difficultate...". Overigens zouden deze bezwaren tegen Willem niet verklaren waarom ook de Affligemse monniken Simon en Hendrik niet uit de C.V.I. overgenomen werden. Zou het toeval zijn dat deze groep benedictijnen niet in de *Vaticanus* voorkomt? Vond Geilloven ze niet in zijn exemplaar van de C.V.I. omdat de cap. 56-58 interpolaties zijn? De bewaarde handschriften maken deze veronderstelling onwaarschijnlijk.

Bijlage 4

Uit de cartularia van Affligem

4.1. [Innocentius Papa IV dat abbati Affligemensi licentiam absolvendi nonnullos religiosos, qui in excommunicationis laqueum inciderunt].[37]

Datum: 12 januari 1245; origineel verloren; copie in Cartularium B nr 4623, f. 139, Algemeen Rijksarchief Brussel, Kerkelijk fonds.
Uitgaven: 1. DE MARNEFFE E., *Cartulaire d'Afflighem*, nr DXLII p. 637-638.[38] - 2. COPPENS C., *Cartularium Affligemense ab anno 1245 ad annum 1253*. Ingeleid door -. Hekelgem 1968 (*Fontes Affligemenses. Bouwstoffen voor de geschiedenis van de Abdij Affligem*, 5); p. 1 nr 1. Naar deze uitgave:

Innocentius episcopus, servus servorum Dei, dilecto filio abbati Haffligeniensi ordinis sancti Benedicti Cameracensis dyocesis, salutem et apostolicam benedictionem. Exhibita nobis tua peticio continebat quod nonnulli monasterii tui monachi et conversi pro violenta iniectione manum in seipsos et quidam pro detencione proprii, alii eciam pro denegata tibi et predecessoribus tuis obedientia seu conspirationis offensa, in excommunicationis laqueum inciderunt, quorum monachorum quidam divina celebrarunt officia et receperunt ordinis sic ligati. Quare super hiis eorum provideri saltui a nobis humiliter postulasti. De tua itaque circumspectione plenam in Domino fiduciam obtinentes, presentium tibi auctoritate concedimus ut eisdem excommunicatis juxta formam ecclesie impendas absolucionis beneficium vice nostra iniungens eis quod de jure fuerit iniungendum. Ita tamen quod manuum iniectores quorum fuerit gravis et enormis excessus mittantur ad sedem apostolicam absolvendi. Cum illis autem qui absolutionis beneficio non obtento facti immemores vel juri ignari receperunt ordines et divina officia celebrarunt, iniuncta eis pro modo culpe penitentia competenti eaque peracta, liceat tibi de misericordia que superexaltat judicio (= iudicium) prout eorum saluti expedire videris dispensare. Si vero prefati excommunicati scienter talia non tamen in contemptum

37. De titels boven de teksten zijn ontleend aan de lijst van charters, *Directorium Abbatiae Haffligemensis*, autograaf van Dom Beda Regaus, bewaard in de benedictijnenabdij te Dendermonde.
38. COPPENS C., *Het cartularium van Affligem door E. de Marneffe* in *Affligemensia* 1945, afl. 2, p. 36-40.

clavium presumpserunt eis per biennium ab ordinum execucione suspensis et imposita eis penitentia salutari, eos postmodum si fuerint bone conversacionis et vite ad gratiam dispensacionis admittas. Proprium autem si quid habent dicti monachi et conversi facias in tuis manibus resignari in utilitatem ipsius monasterii convertendum. Datum Ludguni II ydus januarii pontificatus nostri anno II°.

4.2. [Alexandri Papae iiii privilegium dispensatorium super observatione Statutorum, quae non sunt de substantia Regulae, concessum Abbati, et Monasterio Affligenensi exceptis casibus, super quibus in eadem Regula est dispensatio interdicta].

Datum: 11 januari 1254; origineel verloren; copieën: Regaus B., *Hafflighemum illustratum I*, Pars secunda, kol. 615-617 (handschrift benedictijnenabdij Dendermonde). - Cartularium A III nr 4629, f. 157, Algemeen Rijksarchief Brussel, Kerkelijk fonds. Onderstaande tekst naar deze onuitgegeven copie. De afkortingen zijn opgelost doch niet aangegeven; gebruik hoofdletters, leestekens, u = v, j = i genormaliseerd.

Alexander Episcopus Servus Servorum Dei dilecto filio Abbati de Afflingem ordinis sancti Benedicti Cameracensis diocesis salutem et apostolicam benedictionem. Ex parte tua fuit nobis humiliter supplicatum: ut cum observantia tui ordinis, ab ipsa sui institutione multum sit rigida, difficilis atque gravis; fuerunt postmodum per felicis recordationis Gregorium Papam praedecessorem nostrum, et quosdam alios, tam auctoritate Sedis Apostolicae, quam legatorum eius superaddita statuta gravia, diversarum poenarum adiectione vollata. Ne contingat, sub tantis oneribus deficere oneratos, providere super hoc paterna sollicitudine curaremus. Attendentes igitur, quod expedit calamum quassatum non conteri, et in erasione eruginis vas non frangi. Ut super observationem statutorum ipsorum, quae de tuae substantia Regulae non existunt, Tu ac successores tui, cum monasterii tui eiusque membrorum Monachis, praesentibus et futuris, libere dispensari possitis, huis casibus duntaxat exceptis, super quibus in eadem Regula est dispensatio interdicta. In quibus casibus dispensandi, super poenis adiectis et irregularitatibus, quas tui subditi hactenus incurrerunt, vel incurrent de caetero, eosque absolvendi, ab interdicti, suspensionis seu excommunicationis vinculo, quo ipsos, ob transgressionem praemissorum statutorum, involvi contigit vel continget, iniuncta sic absolutis poenitentia salutari, libera sit tibi et eisdem successoribus de nostra

permissione facultas. Suppriori nichilominus monasterii tui ac ipsius successoribus, concedendi tibi tuisque successoribus huiusmodi dispensationis et absolutionis beneficium, si fuerit oportunum, indulgentes auctoritate praesentium potestatem. Non obstantibus aliquibus litteris ad venerabiles fratres nostros Remensem Archiepiscopum et eius suffrageneos, vel quoscumque alios ab Apostolica Sede sub quocumque tenore directis et processibus habetis per easdem, de quibus forsitan oporteat fieri mentionem. Nulli ergo omnino hominum liceat hanc paginam nostrae concessionis infringere vel ei ausu temerario contraire. Si quis autem hoc attemptare praesumpserit, indignationem omnipotentis Dei et beatorum Petri et Pauli apostolorum eius se noverit incursurum.
Datum Neapoli, XI° Kal. Januarii Pontificatus nostri anno primo.[39]

39. Appendebat bulla plombea ex filo canapis more Curiae Romanae, de cauda duplici.

Bijlage 5

Maurits Gysseling over Sente Lutgart

5.1. Opvatting van 1967 tot en met 1983

Aan de door C.C. de Bruin bezorgde editie van het *Diatessaron leodiense* wijdde M. Gysseling in 1971 een bespreking met het verrassende besluit "De algemene conclusie, dat Sente Lutgart en Leven van Jezus van dezelfde auteur zijn, dringt zich op".[40]
Nog in 1967 had Gysseling geschreven:

> Het in de Universiteitsbibliotheek te Luik berustende Leven van Jezus, het laatst uitgegeven door D. Plooij en door Jacob van Ginneken "het Limburgsche Leven van Jezus" genoemd, heb ik nog niet in handen gehad. Het zou nog uit de 13de eeuw zijn. De taal is in elk geval Brabants. Van Mierlo's opvatting dat het, evenals het te Kopenhagen berustende Leven van Sint-Lutgardis, geschreven werd door Willem van Affligem, die ook abt geweest is van Sint-Truiden, is niet onaannemelijk.[41]

Een jaar later schreef hij

> Eerst helemaal op het einde van de 13e eeuw krijgen wij de eerste volledige handschriften: het Limburgse Leven van Sint Lutgart...[42]

en

> Ook in de tweede helft van die eeuw is Limburg-Nederrijn goed vertegenwoordigd: de Darmstadtse Reinaertfragmenten, Lutgart....[43]

Een en ander is vrij duister. Het Amsterdamse handschrift noch het Kopenhaagse handschriften kunnen "volledige handschriften" genoemd worden, tenzij met Van Mierlo aanvaard wordt dat het Eerste

40. GYSSELING M., bespreking van DE BRUIN C.C., *Het Luikse Diatessaron...* in *De Nieuwe Taalgids* 64, 1971, p. 311-318: p. 317.
41. GYSSELING M., *De Limburgse teksten in de volkstaal uit de 12de en 13de eeuw* in *Album Dr. M. Bussels*. Hasselt 1967, p. 295-301; p. 301.
42. GYSSELING M., *De aanvang van de Middelnederlandse geschreven literatuur* in *V.M.K.V.A.* 1968, p. 132-144; p. 133.
43. GYSSELING M., *De aanvang...*, p. 136. Met "tweede helft van die eeuw" is de 13e eeuw bedoeld.

Boek van het Kopenhaagse Lutgartleven nooit gedicht werd. Maar dan heeft Gysseling hier de Kopenhaagse Lutgart op het oog die Limburgs, zelfs uit het gebied "Limburg-Nederrijn" zou zijn.[44]
In een *Erratum* bij dit artikel bestempelde Gysseling Willem van Affligems "Sente Lutgart als homogeen Brabants (blijkbaar Mechels)". Het handschrift achtte hij "geschreven tussen 1263 en 1274, denkelijk te Affligem, daar een corrector het Vlaamse *so* (voor *si*) gebruikt.[45]
In een volgend artikel schreef hij "Van de Bertouts, heren van Mechelen, zijn er Nederlandse oorkonden vanaf 1271...; ook Willem van Affligem, auteur van Sente Lutgart, was een Bertout".[46]

Gysselings bespreking van de Bruins *Diatessaron leodiense* noopt tot enkele critische opmerkingen met betrekking tot wat hij over het Leven Lutgart (Kopenhaags handschrift, vandaar het door hem gebruikte sigel K) meedeelt.

a. Daar een gelijktijdige corrector aan de titel van hoofdstuk 13 het Vlaamse so "zij"... toegevoegd heeft... is het integendeel waarschijnlijk dat K in West-Brabant, denkelijk te Affligem zelf, geschreven werd.[47]

Vooreerst is het niet noodzakelijk zo dat een (zelfs gelijktijdige) corrector werkte in het scriptorium waar het handschrift tot stand kwam. Vervolgens kan gewezen worden op door Gysseling niet vermelde opschriften: f. 4r° *b°ech*,[48] f. 16r° *boeth* (de t is wel een c waarvan de verticale haal te lang is uitgevallen), f. 18r° *boeech*. Op grond van deze opschriften - slechts drie, maar dan toch driemaal zo talrijk als Gysselings *so* - kan men even goed stellen dat K in een oostelijk scriptorium afgeschreven werd

44. Zodat het qua taal gelijkenis gaat vertonen met het Leven van Jezus waarvan de taal door een andere taalkundige *oostelijk* Middelnederlands werd genoemd: COWAN H.K.J., *De localisering van het Oudnederfrankisch der psalmenfragmenten* in *Leuvense Bijdragen* 48, 1959, p. 1-45; p. 45.

45. GYSSELING M., *De aanvang...*, p. 144.

46. GYSSELING M., *De invoering van het Nederlands in ambtelijke bescheiden in de 13de eeuw* in *V.M.K.V.A.* 1971, p. 27-35; p. 33-34.

47. GYSSELING M., bespreking de Bruin, p. 312.

48. Duidelijk te merken op de plaat tegenover p. 193 bij LIEFTINCK G.I., *Middelnederlandse handschriften uit beide Limburgen. Vondsten en ontdekkingen. Het Lutgarthandschrift* in *T.N.T.L.* 72, 1954, p. 184-200 met 3 platen; over het Kopenhaagse handschrift p. 190-200.

b. Het handschrift K van Sente Lutgart is zo goed als zeker een netschrift, dat te Affligem zelf is vervaardigd.[49]

Er is niet de geringste codicologische aanwijzing dat K te Affligem geschreven is. In de geschiedenis van het handschrift is evenmin enige verbinding met Affligem te bespeuren.

c. Het schrift van K lijkt mij van ± 1270 te zijn: het staat bijzonder dicht bij de statuten van de Sint-Jacobsbroederschap te Gent van kort vóór 1270.[50]

Het is duidelijk dat Gysseling enerzijds de vier in K te onderscheiden handen en anderzijds de handen in de charters 161-163 van het Stadsarchief te Gent[51] over één kam scheert. K en de Gentse charters hebben gemeen dat ze zeer gelijkmatig en duidelijk geschreven zijn, doch hiermee houdt de gelijkenis of overeenkomst ook op. Bij nader toezien blijkt immers dat de hoofdletters in de charters onderling én ten opzichte van de hoofdletters in K verschillen, en dat bijvoorbeeld in charter 163 aan het einde van woorden zeer frequent lange s voorkomt, wat bij de teksthanden in K nooit het geval is.

d. Op de uitspraak "nu het handschrift echter Westbrabants lijkt te zijn" volgt "staat niets een datering ± 1270 in de weg".[52] De gevolgtrekking is niet bewezen.

e. Van Mierlo heeft aangetoond dat Willem van Affligem zijn Sente Lutgart aangevangen heeft tussen 1248 en 1254, en voltooid ± 1263-1264.[53]

Gysseling heeft de *termini post* en *ante quos* van Van Mierlo zonder onderzoek overgenomen. Van Mierlo ging uit van de veronderstelling dat de Lutgartdichter de eerste redactie van de *Vita Lutgardis* (1248) benut heeft en niet de jongere redactie (1254) met de aanvullingen van Frater Bernardus.[54] Het is evenwel een eis van de moderne weten-

49. GYSSELING M., bespreking de Bruin, p. 317.
50. GYSSELING M., bespreking de Bruin, p. 312.
51. Stadsarchief Gent, charters 161/93 (Sente niclaus parochie), 162/94 (Sente iacobs prochie), 163/95 (Sente ians prochie), telkens de f. 1r°-v°; op de overige folio's in de loop der eeuwen bijgewerkte naamlijsten. Zie ook GYSSELING M., *De invoering van het Nederlands...*, meer bepaald p. 29.
52. GYSSELING M., bespreking de Bruin, p. 312.
53. GYSSELING M., bespreking de Bruin, p. 312; in noot 1 verwijzing naar *V.M.K.V.A.* 1935, p. 819-822.
54. Deze traditionele dateringen zijn fout. De *Vita Lutgardis* zelf is pas in of na 1262

schap, de laatste uitgave van een werk te raadplegen, de laatste versie van een gedicht als de "laatste wil" van de dichter te beschouwen, enz. Van een dertiende-eeuwse auteur mag men niet verwachten dat hij op queste naar de jongste versie zou gaan!
Bovendien en vooral steunt Van Mierlo's "± 1263-1264" op een foutieve interpretatie van Leven van Lutgart III, 29-31:

> Der vrouwen vite al toten inde,
> Die ic in ellef ijaren ghinde
> volseget hebbe in twee der deele...

en III, 111-113

> Die vite brengen toten inde,
> Dis ic in ellef ijaren ghinde
> Volcomen ben, alsic u seide...

Van Mierlo tekende hierbij aan dat de dichter, naar zijn eigen verklaring bij de aanvang van het Derde Deel, aan de eerste twee delen

> elf jaar ongeveer gearbeid (heeft). Zoo komen wij tot de conclusie dat Willem zijn werk begon vóór 1254 en voltooide omstreeks 1263; laat ons zeggen dat hij omstreeks 1250 begon en omstreeks 1263-1264 eindigde.[55]

In... ghinde[56] bekent echter: op (... jaren) na", het levensverhaal (in de Boeken I en II) tot 1235, doch nog niet de laatste elf jaar (Lutgart stierf in 1246). De aangehaalde verzen zijn niets anders dan de vertaling van de *Vita Lutgardis* III.1 *Anno ferme undecimo, antequam ab hac vita migraret...*

f. Het onderzoek van taal en spelling steunt bij Gysseling op 3100 (van de 20.406) verzen van het Lutgartgedicht, doch niet op rijmonderzoek.[57] Taal en spelling worden vergeleken met ambtelijke be-

geschreven zoals wij aantonen in *De eerste en de tweede versie...*

55. VAN MIERLO J., *Willem van Afflighem*, p. 822. Vergelijk de vorige noot.

56. *Middelnederlandsch woordenboek*, s.v. gehende, -hinde, -ïnde, gehent, yhende, gende, ginde.

57. In 1938 werd F. Heyligers aan de Rijksuniversiteit Luik licentiaat in de Germaanse filologie op de verhandeling *Het Leven van Lutgart. Een onderzoek naar het rijmvokalisme.* Uit dit licentiaatswerk is niets gepubliceerd wat in het licht van de polemiek over de "van dialect verschoven" taal van het Leven van Lutgart wel jammer is. J. Moors heeft echter het besluit ervan meegedeeld: "Een copiïst (auteur) van Limburgse herkomst is aan het werk geweest en het is hoogst onwaarschijnlijk, dat we te doen hebben met het origineel van Willem van Afflighem (?), dat dan door de laatste in een Limburgs jurkje zou gestoken zijn ten behoeve van het Limburgs lezerspubliek";

scheiden uit de jaren 1275-1300 (meerderheid ± 1290) die, overeenkomstig de door Van Mierlo gestelde en door Gysseling overgenomen begindatum van het Leven van Lutgart, vijfentwintig tot vijftig jaar na de aanvang van het Leven van Lutgart geschreven werden.[58] De nauwkeurig gedateerde en gelocaliseerde (Brussel, Asse, Mechelen, Grimbergen) ambtelijke bescheiden bezitten een onloochenbare suggestieve kracht. Ze werden echter gekozen in het licht van wat over Willem van Affligem geweten is: geboren te Mechelen, monnik te Affligem. Met andere woorden: Willem was Mechelaar, dus schreef hij Mechels, dus worden uit Mechelen en omgeving stammende bescheiden aangevoerd. Het is qua methode fout op grond van al dan niet vermeende taalkundige overeenkomst een anoniem overgeleverd werk te zetten op de naam van iemand die inderdaad, blijkens geboorte- en verblijfplaatsen, zulke taal kan geschreven hebben, zonder (voorafgaand of nadien) te onderzoeken of diezelfde man ook de inhoud kan geschreven hebben.

g. Het onderzoek van taal en spelling brengt Gysseling tot het besluit dat L (Leven van Jezus) zowat vijftig jaar jonger is dan K.[59] Het is niet duidelijk hoe hij op grond van dit onderzoek kan besluiten "De algemene conclusie, dat Sente Lutgart en Leven van Jezus van dezelfde auteur zijn, dringt zich op",[60] te meer daar hij met geen woord rept over wat bijvoorbeeld door D.A. Stracke[61] tegen het auteurschap van Willem van Affligem geschreven werd.

Ruim tien jaar later herhaalt Gysseling op een vrij onverwachte plaats[62] zijn standpunt, wat J.A.A.M. Biemans deze understatement

MOORS J., *De litteraire werken als bronnen voor de kennis van het Limburgs tot de 15de eeuw* in *Levende Talen* 17, 1951, p. 4-71; p. 53. Moors zelf heeft nooit specifiek over Leven van Lutgart gepubliceerd; zie evenwel Hoofdstuk 1 afdeling 10 waar zijn opvatting blijkt.

58. Dit lijkt toch reeds wetenschappelijker dan de werkwijze van G. C. van Kersbergen. In haar in Hoofdstuk 1, afdeling 9 besproken proefschrift vergeleek zij teksten uit zeer uiteenlopende eeuwen: enerzijds *Servatius Legende, Eneide* en *Aiol*; anderzijds Leven van Kerstine en Leven van Lutgart, beide van broeder Geraert; tussenin Kopenhaagse Leven van Lutgart, Luikse Leven van Jezus en Limburgse Sermoenen.

59. GYSSELING M., bespreking de Bruin, p. 318.

60. GYSSELING M., bespreking de Bruin, p. 317.

61. Zie Hoofdstuk 4, afdeling 4.

62. GYSSELING M., *Corpus van Middelnederlandse teksten (tot en met het jaar 1300)*. Uitgegeven door - m.m.v. en van woordindices voorzien door W. PIJNENBURG. Reeks II: *Literaire handschriften*, deel 3: *Rijmbijbel / tekst*; deel 4: *Rijmbijbel / indices*. Leiden 1983; deel 3 p. x.

in de pen gaf:

> Enigszins opmerkelijk is - in de paragraaf 'Cultuurhistorische situering' - de toch tamelijk apodiktische toeschrijving door Gysseling van zowel het Luikse Leven van Jezus als het te Kopenhagen bewaarde Leven van Lutgart aan een en dezelfde persoon, die 'hoogstwaarschijnlijk te identificeren [is] met Willem van Affligem'. Deze stelling, die Gysseling overigens al in 1971 poneerde... is inmiddels krachtig aangevochten, met name door G. Hendrix in diens Leuvense dissertatie over het Leven van Lutgart uit 1975.[63]

5.2. Inleiding tot de editie van Sente Lutgart

De delen van het *Corpus van Middelnederlandse teksten* volgen nu snel op elkaar. In 1985 verschijnt de editie van het Kopenhaagse Leven van Lutgart, door Gysseling bedacht met de titel *Sente Lutgart*.[64]
M. Gysseling heeft onze Leuvense dissertatie *Filologische studie...* benut.[65] Dit gebeurde erg selectief ten behoeve van zijn reeds in 1971 vastgelegd en in 1983 herhaald standpunt met betrekking tot Willem van Affligem.
Gysseling schuwde het niet buiten zijn vakgebied te gaan,[66] doch liet op zijn vakgebied verstek gaan. Wat van hem mocht verwacht worden - hij wordt, in de tweede helft van de 20e eeuw, terecht beschouwd als dé specialist van de Middelnederlandse dialecten - heeft hij niet geleverd. Zo schrijft hij: "Zelf heb ik taal en spelling van de Brabantse Lutgart reeds vluchtig behandeld" - Gysseling bedoelde zijn recensie van 1971 - waarop volgt:

63. BIEMANS J.A.A.M., bespreking in *Archief- en bibliotheekwezen in Belgie* 56, 1985, p. 610-611, van GYSSELING M., *Corpus van Middelnederlandse teksten..., Literaire handschriften*, delen 3 en 4: *Rijmbijbel*.

64. GYSSELING M., *Corpus van Middelnederlandse teksten (tot en met het jaar 1300)*. Uitgegeven door - m.m.v. en van woordindices voorzien door W. PIJNENBURG. Reeks II: *Literaire handschriften*, deel 5: *Sente Lutgart*. Leiden 1985.

65. GYSSELING M., *Sente Lutgart*, p. xx.

66. Zo wijdde hij de hele bladzijde xix aan de miniaturen in het Kopenhaagse Leven van Lutgart. "Men mag aannemen dat deze benedictijn de auteur is, dus Willem van Affligem". Dit is niet zo evident voor CARLVANT K., *Thirteenth-century illumination in Bruges and Ghent*. Ann Arbor - Londen 1978. Zie ook DESCHAMPS J. & CARDON B., *Het Kopenhaagse Leven van de H. Lutgardis* in *Handschriften uit de abdij van Sint-Truiden*. Provinciaal museum voor religieuze kunst. Begijnhofkerk - Sint-Truiden 28 juni - 5 oktober 1986; p. 278-284.

Een grondige studie van taal en spelling van de Brabantse Lutgart behoort thans tot de desiderata.[67]

67. GYSSELING M., *Sente Lutgart*, p. xiii.

Registers

1. Personen

De namen *Lutgart* en *Willem van Affligem* zijn niet opgenomen.

Aelred van Rievaulx 60, 65, 137, 141
Aerts, J. 15, 40, 105, 109, 113-114, 116
Aiol 163
Alanus van Rijsel 62, 154
Alberdingk Thijm, J.A. 6
Albertus Magnus 46, 53, 66, 69
Aleidis, koningin 118
Alexander III 64-65, 81
Alexander de Villa Dei 67, 69
Alexander van Hales 66
Amerbach, Joh. 92
Amerius, Joh. 98
Ampe, A. 25
Andreas von Michelsberg 144
Andreas, Valerius 4
Angillis, A. Angz. 9
Anselmus remensis 88
Anselmus van Canterbury 59, 68
Anselmus van Laon 64
Antoninus Florentinus 143-145
Antonius Geens 93, 95
Arbusow, L. 120
Arnold, K. 48, 85-89, 144-145
Arnold van Geilloven 71, 144, 150, 153-154
Augustinus 46, 54, 130, 134
Axters, St. 25, 45, 54-55, 59, 146
Azo 81

Backus, I. 70
Barnouw, A.J. 25-26
Baumstark, A. 25
Beatrijs van Dendermonde 115
Beatrijs van Nazareth 1, 9, 11, 23, 27, 29, 35, 38, 44, 50, 57, 72, 99, 139-140
Beatrijs, een cisterciënzerin van Zwijveke 141
Beatrix de Lateau 116
Beatrix van Rèves 115-116, 141
Beda Venerabilis 78
Bergsma, J. 19
Berlière, U. 121
Bernardus monachus cluniacensis 88
Bernardus van Clairvaux 60-61, 63-64, 67-68, 117, 161
Bernhardi, K.C.S. 1
Berthout 17, 33, 41, 44-45, 71, 98, 126, 139-140, 160
Beuken, W.H. 41-42
Biemans, J.A.A.M. 8, 163-164
Bijns, Anna 42
Blyau, A.P. 18
Boeren, P.C. 41, 117
Bollandisten 11
Bols, J. 2
Bonaventura 52, 58, 66
Bonenfant, P. 106
Bormans, J.H. 1, 2, 4-9, 11, 13-14, 16, 19, 98
Bormans, S. 5
Bostius, Arn. 153
Braeckman, W. 122

Brouette, E. 121
Bruun, Chr. 12, 14
Buntinx, J. 111
Busaeus, Joh. 88-89, 143
B[rounts], A. 45

Canivez, J.-M. 65
Canonisten 81
Cardon, B. 164
Carlvant, K. 164
Chevalier, U. 133
Claes, F. 39
Claeys, H. 16
Coens, M. 15
Conversus Affligemensis 127
Coosemans, V. 56, 98, 101
Coppens, C. 105, 156
Cortese-Esposito, R. 61, 64
Coun, Th. ix, 8-9
Cowan, H.K.J. 160

Danou, M. 70
Dante 155
David, J.B. 6
De Borman, C. 12, 82, 84
de Bruin, C.C. 1, 21, 23-27, 31-32, 36, 57, 159-160
De Buck, H. 2
de Ghellinck, J. 59, 64, 69
De Groot, A.W. 76
de Guyse, Jacques 39
De la Serna-Santander, C.A. 2
Delmer, A. 14
De Man, A. 9
De Marneffe, E. 107, 109, 156
Demuynck, R. 29
Depauw, V. 135
Deprez, A. 2
de Reiffenberg, F. 11, 147
Derolez, A. 56
Derolez, R. 6
de Saint-Genois, J. 86
Deschamps, J. 164
De Smedt, M. 6
Despy-Meyer, A. 121
de Vooys, C.G.N. 19-21, 24, 36
De Vreese, W. 55, 97
De Vries, M. 9
Du Cange, C. 133
Duns Scotus 47

Eadmer 60-61
Echard, F.J. 70
Edmundus monachus cantuariensis 88
Egidius de Roma 90
Elisabeth van Spaelbeke 12
Eneide 163
Ernaldus 60
Evrard de Béthune 67
Eysengrein, G. 72

Fabricius, J.A. 46-47, 78, 101
Faßbinder, J. 144
Femine van Hoye 9
Ferrand van Portugal 111
Filip August van Frankrijk 118
Filip Foresta 49, 71, 143-144
Foppens 4
Franck, Joh. 16, 39
Franco van Affligem 50, 65, 89
Frings, Th. 36
Fris 109
Fulbertus, bisschop van Chartres 62
Fulgentius 63, 65

Garand, M. 93
Gaufridus van Trani 65
Gauthier de Châtillon 58, 62
Geenen, L. 41
Gennadius 46, 51, 144-145, 148,

150-151, 153
Geraert viii, 3-8, 13-14, 139, 163
Geraert van Lienhout 5, 7
Gérard, C. 121
Gérard, J.J. 2
Gerardus Roelants 96
Gerardus van Luik vii, 66, 72
Gerardus van Rijsel 66-67, 154
Gerritsen, W.P. 80
Ghentii, Joseph. 95
Gilbertus Porreta 61
Gilbertus van Hoyland 60
Gislebertus prepositus Westmonasteriensis 60
Glorieux, P. 63, 68
Glossatoren 81
Godefridus, heer van Seneffe 114
Godevert 141
Godfried I 118
Godfried van Leuven 118
Godfried, slotvoogd van Brussel 114
Goossens, J. 113
Gorissen, P. 50
Gouron, A. 81
Gratianus 65, 81
Gregoire, R. 44
Grimm, J. 6
Grootaers, L. 39
Gruijs, A. 96
Grundmann, H. 65
Guiardus van Laon 117-118, 141
Guillaume d'Auvergne 88
Guillaume de Malines 44
Guillaume de Saint-Amour 66, 68
Gysseling, M. 107, 159-165

Hadewijch 1, 9, 23, 36, 38, 97
Hadewijch, abdis 10
Hanon de Louvet, R. 105, 107
Häring, N. 43, 45-46, 52-55, 58-59, 61-63, 66, 70-72, 146-147, 149-151
Hauréau, B. 43-47, 49, 51, 54-55, 57-58, 71, 150-151
Helinandus 143-144
Hendrik I van Brabant 109, 118
Hendrik van Brussel 3, 29, 34, 37, 43-46, 49, 51, 53, 57-58, 64, 67, 88-90, 100-101, 139-140, 144, 150
Hendrik Van Veldeke 2
Hendrix G. vii, ix-x, 1, 9, 18, 40, 51, 56, 65, 72, 109-110, 130, 132, 135, 164
Henricus de puteo 148
Henricus Gandavensis 3, 8, 17, 28-32, 45-46, 56, 58, 151
Henricus monachus 89
Heyligers, F. 162
Hiëronymus 45-46, 51, 144-145, 148, 150-151, 153
Hildebert de Lavardin 62
Honorius Augustodunensis 46, 51, 145
Houtman, E. 122, 127
Hugo a Sancto Victore 51, 63-64
Hugo de Sancto Caro vii, 66, 72
Hugo Farsitus 65
Hugo van Cluny 61
Hunnibald 85
Huyben, J. 29, 30, 57
Huydts, J.L. 9
Huyghebaert, N. 121

Iehan froissart 97
Ildefonsus van Toledo 46, 55
Innocentius III 64, 69
Isidorus van Sevilla 46, 55, 145, 148, 150-151, 153
Ivo van Chartres 81

Jakob van Maerlant 6, 14, 18-20, 25, 30, 36, 58
Jakob van Vitry 59, 65, 69, 155
Jan I, abt 50, 113, 119-121, 126, 128, 141
Jan I, hertog 2
Jan van Ruusbroec 9
Jansen-Sieben, R. 5
Jappe Alberts, W. 83
Joachimsen, P. 143
Johannes Beleth 61
Johannes de Abbatis Villa 65
Johannes de Garlandia 78
Johannes Gielemans 95
Johannes Teutonicus 47
Jolivet, J. 61
Jonckbloet, W.J.A. 76
Jongen, L. x-xi
Jordanus de Sakser 47

Kaeppeli, Th. 59
Kalff, G. 5
Karel de Gheldere 107
Kazemier, G. 74
Kern, J.H. 34
Kerstine de Wonderbare 2, 4-9, 15, 17, 22, 67
Kesters, H. 39
Klopsch, P. 78-79
Knuvelder, G. viii
Koch, A. 107
Kossmann, Fr. 76

Lachmann 76
Lambert 62
Lateranen 64
Lausberg, J. 79
Lavigne, E. 83
Le Clerc, V. 11, 44
Leclercq, J. 66
Leendertz, P. 16
Lehmann, P. 43, 56, 68, 84-85, 97, 154
Libertus, abt 114
Lieftinck, G.I. 41, 160
Lietbert 62
Lievens, R. 93, 95, 111
Limmer, R. 69
Lourdaux, W. 92, 96, 153
Löwe 56
Ludovicis regis Francorum 67
Lusignan, S. 70

Mantingh, E. x-xi
Marchal, J. 9
Maria van Brabant 12
Marichal, R. 93, 154
Marie de France 118, 141
Martijn van Torhout 6, 42
Martin, H. 93
Masai, F. 154
Matteüs 81
Matthieu de Vendôme 62
Mauricius van Sully 61
Meginfrid 85
Meijer, G.J. 18-20
Mens, A. 103
Metman, J. 93
Meyer, W. 78
Mikkers, E. 60
Miraeus, A. 43, 46, 151
Molinier, A. 153
Moors, J. 41, 162
Morçay, R. 143

Nicolaus van Winghe 96
Norberg, D. 78
Norden, E. 77-78
Nowé, H. 107, 109

Odo, bisschop van Kamerijk 52, 61-62

Odo Cambier 51, 83, 98
Oudemans, A.C. 6, 8
Oudinus 72

Palmer, R.B. 78
Pamelius 149
Panella, E. 59
Paulmier, M. 70
Paulus 81
Pelster, F. 28, 43-45, 47-55, 57-58, 62, 67, 71, 100, 140, 146-147, 149, 151
Persoons, E. 92, 148, 153
Petit, L.D. 12
Petri Suffridus 46, 52, 153
Petrus Abelardus 61
Petrus Cantor Parisiensis 62-63
Petrus Comestor / Manducator 58, 64
Petrus de Bella Parthica 47
Petrus de Rigga 62
Petrus Lombardus 64-65, 68
Petrus Trudonis 96
Petrus van Reims 69
Petrus Venerabilis 64
Petrus... musice artis peritus 66
Phalesius, Hubertus 98
Philippus Cancellarius Parisiensis 66, 69
Pierozzi, Antonio 143
Pignon, Laurentius 72
Placentinus 81
Plancke 56
Ploegaerts, Th. 109
Plooij, D. 19-20, 24-25
Prevenier, W. 125
Prims, Fl. 39
Principe, W.H. 52

Quentell, P. 85, 92
Quétif, F.J. 70
Quintilianus 79
Quispel, G. 27

Raciti, G. 137
Raimundus van Peñaforte 66, 154
Rainaldus 61
Raphael de Marcatellis 86
Regaus, B. 82, 98-99, 101, 104-105, 107, 122, 141, 156
Reypens, L. 11, 27, 49, 57, 107, 109, 115
Richard a sancto Victore 63-64
Riedlinger, H. 45
Rogerius 81
Rogier, minister 6
Rouse, M.A. 46
Rouse, R.H. 46
Ruusbroec Genootschap 17, 32, 58

Samaran, C. 93, 154
Sanderus, A. 4, 51, 96
Schneider, B. 61
Schwarz, T. 144
Sermon, H. 16-17
Serrure, C.A. 10
Serrure, C.P. 1-5, 12, 14, 43, 85, 98
Servatius Legende 163
Sigebert van Gembloers 46, 51, 143, 145, 148, 150-151, 153
Silvestre, H. 43, 97
Simon van Affligem 46-48, 50, 67, 72, 88-89, 100, 144, 150
Sint-Katharina 113-114, 141
Sixtus Senensis 47, 48
Slijpen, W. 41
Smolart-Meynart A. 126
Snellaert, F.A. 6
Sonnemans, G.H.P. 9
Southern, R.W. 60
Spaans, Y. x-xi
Stallaert, K. 10

Steffen, C. 48, 85-87, 90, 94
Stengers, J. 62
Stracke, D.A. 9, 16-17, 32, 41, 65, 102, 129-136, 163
Strecker, K. 78
Stuiveling, G. 73, 76
Sybille van Gages 131, 135-136, 141
Szittya, P.R. 66

Tatianus 19
Thimere 15, 103, 105-112, 119, 141
Thomas van Aquino 66
Thomas van Cantimpré viii, x, 4, 7-10, 17, 50, 59, 66, 72, 84, 90, 95-96, 98, 103, 105, 112, 115-117, 119, 127, 131-132, 134-135, 137, 141, 154
Trithemius 3, 10, 17, 34, 45-49, 71, 82, 84-90, 92-93, 95, 97, 101, 140, 143-144, 153

Van Balsberghe, E. 147
Van Buuren, A.M.J. 135
Van den Auweele, D. 110-112
Van den Broek, R. 20
Van den Gheyn, J. 54, 88, 95, 147-149
Van der Vet, W.A. 16, 91
Van de Weerd, H. 15
Van de Weyer, S. 147
Van Even, E. 12, 39
Van Ginneken, J. 1, 20, 36-38, 40, 159
Van Herk A. 133
Vanhoutte, H. 15
van Kersbergen, G.C. 20-21, 37-38, 163
Van Mierlo, J. 1, 15, 17, 24-25, 27-36, 38-41, 44, 56-58, 71, 73, 77-78, 84, 89-90, 92, 94, 97-99, 102, 104, 108, 119, 121, 128, 159, 161-162
Van Ortroy 16
Van Roy, A. 29, 56, 63, 66, 118, 126
Van Uytven, R. 125
Van Veerdeghem, F. ix, 1, 12-17, 22, 37, 39, 44, 46, 73-78, 98, 114, 119, 129
Van Wilderode, A. 135
Verdam, J. 5, 12
Verleyen, W. 98, 101, 118
Vermeeren, P.J.H. 55, 97
Verschaeve, C. 29
Verwer, A. 2
Victorijnen 63
Vincentius van Beauvais 58, 66, 70, 143
Von den Brincken, A.D. 70
Voorbij, J.B. 70
Vulbodo 62

Walterus Insulis 62
Warnkönig 109
Wibert van Doornik 59, 67
Wilhelmus abbas pictaviensis 88-89
Wilhelmus aldenardus 45
Wilhelmus Loef 101
Willem, abt 126
Willem III 101
Willem van Saint-Thierry 60, 63
Willems, J.F. 1, 2
Willems, L. 1, 38-40, 57
Wils, L. 6
Wittek, M. 154
Wyffels, C. 111
Ywanus van Rèves 116

Zacheus de Vrankenhoven, abt 82
Zieleman, G.C. 80
Zonneveld, W. 80

2. Plaatsen

Aalst-Geraardsbergen 110-111
Achel vii
Affligem 4, 10-12, 15, 29, 32-33, 37, 44, 49-56, 58, 62, 65-67, 71, 73, 89, 99, 103-105, 108-109, 113, 116-118, 120, 122-123, 126-127, 139-141, 144, 149-150, 154, 156, 160-161, 163
Amsterdam 5, 9
Antwerpen 2, 95, 117
Aquiria: zie Aywières
Asse 163
Avignon 62
Aywières viii, 10, 15, 103, 105, 109, 113-114, 116, 141

Basel 92
Berlijn 86
Bethlehem 148
Bologna 65
Brabant 1, 15, 24, 25, 29, 33, 35, 38-40, 67, 106-107, 109-110, 118-119, 120, 126, 160
Brauweiler 88
Brussel 2, 9, 11, 88, 93-94, 97, 105, 147, 149, 151, 154, 163

Canterbury 60
Cîteaux vii, 61-62, 65, 68
Cluny 61

Dendermonde 101, 115-116, 156
Düsseldorf 9

Eekloo 2
Eindhoven, Mariënhagen 96

Florence 143
Frankrijk 120
Frasnes 101

Gaasbeek 118
Genapia 104-105
Gent 4, 86, 92, 111
Gent, Sint-Jacobsbroederschap 161
Gent, Stadsarchief 161
Grimbergen 163
Grimbergen-Asse 126
Groenendael 95, 153
Groningen 18

Hasselt 93
Hekelgem 116
Hoorn 40

Jodoigne-Hannuit 105

Kamerijk 61, 63, 105, 117, 126, 141
Kassel 86
Keulen 46, 92
Kiel 88
Kopenhagen ix, 9, 12, 14, 56
Korsendonk 95

Leuven 1, 18, 94, 115, 148
Leuven, Sint-Maarten 96
Limburg 24, 33, 35, 37-40
Limburg-Nederrijn 160

Londen 149
Luik 14, 19-20, 37, 159

Maagdendal 105
Maastricht 37
Mechelen 160, 163
Milen 113, 141

Nijmegen 36
Nijmegen, Mariahorn 96
Nijvel 105, 109-110
Nijvel-Genappe 105
Nonnemielen 113-114

Oplinter 105

Pagus bracbantinse 106
Park 147
Parijs 33, 49, 63, 65, 68, 93, 117, 150, 153

Reims 63
Romanduae 104-105
Rooklooster 10, 13, 82, 90-92, 95-97, 140, 146, 151-153

Saint-Denis 118
Schelde 107
Senne 107
Sint-Truiden viii, ix, 5-6, 12, 15, 18-20, 22, 24, 26, 28-29, 31, 34, 38-40, 49, 73, 82, 84, 99, 103, 113-114, 116, 129, 139-141, 159

Tongeren viii, 15, 38, 40
Toronto 52

Utrecht x, 21

Vaticanus 153
Viridisvallis 96
Vlaanderen 106-107, 110, 120
Vlierbeek 94-96
Vrouwenpark 115

Waals Brabant 109
Waver 15, 33, 37, 49
Weert 40
Wenen 91, 153
West-Brabant 160
Westlimburg 25
Westmalle vii
Würzburg 9

Zwijveke 115-116